Human Design:
Discover the Person
You Were Born to Be

人類圖

找回你的原廠設定

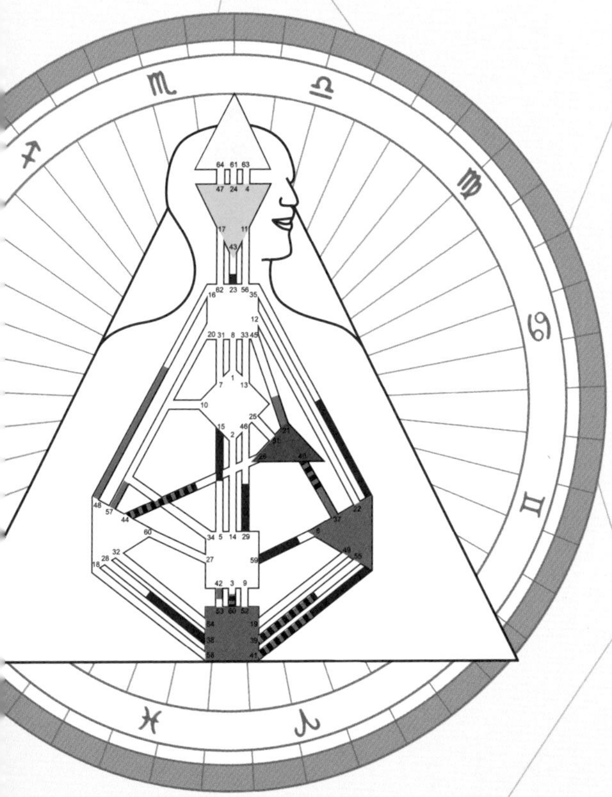

謝頓・帕金(Chetan Parkyn) —— 著
賴孟怡 —— 譯

我以感恩的心，將本書獻給奧修師父

凡事無謂好壞。當你領悟了這道理，剎那便能達到合一之境。
所有分裂的將融成一體，心智得以專注，而你歸於中心。
這就是東方思維對世界最大的貢獻。

——奧修

如何安裝人類圖應用程式？

（下載網址：http://www.humandesignforusall.com）

步驟 1 點選「Free Software」

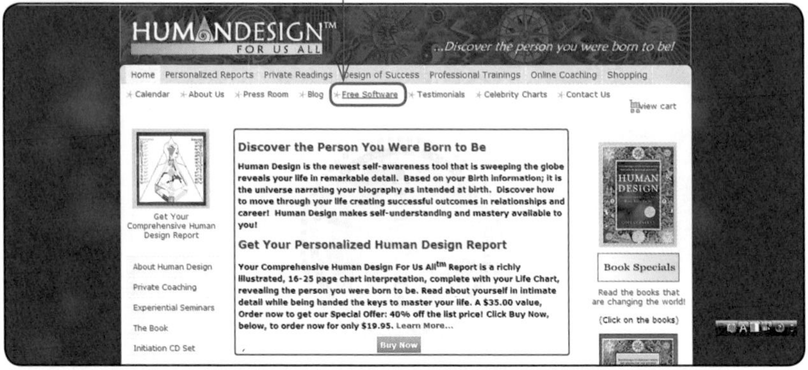

步驟 2 輸入「First Name」及「Email」

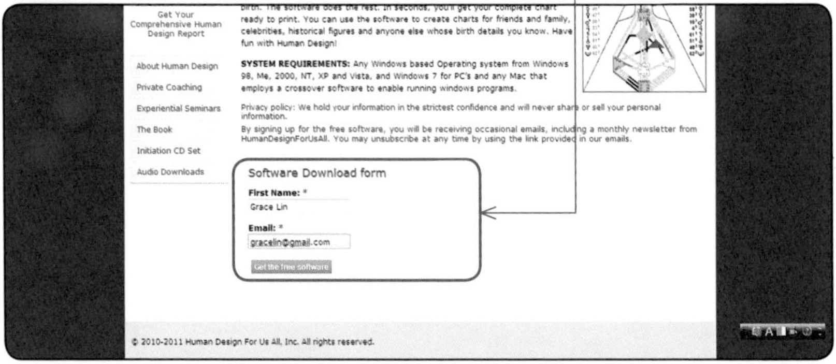

步驟 3 點選最下方「CLICK HERE to download from site 1」

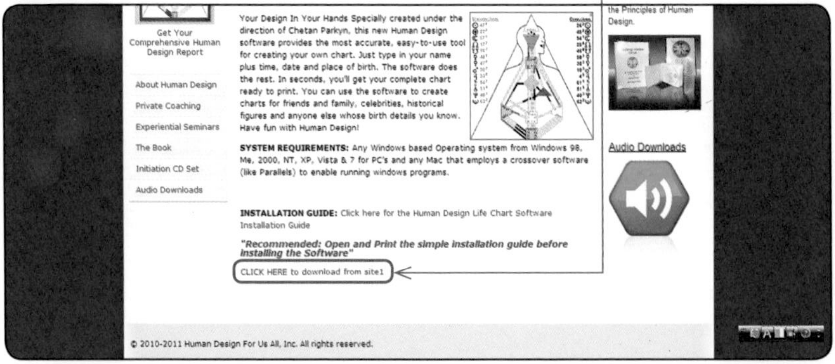

步驟 4 開始進行安裝，點選「NEXT」

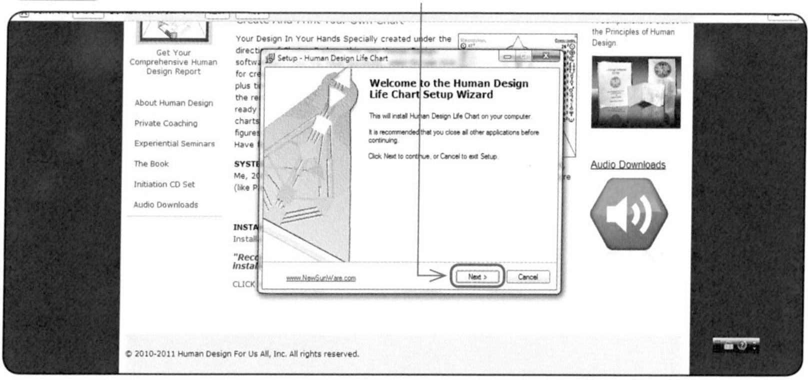

步驟 5 點選「I accept the agreement.」然後點選「NEXT」，最後點選「install」

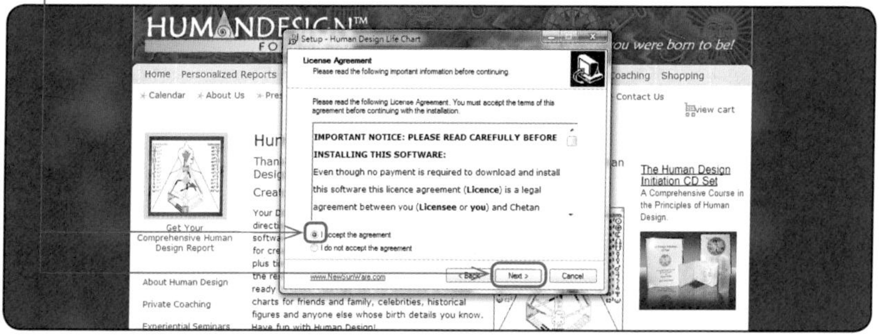

步驟 6 點選「Finish」(完成安裝)

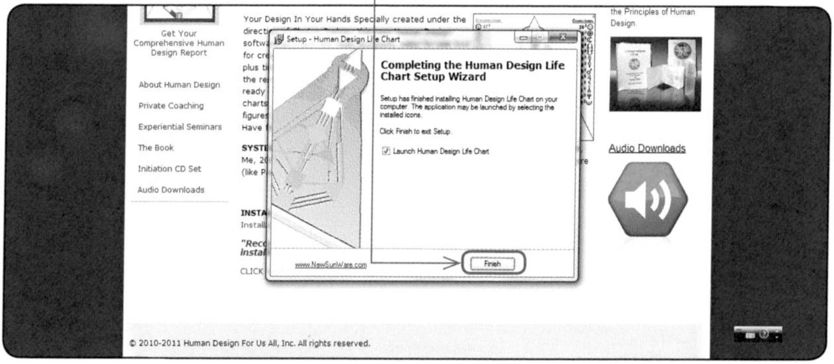

如何製作自己的人類圖？

步驟 1　點選「Create A Life Chart」

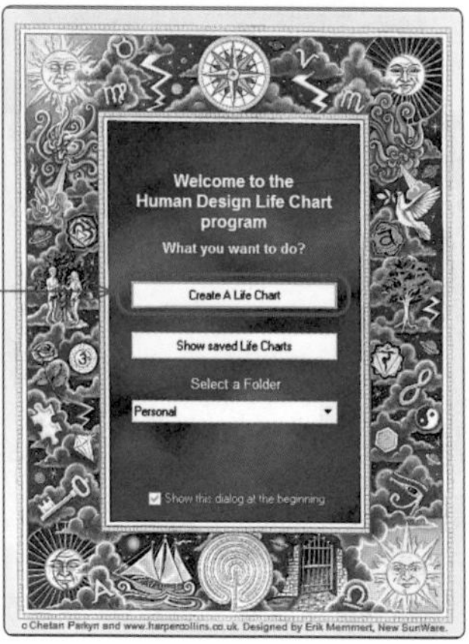

步驟 2　輸入「姓名」(Last name 為：姓氏，First name 為：名字)，輸入「出生時間」(Date 為：日 / 月 / 年，Time 為：時 / 分 / 秒，愈精確愈好，若不確定可輸入中午 12:00:00。)

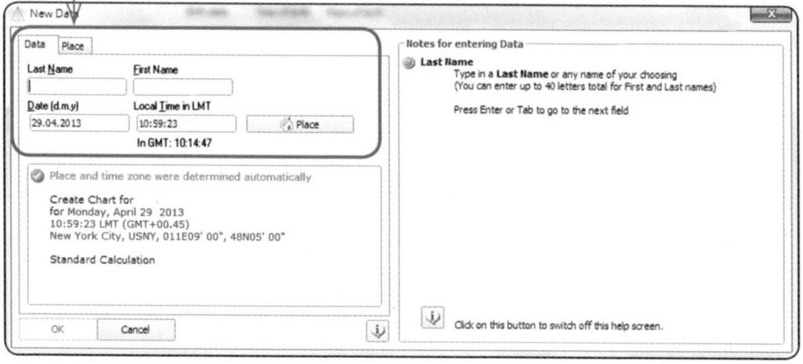

步驟 3　點選「Place」，輸入「出生國家」(點開卷軸，選取 T 開頭的 Taiwan。)

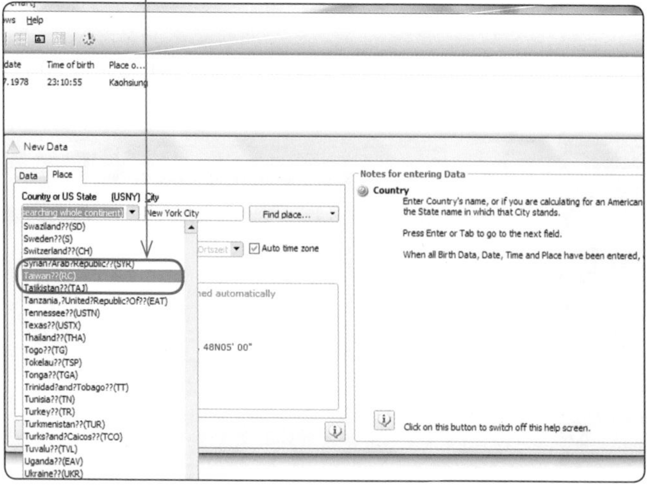

步驟 4 輸入「出生城市」(在 City 欄位內，填入出生城市的開頭字母，例如：台北市、台中市是 T，高雄市是 K；點選右方的「Find Place」後，在左方卷軸中點選自己的出生城市。)

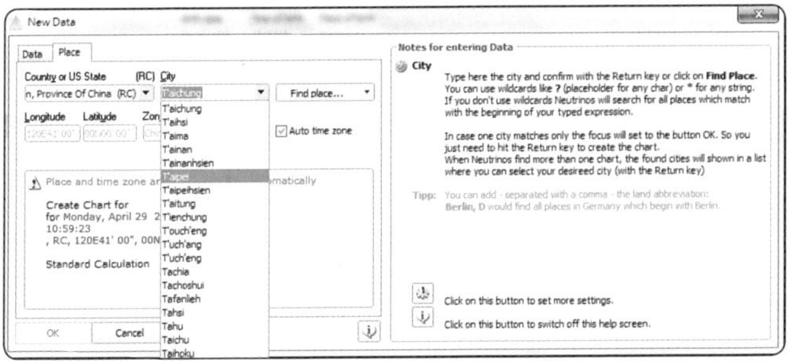

步驟 5 決定要將此圖儲存於哪個分類資料夾中(若無特定分類，點選「Personal」資料夾即可。)

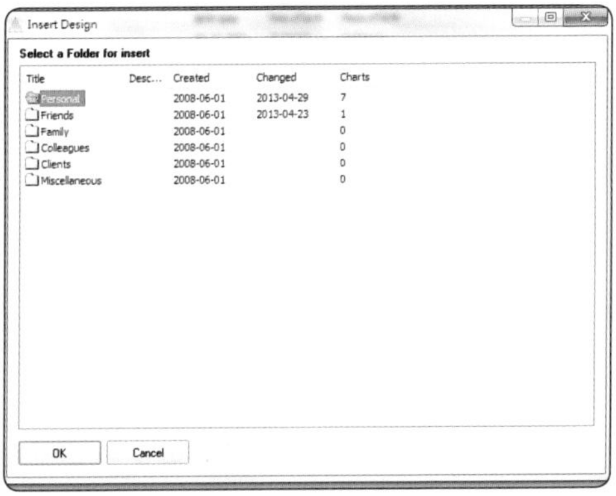

步驟 6 人類圖呈現後，開始解讀 6 大重點。

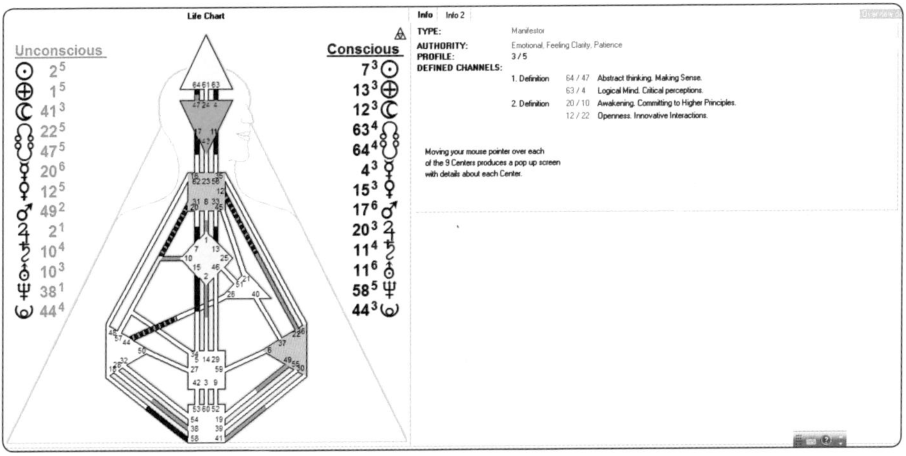

如何解讀自己的人類圖？

Info | Info 2

① TYPE:	Manifestor		
② AUTHORITY:	Emotional, Feeling Clarity, Patience		
③ PROFILE:	3 / 5		
④ DEFINED CHANNELS:	1. Definition	64 / 47	Abstract thinking. Making Sense.
		63 / 4	Logical Mind. Critical perceptions.
	2. Definition	20 / 10	Awakening. Committing to Higher Principles.
		12 / 22	Openness. Innovative Interactions.

Moving your mouse pointer over each of the 9 Centers produces a pop up screen with details about each Center.

① **類型** (TYPE)：見本書第三章

五種類型：

Manifestor 發起者／ Generator 執行者／ Manifesting generator 發起型執行者 Projector 投射者／ Reflector 反照者

② **權威中心** (AUTHORITY)：見本書第四章

六種權威中心：

Emotional, Feeling Clarity, Patience 情緒權威中心／ Follow your gut 薦骨權威中心／ Spontaneous Recognition 脾權威中心／ Willful Manifesting 心權威中心／ Recognition through Inner Self Clarity 自我權威中心／ 29 day Review, Patience becomes wisdom 外在權威中心

③ **人生角色** (PROFILE)：見本書第七章

④ **通道** (DEFINED CHANNELS)：見本書第五章

⑤ 檢視各能量中心狀態：見本書第二章

⑥ 檢視開啟的閘門狀態：見本書第六章

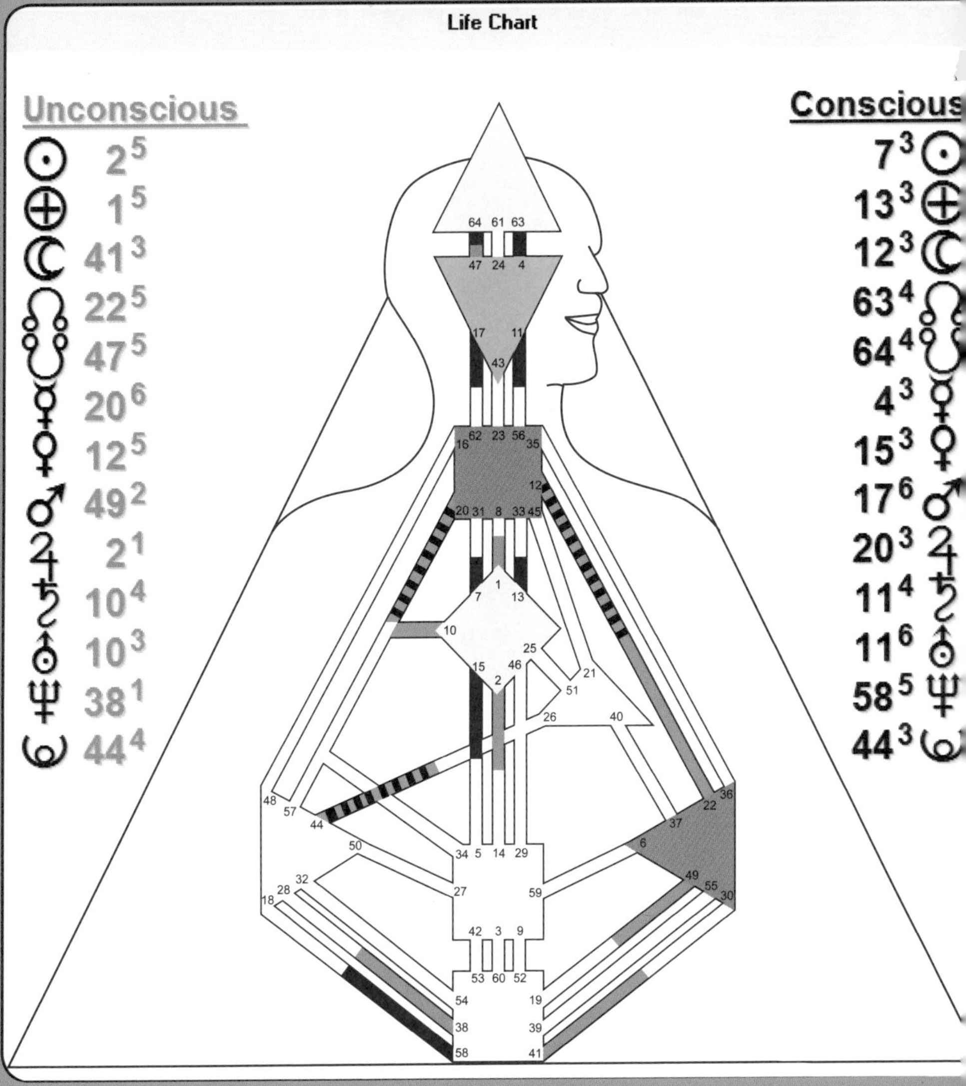
Life Chart
Unconscious
☉ 2^5
⊕ 1^5
☽ 41^3
☊ 22^5
☋ 47^5
☿ 20^6
♀ 12^5
♂ 49^2
♃ 2^1
♄ 10^4
♅ 10^3
♆ 38^1
♇ 44^4
Conscious
7^3 ☉
13^3 ⊕
12^3 ☽
63^4 ☊
64^4 ☋
4^3 ☿
15^3 ♀
17^6 ♂
20^3 ♃
11^4 ♄
11^6 ♅
58^5 ♆
44^3 ♇
64 61 63
47 24 4
17 11
43
62 23 56
16 35
12
20 31 8 33 45
1
7 13
10
25
15 46
2
21
51
26 40
48 57 44
36
22
37
6
50
34 5 14 29
32
28
18
27
59
49
55
30
42 3 9
53 60 52
54 19
38 39
58 41

英國黛安娜王妃

Diana, Princess of Wales

詳細解說請參考 P.372

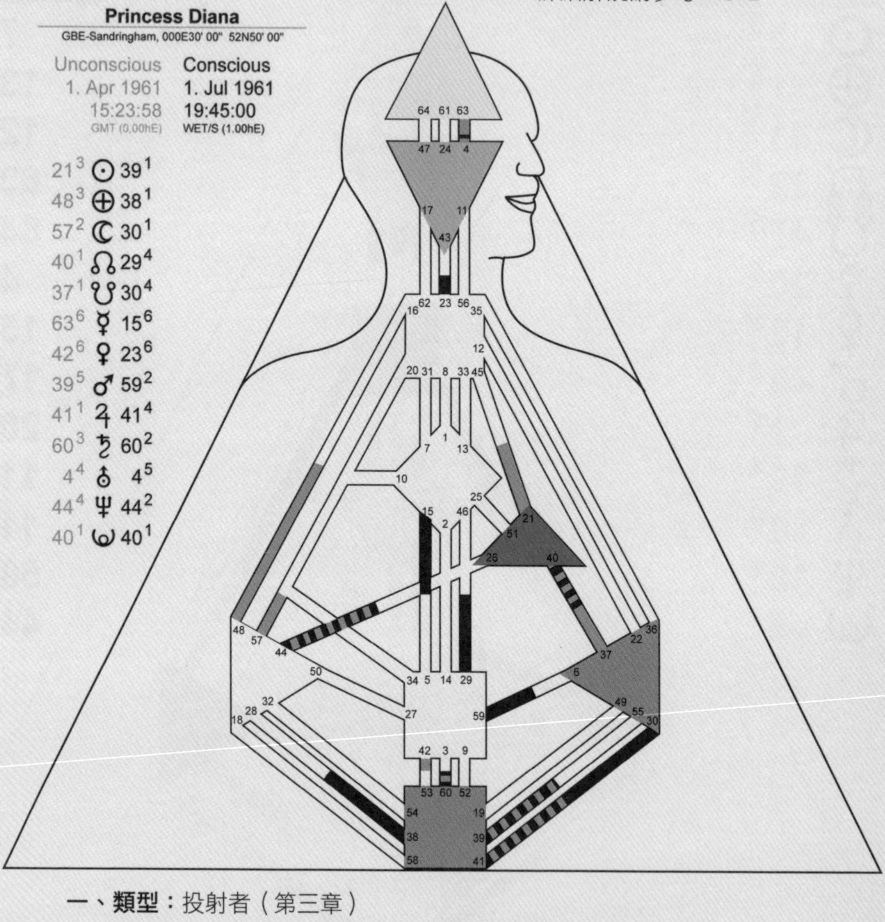

一、**類型**：投射者（第三章）

二、**權威中心**：情緒權威中心：澄明的感受，耐心（第四章）

三、**通道**：（第五章）

- 4-63　**邏輯思考的通道**：吹毛求疵
- 37-40　**群性的通道**：尋求加入更大的家族
- 30-41　**遠見的通道**：專注的想像力

四、**人生角色**：1/3 型人（第七章）

英國足球明星貝克漢
David Beckham

詳細解說請參考 P.376

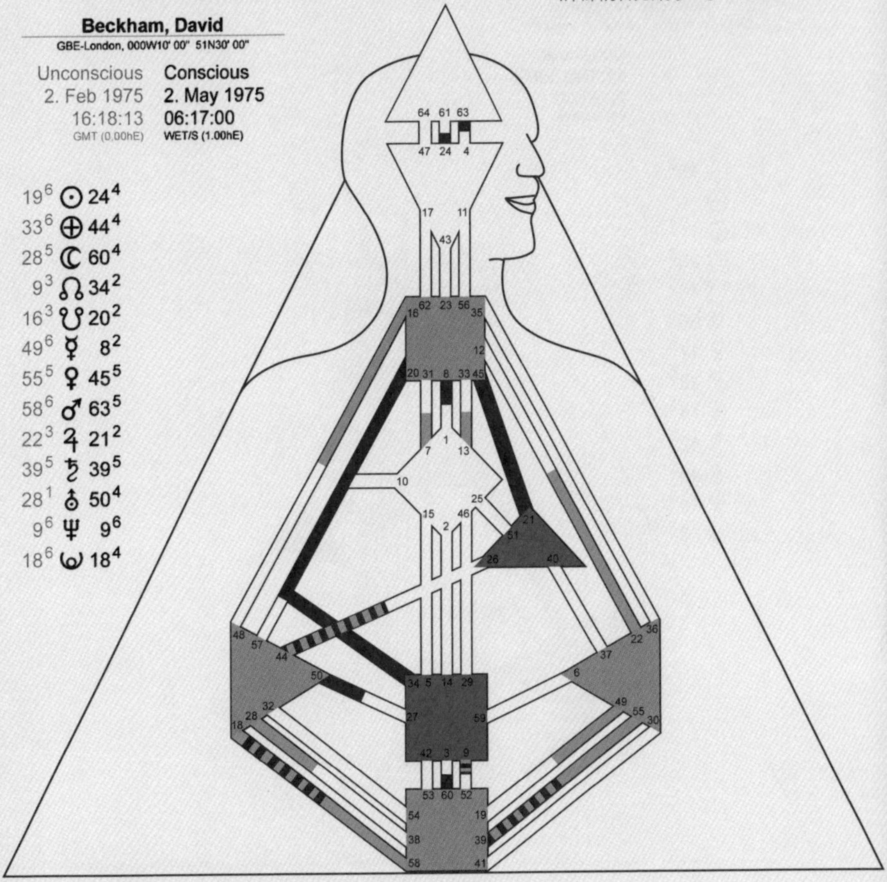

GBE-London, 000W10' 00" 51N30' 00"

Unconscious	Conscious
2. Feb 1975	2. May 1975
16:18:13	06:17:00
GMT (0.00hE)	WET/S (1.00hE)

一、**類型**：發起型執行者（第三章）

二、**權威中心**：情緒權威中心：澄明的感受、耐心（第四章）

三、**通道**：（第五章）

- 18-58 **評判的通道**：追求完美主義
- 39-55 **情感表達的通道**：情緒化
- 21-45 **金錢的通道**：物質世界
- 20-34 **忙碌的通道**：行動力

四、**人生角色**：4/6 型人（第七章）

好萊塢影星
珍妮佛．安妮斯頓
Jennifer Aniston

詳細解說請參考 P.380

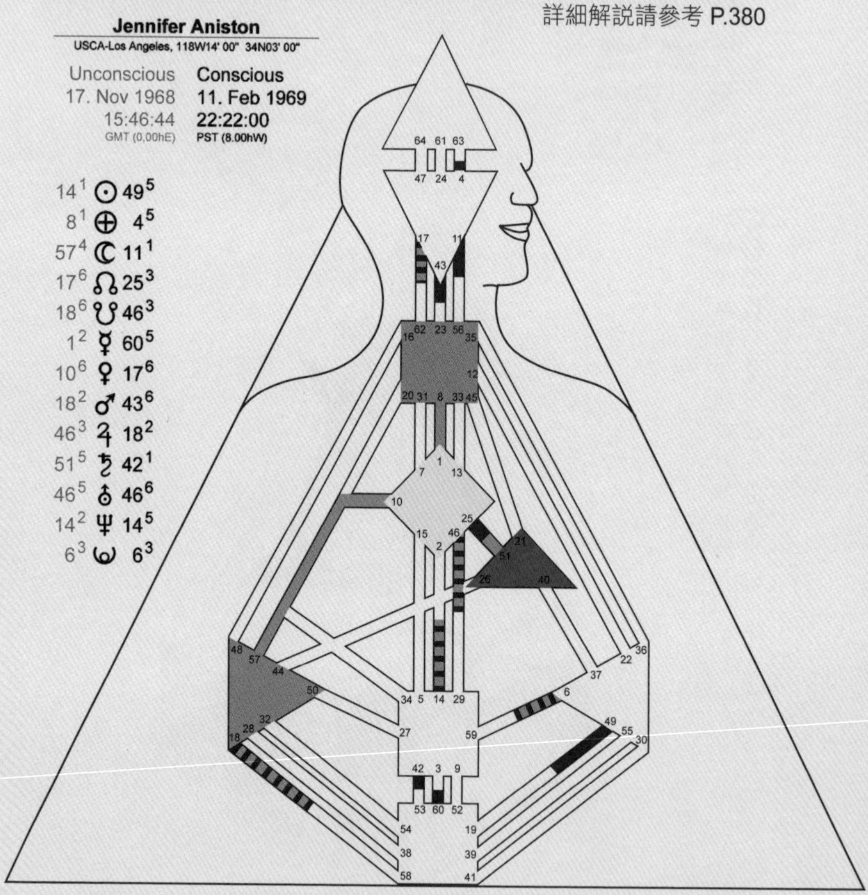

一、**類型**：發起者（第三章）

二、**權威中心**：脾權威中心：自動顯化（第四章）

三、**通道**：（第五章）

- ．10-57　**生存的通道**：和人生的直覺互動
- ．1-8　**靈感的通道**：創意的典範
- ．25-51　**開創的通道**：尋求和諧

四、**人生角色**：5/1 型人（第七章）

國際巨星瑪丹娜
Madonna

詳細解說請參考 P.384

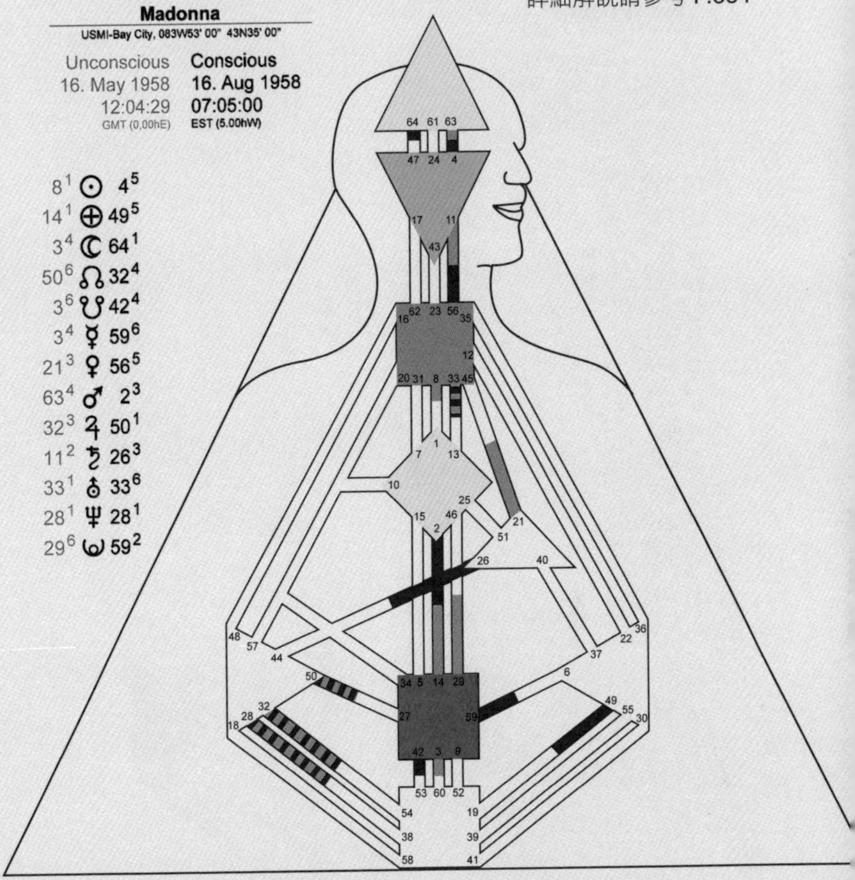

一、類型：執行者（第三章）

二、權威中心：薦骨權威中心：傾聽自己的直覺（第四章）

三、通道：（第五章）

- 4-63　**邏輯思考的通道**：吹毛求疵
- 11-56　**好奇心的通道**：尋找
- 2-14　**煉金士的通道**：點石成金

四、人生角色：5/1 型人（第七章）

美國總統歐巴馬
Barack Obama

詳細解說請參考 P.388

Barack Obama

USHI-Honolulu, 157W51' 00" 21N18' 00"

Unconscious	Conscious
5. May 1961	4. Aug 1961
07:08:54	19:24:00
GMT (0.00hE)	AHST (10.00hW)

Unconscious		Conscious
2^2	☉	33^6
1^2	⊕	19^6
38^5	☾	20^4
59^4	☊	29^3
55^4	☋	30^3
2^6	☿	31^1
21^4	♀	15^4
56^4	♂	47^6
41^5	♃	60^5
60^4	♄	61^5
4^3	♅	29^1
44^3	♆	44^2
59^6	♇	40^2

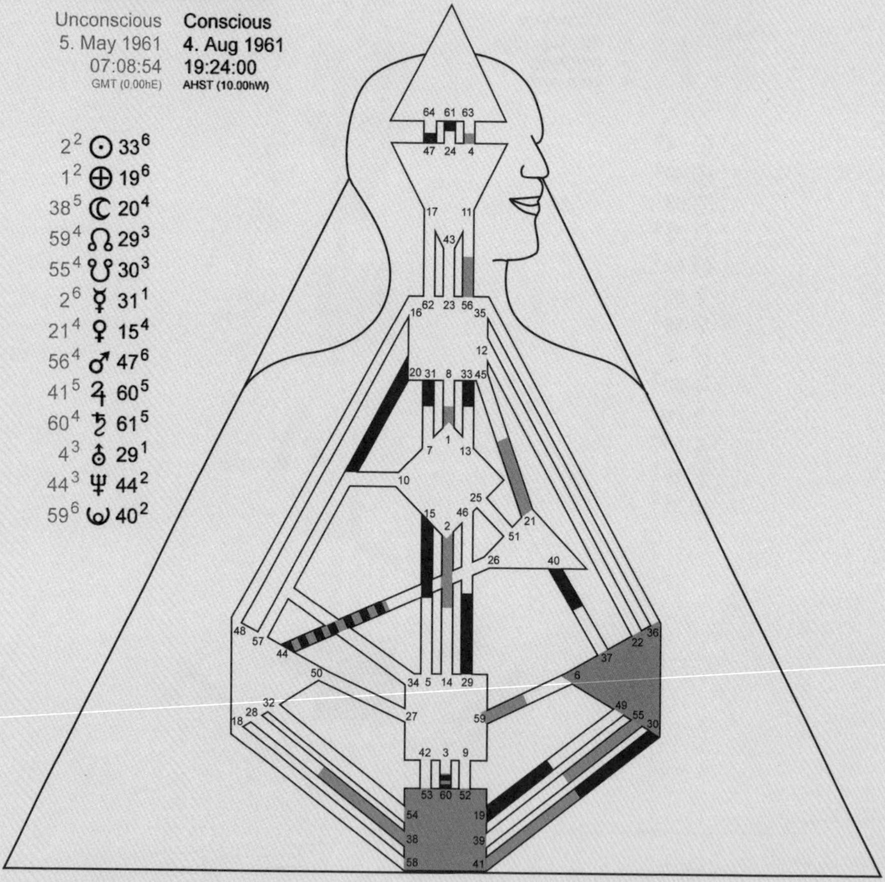

一、**類型**：投射者（第三章）

二、**權威中心**：情緒權威中心：澄明的感受，耐心（第四章）

三、**通道**：（第五章）

- 30-41　**遠見的通道**：專注的想像力

四、**人生角色**：6/2 型人（第七章）

好萊塢影星
珊卓・布拉克
Sandra Bullock

詳細解說請參考 P.391

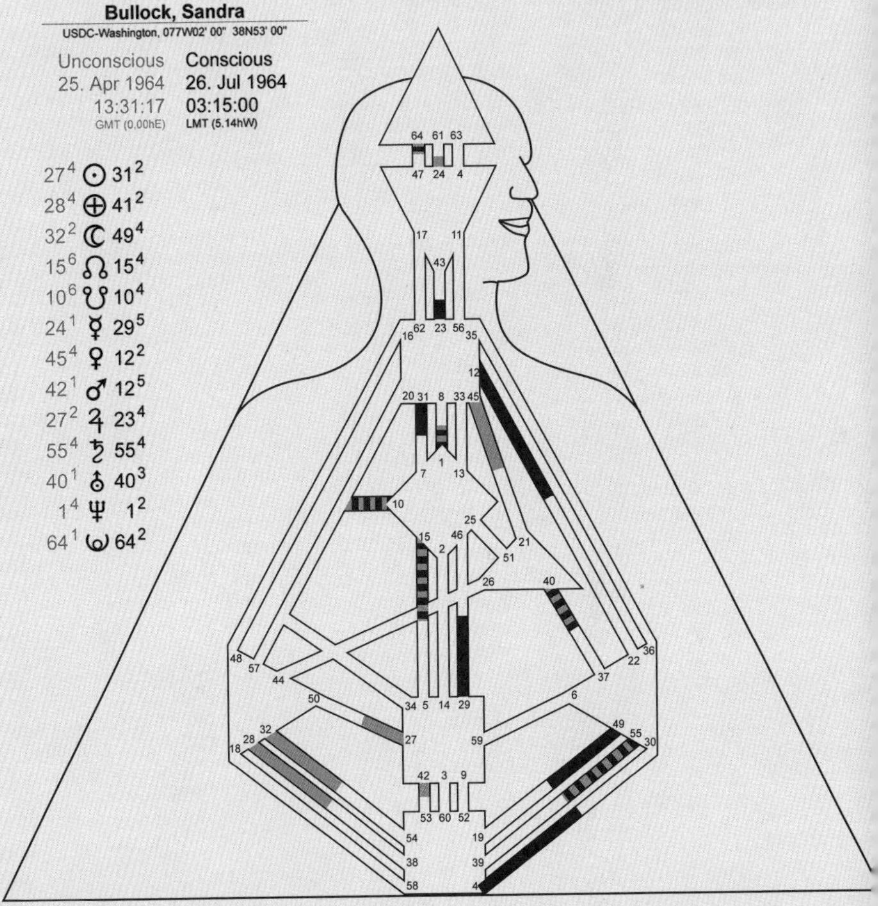

一、類型：反照者（第三章）

二、權威中心：外在權威中心：**29** 天的決定週期，耐心成就智慧（第四章）

三、通道：沒有活化的通道（第五章）

四、人生角色：**2/4** 型人（第七章）

目錄

第五章 你闖天下的天賦配備——三十六條通道／145

第六章　構成獨特的你的性格密碼——六十四道閘門／217

Contents

第七章 找到你的人生使命——十二種人生角色／303

Contents

推薦序

打開一份藏在你之內的禮物

美國心靈作家　貝琪・羅賓斯

歷史上每隔一段時間，人類的認知就會產生大躍進，許多人因此覺醒。然而，不是每個人都能清楚地傳達這些奧妙的智慧來利益眾人。人類圖的系統龐大精深、不易明瞭，但是作者謝頓・帕金卻能在研究通澈後，以深入淺出的文字，寫成這本讓人人都能受惠的書。

我一直都在尋找這樣的書，想要揭開生命的神祕面紗，讓自己能夠成為更好的人。當我覺醒的那一刻，我的智慧之眼得到開啟，心中充滿光明，這一刻一直深印我的腦海。

十年前，我在夏威夷的茂宜島認識了這位英國紳士謝頓・帕金。那真是幸運的一天啊！他幫我解讀了我的人類圖。帕金的眼神親切，聲音低沉富有磁性，在幫我解讀時，竟然好像認識我一輩子般地準確。

我之前也接觸過占星學和其他的命理工具，覺得沒有一套系統像人類圖一樣清晰，帕金清清楚楚地指出我的真實本性、情緒及思維的模式，以及遇到困難時的本能反應。這個來自英格蘭西部什羅浦郡（Shropshire）的人，居然靠著一份圖表直指我的真我，教我該活出什麼樣的人生。在那一刻，人類圖就像水晶球一樣，把我的過去、現在和未來都清楚地呈現眼前。它解開了我的內在密碼，這是其他命理工具甚少能做到的。我可以將它運用在生活中，幫助我做決定，以及更清楚了解自己的想法和感受。

不但如此，人類圖也幫助我更了解其他人，看清楚他們行為和態度背後的原因，尤其是一些重要的人，像是我的孩子和好朋友。

十年來，我持續和帕金學習，讓人類圖引領著我的人生旅程，就好像是一份人生地圖一樣。我成為了自己的英雄，掌控自己前進的速度，生活不再脫序，明白自己才是做主的人。知道可以做自己，知道該行動的好時機，知道何時該放手、不執著的感覺真好。我相信你也會因為這本書，和我一樣重獲自由。

在我和前夫安東尼·羅賓斯（Anthony Robbins，編按：美國知名心靈導師、潛能開發大師）的婚姻中，我曾見證到許多人在拿回了自己的內在力量後，整個人的變化有多大，而因此能夠完成人生的遠大目標。該是「喚起內在巨人」的時候了，該是對這世界介紹人類圖的時候了，人類需要機會自我活化。學習人類圖是自我探索的旅程，我會這麼說，是因為我持續在自己的生命中看到不可思議的改變。人類圖對我的幫助很大，尤其在我人生最低潮的時候，但如今我又是一個被療癒的快樂之人了，它讓我體驗到歡樂、自由和滿足感，因為我認識了真實的自己。

我希望你也能擁有認識自己的機會，獲得這份藏於你內在的禮物。感謝帕金給我的啟發，他的才華和心量讓這套系統得以公諸於世，供我們活用在人生當中。

前言
你活出自己的生命藍圖了嗎？

「做你自己就好！」這是人們常說的話，應該經常耳聞吧？像是為了減少第一次約會時的緊張，令人卻步的交際應酬，或是新工作的第一天，這句話總是會出現。「別擔心，做你自己就好，一切都會很順利的。」總會有好心人這樣鼓勵我們。

但問題是，到底什麼才叫作「做自己」？這個「真實的自我」——神祕的內在，躲在種種社交面具後頭，唯有當我們放下自我意識、拋開為了贏得尊重、認同和他人喜愛的社交禮儀之後，真我才會顯現。

心理學家認為千千萬萬的人類，每天都過著不知真實自我為何的日子，身在群體之中，卻忘了自己的獨特，總是在忙碌中迎合所有的人，處理每件事、想方設法讓自己看起來就像雜誌、電視和電影中所描繪的完美人物。我們與生俱來的天性、本質，如純真狂放的孩子一般不受束縛，卻不停地被扭曲、擠壓，甚至被否決。

人們在成年後學會了順從與負責，反而壓縮了自己的真實本性。我們跟著人群前進，用一種受到過去影響，依循社會常規與滿足他人期待而形成的「扮演個性」（acting personality），將天性掩埋起來卻毫不自覺。人生的路途中，我們養成那些被視為「規範」的習慣，理所當然地認為自己應該遵守社會規範來行事。本性因而遭到束縛，無法喘息。

這讓我想到一位曾因婚姻而失去真我，來找我解讀人類圖的女士潔恩（Jayne）的自述：

> 「我只想重新做回自己，活出真我，擁有真實的感受。我不喜歡自己創造出來的這個人。我知道真實的自我是不一樣的，正等著要掙脫枷鎖、變得更勇敢，不再害怕受傷害，不擔心別人的評論，在人群中不再感到不自在。我的真我渴望再次能開懷大笑、舞動本色。她就在那裡，我知道她在，但是要到哪兒找呢？我需要幫助，重新找回迷失的自己。」

和潔恩一樣，多數人都活得像是小說中的「虛擬角色」（persona），這個字源自希臘文，意指「面具」。然而，人生真正重要的就是活出面具背後的真實自我。我寫這本書的用意，在於希望能夠帶你回到你內在的本質、一個安全的避風港，讓你重新和你的本性結合，活出應有的精采人生。這不是一本勵志書，而是一本指引你重新找回自己獨特真我本色的書。

我要介紹給各位的是一套獨一無二的自我覺察工具——「人類圖」。這是一個靈性與科學兼具的系統，讓你得到愛、被眾人接受，了解自己是誰的系統。因此在一開始，我就拋出一個問題：「你活出自己的人類圖了嗎？」因為唯有當你接受自己的真實天性，才會找到自己的快樂、成就和自由，並創造出健康的人際關係。

這本書是我花了十五年研究人類圖所得的精華。這些年來，由於我從事一對一的諮商解讀，以及舉行團體研討會，所以更加期待能和更多人分享人類圖的智慧。我已親眼目睹，有數不清的人因為人類圖而得到重生，生命充滿活力。我相信當人類圖更普及化時，便能促使人們認知它的力量和改變的能力。人類圖提供了具體的資訊，讓你調整看待自己的角度，以及和他人相處的模式。

教育家史帝曼．葛瑞漢（Stedman Graham）[1]曾說：「當你覺察到自己是誰，找到人生的願景，便能為自己建立起更深入世界、活出美好人生的基石。」

當你能看懂自己的人類圖，未來的可能性就無可限量。知識不是我唯一要給你的東西，經驗才是我們的老師，我感謝人類圖引領我回到真我的家，改變了我的人生，尤其是在一九七五年，當時我的人生可說是茫茫不知何去何從。

那時我們航行在大西洋上，遭受到無情颶風的襲擊，乘坐著遊艇在海面捲起四十英尺

註1：史帝曼．葛瑞漢是美國的教育家、成功的企業總裁，也是暢銷書作者。

高的大浪和短暫、不真實的平靜中求生。那個從百慕達形成、持續了兩天的颶風所帶來的寒顫，還深深烙印在我的腦海。遊艇航行在巴哈馬群島首都拿索和馬爾他島之間，當浪頭衝襲著船側，我正掌控著舵輪。這可是寶貴的生命之舵啊，我的雙手一刻也不敢鬆開，因為颶風可能瞬間就會翻覆遊艇，死亡之神近在我的眼前。

時間過得十分緩慢而折騰人，但我們最終度過了劫難，船隻也恢復了正常航行。這趟颶風旅程持續了整整九天九夜，可怕極了。我記得試著用繩子把自己綁在兩個木抽屜間的行軍床上，希望藉禱告讓風浪止息。經過兩天的海浪顛簸、風暴肆虐後，剛好是我的生日，我偷閒地蹲在綁於甲板下的小艇中，在昏暗的光線下，抽了根珍貴的雪茄，簡單慶祝了這非比尋常的新生。

在那當下，我內在的聲音全都安靜了下來；周遭的風暴也像按了靜音鍵，我突然領悟到一定可以奇蹟似地脫困，我告訴自己：「我的人生一定不止如此！」

我原本在英國念書，念到一半便休學跑去環遊世界兩年。在歐洲打工一陣子後，我開始從事起修理豪華遊艇的工作，最樂的是可以開著遊艇把船交到買主手中。直到遇上這麼險惡的颶風浩劫，抵達馬爾他島後，我除了真心感謝眾神保祐，更趕緊打包行李返回英國，最後我到北蘇格蘭的錫得蘭群島（Shetland Islands）居住下來，打算重新省思未來的人生。

我開始自問「我是誰」，這樣的反思卻讓我進入相當黑暗的時期。我在杳無人煙的小農舍裡，渾渾噩噩地過日子。八個月後，我父親過世，另一條維繫我穩定的繩索也隨之而斷。在將父親骨灰灑在他最愛的蘇格蘭海岸邊一週後，我坐在暗淡燭光的小屋中，明顯感受到父親來探望我了。感受過其他靈魂的人，一定能懂得我在說什麼。爸爸低聲地鼓舞我：「一切都沒事了，該是離開的時候了。」這個真實強烈的體驗，讓我從孤立中解脫。

幾天後，我坐在門前翻著二手車雜誌，一篇「徵柴油引擎技工，可免費獲得尼泊爾之旅」的廣告，跳出來呼喚著我。有了爸爸給我的指引，我前去應徵，並順利得到這份身兼尼泊爾之旅技工與司機的工作。除此之外，這也是一趟令人振奮的自我探索之旅。

出發後不久，我發現這好像是台魔幻巴士，這趟嬉皮之旅（hippie trail）[2]的目的地印度，居然會在未來五年中成為我心靈的家園。一九七九年，有人引薦我認識奧修，當時他的名諱是「巴關．希瑞．羅傑尼希」（Bhagwan Shree Rajneesh），這三個字分別是「神」、「偉大」、「王者」的意思。我就這樣成了他的門徒，而奧修不斷地觸碰到我的內心深處。

奧修曾說，如果人們有非常私人的問題，應該去孟買找「影子解讀者」（shadow reader）[3]，於是我就真的去了。那位厲害的影子解讀者帶著微笑，站在他公寓的門口和我碰面。他看起來年約四十歲，鬍子刮得乾淨，穿著寬鬆的衣褲，眼睛閃爍著光芒；我的影

註2：嬉皮之旅是六〇年代嬉皮人士，從歐洲到印度、尼泊爾的旅程，他們稱尼泊爾為「人間仙景」。這條路徑會經過阿富汗的喀布爾、巴基斯坦的馬甸、印度的果阿、尼泊爾的加德滿都，最後以喜馬拉雅雪山下的博克拉作為他們東方朝聖的終點站。

註3：影子解讀是利用閱讀太陽與其形成的陰影，對人的各個生活層面進行預測的一種學問。

子映在公寓旁的停車場上，他兒子為我量了影子的長度。走回公寓後，影子解讀者做了些計算，把他的椅子拖到大書架旁邊，從一大堆看起來都一樣的書中抽出一本，翻開後便開始用梵文朗讀。他為我解讀了許多事，其中有一點，他預測不久後，我將會得到自我覺醒，會認識一套系統，並成為這個系統的專家和導師。

「系統？什麼系統？你在說什麼啊？」我思索著他的話語。

他建議我應該學習和人們互動的技能，幫助人們得到解答，並傳授屬於他們人生的重要資訊。

一週後，我遇到一位通靈者，他很快教會了我如何看手相及面相。俗話說熟能生巧，於是我就開始為人看手相。這對我來說易如反掌，而且我對看手相有很大的興趣。我因此去過幾個國家，包括美國、瑞典、巴西、荷蘭、德國、日本，最後到了夏威夷，我定居下來，在那裡住了九年為人看手相。

到了一九九三年，我有位女性朋友在幫一位名為拉・烏祿・胡（Ra Uru Hu）的人推廣「人類圖」的課程，拉想要將這套命理工具引進美國。我也收到一份代表我人生路程的人類圖圖表，看起來很新奇，當下我便知道這就是影子解讀者所談到的系統。

人類圖的起源很耐人尋味：這位名為拉的加拿大人，本名為亞倫・克拉柯爾（Alan Krakower），他天生憤世嫉俗，曾當過報紙廣告業務和電影製片；在經歷一連串重大的挫折後，他飛到歐洲去到西班牙。在車上和人閒聊後，他決定到西班牙的伊維薩島（Ibiza）落腳。就在那裡，發生了一件事，徹底改變了他的世界。

一九八七年一月四日的晚上，拉牽著他的狗巴克散步回家，遠遠地就看到他的小屋內有亮光。他很清楚油燈早就沒油了，不可能亮著，到底是怎麼一回事？

當他們走進屋內後，巴克伏低身子開始吠叫；拉描述到那當下，好像身體裡面爆炸了一樣，不到一分鐘，地板上全是他的汗水。他聽到一個男性的「聲音」，接收到來自宇宙的奧妙訊息，你可以稱之為「通靈」或「靈感」。他花了八天八夜的時間，將接受到的訊息記錄下來、畫成圖表，成了所謂的「人類圖」。

這個故事聽起來很不可思議，但是這本書可以見證它的真實性，這是拉為世界帶來的訊息，一份來自宇宙的禮物，一個確實可行的系統。

接下來的七年間，我固定到茂宜島去上他的課程，就如同之前學手相一樣，我也快速地學會解讀「人類圖」。我開始為朋友和客戶解讀人類圖，找出生命的意義。四年後，我覺得該是和廣大聽眾分享的好時機，於是我開始設立教授人類圖的課程。

我的太太卡蘿拉（Carola）也是課程的學生之一，她原是一名為人占卜的占星師，她從星盤上看到我倆有很深的緣分，希望我搬去加州同住，我們就在加州註冊結婚了。她開始運用人類圖在占星學上，幫助客戶透過重要的人生議題，認識自己。

我也同樣感受到這個系統對人們的重大影響。對許多人而言，人類圖真的能讓他們從迷失中找到方向，幫助人們重新做回自己。當然，人類圖不是幸福的保證書，也不能幫你解除人生中的挑戰和苦難。但是我看到許多人因而得到改變。

多數人對於自己的命運都會有些不滿，偶爾會低聲自問：「我是誰？」「我要過怎樣的生活？」「我的人生意義何在？」可惜的是，越來越多人陷入無止盡的外在追求，追求著完美的事業、完美的伴侶和完美的人生。「追求」這個字，意味著去尋找失去或缺少的東西，我們因此就踏入了相信所有的答案都要「外求」的陷阱中。

其實，答案早就存於你之內。宇宙這個建築師為我們規劃的解答，我們老早就被決定好的設計，就在我們自己的人類圖中。這是你生命與性格的藍圖，當你熟悉這份圖表後，便會知道現在的生活是否符合你的人生設計。

人類圖不是什麼新時代的門派，也不是什麼新的哲學信念，它也不需要尋求他人的關注或是訴求讓你願望實現；不用向宇宙下訂單、做冥想或是正面思考，因為它的真理早已內存於我們之間。當我聲稱這是真理時，我並無誇大其辭。真理就是內存於己，就像工具放在工具盒一樣，正等著被人拿起來使用，創造出人生的目標與合適自己的職業。

有一位名叫瑪格莉特的女子，在聽完我的解讀後，發現她的命運竟然和人類圖背道而馳。她自述道：

「我發現自己已經做別人做太久了。我看到自己所做的每件事都和人類圖相反。但此時，我已經看見了我的本質，而且懂得欣賞，我覺得自己又重生了。我使用了你給我的工具，就像是這個系統給了我一把鑰匙，打開了我的真我。」

這本書附有免費下載的軟體，可以繪製出你獨特的人生設計，給你同樣的鑰匙去了解自己的人類圖，你將可以透過本書得知：

- 你的天生本性，以及什麼樣的元素會促使你展開行動。
- 你和什麼樣類型的人最合拍，什麼環境最能帶出你最好的一面。
- 你真我的人格特質、強項、弱點、天賦能力、活力來源……
- 你的需求和情感模式，不管你喜歡與否。
- 你該如何做決定才能帶來幸福與滿足。

一旦重新認識自己的人類圖，你會開始感受到生命的漣漪效應：

- 在親密關係和友誼關係上，它可以幫助你看出你和另一方緣分的深淺，讓你知道你們兩人的關係是一拍即合、爭執不斷，抑或難有長久的交集。
- 在家庭關係中，它能幫你理解手足之間的個別差異，讓你認清親子與夫妻之間，不同的思考、行為與情感表達模式。

- 在工作職場上，它能幫你洞悉老闆、同仁、員工或客戶的天賦才能，讓你能夠提升整體工作效率。
- 在學校教育裡，它能讓老師知道每個學生的個別潛力，以及如何激發出孩子最佳的表現。
- 在社交場合上，他能讓你了解自己最適合的樂子為何，以及和哪些人最投緣，和誰則會相互排斥。

你和自己、伴侶、朋友、父母、手足、同事和老闆的關係，都會受惠於這套系統的影響而產生好的轉變。我們可以透過學習人類圖，對人與人的關係有更深一層的了解，成為更有效率、更有同理心的父母、朋友、愛人和同事。這是有史以來最有邏輯、最新奇也最清晰精準的認識自我工具。

我相信你以前從來沒有看過這樣的系統，所以請準備好，一起踏上這條內在的探索旅程，準備好面對你最真實的自己吧！

謝頓・帕金

二〇一〇年五月，於加州聖馬可斯（San Marcos）

1

認識你的原廠設定——

什麼是人類圖？

> 在聽完人類圖的解讀後，我覺得自己在許多層面都受到認可。我重新認識了自己，這種感覺真對！現在，我的人生可以帶著信心、喜樂和熱情繼續前進。
>
> ——MM，美國．科羅拉多州

在生命面臨改變的時期，人類圖鼓勵我們面對自己，為「自己是誰」負起責任；它就像是占星學的進階版，為人生帶來正確的指引，為自我評估提供建議。人類圖上承傳統占星學的基礎，繼而開創了新的視野。人們不再滿足於像是「你是什麼星座」等簡單的問題，如今已想要也需要知道更多。

假設你是天秤座，你一定知道自己和其他天秤座的人有所差異，但是星座解讀卻都是一樣的內容，沒有更深入的星座剖析，只是把所有天秤座都歸類成同一種人。人類圖卻能針對每個人的獨特性做解讀，在人類圖的觀點中，每個人都是獨一無二的存在個體。也許不久的將來，社交場合上的對話就會變成：「別談星座了，聊聊你的人類圖吧。」

那麼，要如何運用人類圖呢？

人類圖融合了四大古老傳統智慧，而自成一套系統，以專門的圖表來解讀你的本性。人類圖中的資訊是依據你的生辰與出生地而來，由太陽系中星辰的分布而定。占星學將太陽在黃道上的運行，平均分割成十二個區域，而每個區域都可對應到一個星座，也就是黃道十二宮。人類圖則劃分為六十四等分，原因有二：一、和六十四組遺傳密碼有關；二、和《易經》的六十四卦有關。這六十四等分各有其獨特的意義，讓我們可以更深入探討什麼樣的原因創造出你的性格。

宇宙就像是一個巨大的能量血管，人人都是流動其間的細胞，而且受到微中子流（**neutrino stream**[1]）的影響。微中子是分鐘粒子，以接近光速的速度前進，通過每一個細胞。就像人類受到大氣層的保護，宇宙則是住在微中子層裡。天空中瀰漫著所有星辰的發射波，我們的身體每天都受到幾百萬兆次的衝擊。因為微中子是有質量的，它們能和碰撞到物體互相交換資訊，包括住在地球的人類。所以在出生的瞬間，我們的身體就烙印了微中子的記號，就像是基因的指紋，決定著每個人的天性。

試想你頭頂上的天空被分成六十四等分，每一等分裡的星辰，不斷往四面八方「呼出」微中子，每次釋出的量都是以百萬兆計算。這些微中子穿越宇宙中的行星，不斷前進並互相交換能量，當這些微中子在我們出生時通過我們的身體時，就會將星星的能量嵌入我們的身體。想像在我們出生時，微中子輕碰到身體，在我們靈性中留下了無法抹滅的印記，

註1：微中子（Neutrino為義大利語），字面意義為「微小的電中性粒子」，又譯作中微子，是輕子的一種。有實驗表明，微中子確實有微小但並不為零的質量。

決定我們此生處世的性格。

一九八七年，當人類圖初問世時，微中子只是理論而已，但是到九〇年代後期，日本和加拿大的科學家證實了微中子可以改變「味道」的屬性，因此它是有質量的。宇宙「消失質量」（missing mass）[2]的難題因而得到解答。

處在這個快速改變的世界，科學家已找出越來越多生命的謎題。人類圖以科學方式解讀靈性領域，以前所未有的方式解答生命的本質。它能解讀基因的微中子印記，呈現你獨特的人生設計。

第一眼看到人類圖時，你或許會皺起眉頭說：「什麼？這就是我？」

沒錯，這就是你，你的內在天性毫無保留地顯現在這張紙上。圖表上的形狀、顏色、線條、標誌和數字代表著你的人生設計。你正盯著自己本質的核心——什麼樣的元素會觸動你，什麼樣的元素又可以讓你發揮才能。

這套軟體所製作出來的人類圖，建構在兩大要素上：一、出生的正確日期、時間和地點；二、誕生前三個月——大腦前葉皮層啟動的時間，也就是靈性進入身體的剎那。這是靈魂和身體結合，生命開始運行的時間。

出生時的占星本命盤，是基於生辰、出生地及行星運行的影響所繪製的。不過，人類圖還結合了其他三種古老智慧——印度脈輪系統、中國《易經》和猶太的卡巴拉（Kabbalah[3]）。

人們最常問我的問題就是：「我的人類圖會改變嗎？」問題的關鍵應該在於，人生過程中我們會遭遇什麼情境，容易受到什麼情況所制約。不管是哪個面向，每個人的人類圖鮮少完全相同，但是你的人類圖始終如一，你的人生基石是永遠不變的、獨特的；你可以百分之百相信這份圖，不需要聽從他人的建議，因為你的人類圖中已具備所有解答，可讓你活出完整、自我實現的人生。

你要消除的是任何想改變自己或成為他人的想法，沒有所謂「好」與「壞」的人生設計，也沒有哪一種「比較好」或「比較差」的分別。每一份設計都是值得信賴的，當你接受並開始做自己，周遭的一切就會變得澄徹清明。

人類圖美好的地方就在於，當我們審視自己的人生設計時，可以一個階段接著一個階段、一章接著一章……找出創造你整個人的不同元素。為了方便閱讀本書，請列印出你的人類圖或把它當成電腦桌面，我會充當你的司機，引導你走上這段尋根之旅。閱讀自己的

註2：輻射衰變時消失的質量到哪兒去了？當鈾衰變成釷和α粒子時，0.0046 u的質量好像不見了，但如同愛因斯坦所說的：當鈾核經過衰變，一些質量會轉變成動能（移動中粒子的能量），消失的質量仍會遵守能量守恆。

註3：卡巴拉字面意思是「接收」或「接受」，是與猶太教有關的一套神祕學課程，用來解釋永恆的造物主與短暫而有限的宇宙之間的關係，旨在界定宇宙和人類的本質與存在目的。

人類圖時要仔細，因為每個形狀、顏色、通道（channel）或數字，都能告訴你許多內幕消息。

九顆閃耀的寶石：人體的九個能量中心

我經常要人們將人類圖想像成精緻、珍貴的寶石——由宇宙創造出來最令人目眩神迷的作品。每個人的內在都有九顆閃耀著璀璨光芒的寶石，形狀分別為正方形、三角形和菱形。這是人體的九個能量中心（centers），也是人類圖的根基，它們分別是：頭頂能量中心（Crown）、腦能量中心（Mind）、喉能量中心（Throat）、自我能量中心（Self）、心能量中心（Heart）、薦骨能量中心（Sacral）、情緒能量中心（Emotions）、脾能量中心（Spleen）和根能量中心（Root）。

身體中有三十六條通道，將這些閃爍的寶石安置定位。每條通道兩端的數字代表閘門（gates），一共有六十四個閘門，每一個閘門都和我們的天賦與人生角色相關。每份人類圖中都會有這九個能量中心、三十六個通道和六十四個閘門，從這當中，就能看出我們的本性和人生使命。

這九個能量中心就像是控制開關的閥門，能夠調節能量的流動。這不是生理上的能量，而是從我們出生時就蘊藏於內的生命能量。每個中心都有其接受、同化、變更及顯現能量

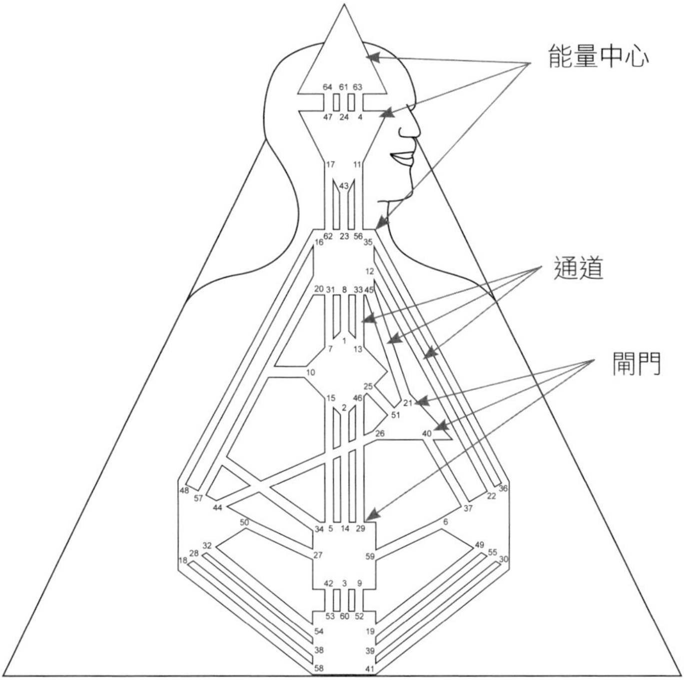

的方式；能量在我們體內流動，也向外流，每分每秒將我們與周遭的人連結在一起。

連結著能量中心的三十六條通道是能量流通的管道，能夠強化、塑造及改變能量，而顯化為更精確的天賦本領、特徵和才能。

通道兩端的數字是六十四個閘門，它們代表著DNA中的各種天性，是微中子留下的印記。每個人在同樣的位置都有相同的六十四個閘門，只是依照出生時的能量狀態，有些閘門是開著的，有的則是關著的，因此每個人的人生設計就更為填滿而獨特。

接下來的章節，我會解釋人類圖中的每個元素，讓你能看懂自己和別人的人類圖。現在，你只要先了解圖表左上角的符號和數字即可。這些數字有紅有黑，每個數字都會對應到一個閘門，這代表那些閘門的特徵將會在潛意識或意識的層次，對你的人生起作用。

潛意識／意識

人類圖有一點很特別，就是可以看出影響我們性格的意識和潛意識因素。意識是我們有意為之的部分，我們很清楚自己在做什麼；潛意識則是隱藏於內，由自動化或不由自主的行為形塑出性格。我們或許無法馬上辨識出受潛意識操控的那一面，但是從旁觀察我們的人便能清楚地看出來。有沒有人對你說過「你做這件事的方法和你爺爺一模一樣」，或是「你的曾祖母以前也都會這樣說」，我們可以從這樣的說詞知道，人們都會從家族中繼承從未意識到的某些特質。

意識像是冰山露出海面的頂部，而潛意識是暗藏於海面下的本質。榮格心理學派的大師阿德勒（Gerhard Adler）認為，潛意識擁有人類真正需要的大多數知識。心理學家和精神科醫師可以花上數週、數月，甚至數年的時間，去挖掘、分析一個人的想法，判定其潛意識的性格。不過人類圖是有史以來，第一次只要點幾下滑鼠，就能看穿個人意識和潛意識狀況的革命性工具。

在人類圖中，「潛意識」意指我們靈魂承繼自祖先的部分——從祖宗流傳下來匯集而成的內定模式，也可說是靈魂的ＤＮＡ。當我們身處母親子宮，尚不受外界任何影響時就帶著這些印記了。我們接受到的是靈魂的基因遺傳，來自父親、母親雙方家族的族譜。從生物學的觀點來看，基因決定眼珠、頭髮的顏色，以及身高和體重等等身體特徵。但是在靈性方面，我們也繼承了情緒、思維和行為反應的模式。

人類圖的理論指出，人們的內外素質不僅是來自雙親的基因遺傳而已。法國演化論學者拉瑪克（Jean-Baptiste Lamarck）認為，父母親的經驗感受也會遺傳給小孩。就像是祖父母的經驗，會以分子記憶的方式隔代遺留在後代子孫身上，這不是突變，而是科學家一直在探討的「轉移作用」，他們認為可以透過此方式來改變基因。

人類圖讓你得以察覺到基因遺傳的迷人之處，洞悉潛意識的運作，而活出更精采、圓滿的人生。人類圖認為，意識對一個人的影響是從出生那一刻開始，而潛意識的影響則是在出生前三個月就已經決定了，也就是胎兒在肚子裡時就承繼的遺傳元素。

意識和潛意識的觀念，在後面的章節會有更清楚的說明。現在，我們只要先知道：人類圖中意識的部分是以黑色表示，潛意識是用紅色來表示，而紅黑條紋區塊是意識和潛意識互相重疊之處（也就是你能夠辨識出的內心潛意識特徵）。

行星

在人類圖系統裡有十三種對人的不同影響力，分別來自太陽、月亮、行星和南北交點（nodes）。行星在微中子流中的位置決定了哪些閘門會開啟，哪些能量中心會被填滿。

在人類圖中，這些行星會以黑色表示，並和紅色（潛意識）及黑色（意識）的閘門數字並列。你可以參考下方的解釋，以了解人類圖圖表左上角的資訊。

☉ 太陽
⊕ 地球
☾ 月亮
☊ 北交點
☋ 南交點
☿ 水星
♀ 金星
♂ 火星
♃ 木星
♄ 土星
♅ 天王星
♆ 海王星
♇ 冥王星

接下來我們會解釋人類圖的基本結構，請看下面「英國哈利王子」的範例。

英國哈利王子

潛意識 意識

誕生時間 誕生時間

1984.6.15. 1984.9.15

22:00:09 16:20:00

（以上淺灰色字體代表紅色部分）

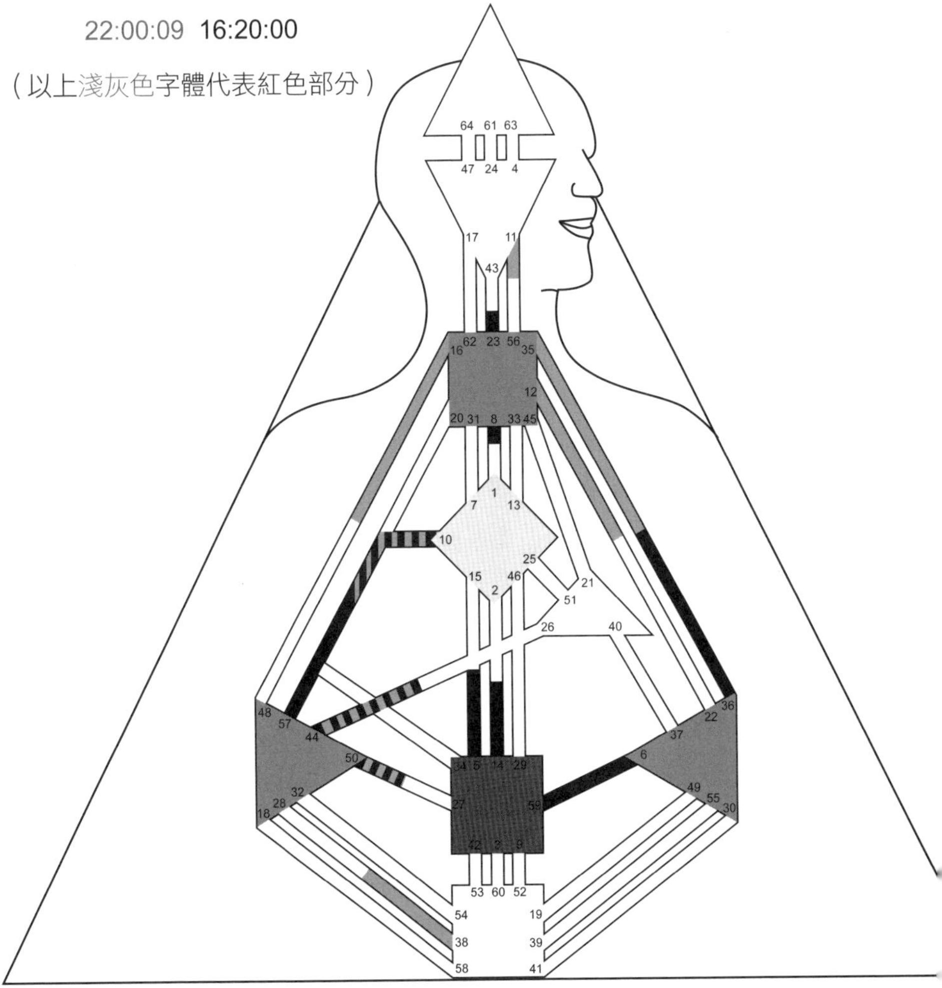

哈利王子是查爾斯王子和黛安娜王妃的次子，出生於倫敦，出生時間為一九八四年九月十五日，格林威治標準時間（GMT）下午四點二十分。不過，你會看到圖表上寫著一九八四年六月十五日，也就是他出生前三個月的日期。這兩個日期分別寫在潛意識（紅色）和意識（黑色）之下。

右側黑色的資料都和生辰有關。這是意識，也就是「個性」（personality）的部分。左側紅色的資訊都屬於出生前三個月，代表潛意識的部分，為哈利王子的基因遺傳。

中下方有一個填滿紅色的正方形中心，右下方有一條黑色的狹窄通道，從這個紅色正方形連到右方的褐色三角形中心；黑色通道兩邊的數字為59和6，那就是接通通道兩端的閘門。

在這個階段，最重要的是注意能量中心是否有填滿顏色。填滿顏色的中心表示是活化的，相對地，空白的中心則是不活化的；若有一條通道連結起兩個中心，則代表那兩個中心即是活化的，會填滿顏色。以哈利王子的圖表為例，6-59的通道使正方形的薦骨能量中心及三角形的情緒能量中心都被活化，而從空白變成填滿顏色。

你現在已經大略能掌握人類圖的基本構成，藉以上範例我為你鋪好前方的道路，就讓我們開始繼續愉快的學習旅程吧！

2

你內在的電池——九大能量中心

> 終於有人能夠對「我是誰」、「我的行事作風」，以及「因應方法」提出解答。
>
> ——羅伯，英國倫敦

生命是一連串戲劇化事件所譜寫而成的——每個起伏難測的行為，人與人之間不斷的問候應答。我們體內的九個能量中心，時時刻刻汲取著生命的能量供身體使用，決定著我們如何與人互動。這些內在能量是你真實本性的基礎。

有些能量中心的名字很常見，如脾、心和喉能量中心，它們不是指身體的器官，而是和內在能量運作相應的區塊，人類圖即是「能量體」（energy body）的地圖，以這個角度來說，它和脈輪系統是相關的。

關鍵在於，要了解每個能量中心如何與他人的交相互動，將日常生活和人生的每一刻串連起來。只要和他人待在同一處，這些無形的能量便會持續與對方互相交織。表面上看起來，我們用眼神和言語和他人溝通，但其實真正起作用的是這九大能量中心，讓人們在更深的生物能量層次上產生連結。

舉一個簡單的例子，當一對男女共處一室時，他們各自的能量場會發生互動。當你受他人吸引，但卻不知原因為何時，便能了解這個例子所表達的為何。抑或，某人的某項特質總惹得你心神不寧，這個「特質」就是從能量中心發出的作用。

你的能量場會受到你的伴侶、朋友、同事、老闆、客戶的能量場所影響。當你透過人類圖，了解人們是如何連繫、連結與溝通後，就更清楚所有人際關係和夥伴之間的動力機制和暗藏的能量流。這是基本的量子物理學——宇宙所有事物都是由振動和能量所構成，而且我們都置身在這不可分割的能量之中。我無須解釋太多複雜的原理，最重要的是讓人知道人類圖的系統有科學根據，九大能量中心和宇宙能量互相結合，存在於我們每個人之間，再經由人們的行為表現出來。

九大能量中心

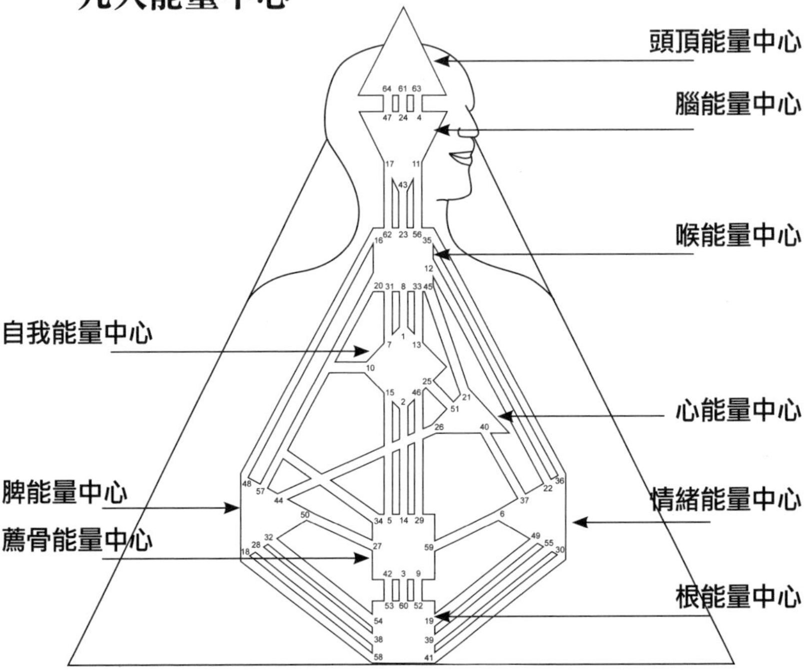

能量中心呈現填滿或空白的狀態？

了解這九大中心的運作，可以幫助你觀察每天自己內在發生的事，但是首先要認識自己的每個中心是填滿的（defined），還是空白的（undefined）。

看看你的人類圖，填滿顏色的中心，表示其自有穩定的能量作用，如磐石一樣堅定不變，你會一直保有這樣的特質，而這些能量你時時刻刻取之不盡；而呈現空白的中心，表示其能量呈現時有時無不穩定的狀態，這部分的你是變動的。換句話說，如果跟你同在一處的某人的這個中心是填滿的，你就會改變自己順應別人。和他們相處時，你很快便能接受他們的能量，甚至被支配或制約。我們稱此為「制約影響」（conditioning influence）。

這並不表示你是受人宰制的玩偶，你反而可以學著辨別情況，學習適合自己空白中心的回應策略，不去接收別人帶給你的能量。要告訴自己：「這個影響力是來自他人，不是我的。」這麼做可以讓你脫離當下的情境，以第三者的角度來審視現況，我們稱之為「超脫的智慧」（impassive wisdom）。這能讓你不被情境捲入，能夠理智的通盤觀察，才能見樹又見林。因此，空白中心讓我們有機會學習反思和洞察。

如果你的人類圖中呈現填滿顏色的中心較少，不要以為你的人生就很無聊，比起能量中心大多填滿顏色的人，你是更容易適應環境、有彈性的人。重點在於，填滿的中心有固定的能量特徵，而空白中心的特徵是時續時斷的，完全取決於和什麼樣的人相處。

每個中心都和身體中的一個器官或腺體相關聯，對健康也有影響。若是能順著自己人類圖的設定過生活，身心就會健康，情緒就會和諧；若是背道而馳，甚至是違逆自己的本性，身體就容易不舒服或生病。抵抗中心的能量，對相應的器官或腺體也會產生不良的影響。

The Crown

頭頂能量中心——靈感

頭頂能量中心位於頭部上方，形狀為三角形。由於國王和皇后總是戴著皇冠，以顯示尊貴，因此在人類圖中，頭頂是靈感的中心，三角形的尖端直指上天，就像是一個天線接收器，從宇宙間擷取靈感。真理、懷疑、天馬行空的想法都是從這裡湧現。

頭頂能量中心很獨特，因為它只和腦能量中心連結。腦能量中心接到靈感後會再行消化組織。「壓力中心」（pressure center）有二，頭頂能量中心就是其中之一。壓力的作用在於驅使人們去尋找生命的意義。當你覺得負荷很大，壓力便是來自於頭頂能量中心。以生理解剖學來說，頭頂能量中心和腦部松果體互相連結，松果體只有豆子般大，位於大腦中央，調節褪黑激素的濃度，控制我們睡眠和清醒的狀態。

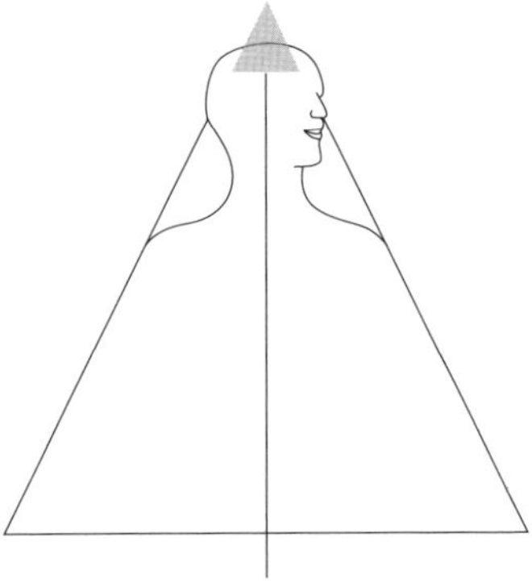

頭頂能量中心

頭頂能量中心呈現填滿狀態

你的腦袋忙得不得了，總有許多想法、靈感、疑問和各種創意。我猜你一定說過：「我也不知道為什麼有這麼多靈感，這是天生的。」

頭頂能量中心呈現填滿狀態的人，腦能量中心一定也是填滿的。這樣的你總是在思考，想要尋找各種刺激的想法和新奇的思維。你的智商很高，但是要知道智力和理解力是不一樣的，你要學習如何運用自己的智力。美國中央情報局（CIA）應該改名為中央理解力局（Central Intellect Agency），因為只有當情報員了解如何讓思維不受限，懂得如何處理得到的情報、數字和圖表時，才能將智力轉為理解力。

如果你的頭頂能量中心是填滿的，你會激發周遭的人一樣喜歡動腦，這是因為你想引發出自己與生俱來的深層思想。你的夥伴可能因你而才智煥發，也可能覺得你的想法毫無章法、無聊至極，這取決於你善不善於表達自己。

期待被聽見的心靈居於頭頂能量中心。頭頂能量中心總是處理著許多的觀念，有時候會因為不知如何讓觀念變得實際、能讓人接受，而感到緊張有壓力。理解和解釋每件事是頭頂能量中心根深柢固的需求，如果不能得到滿足，甚至可能讓你為之發狂。我常說，呈現填滿的頭頂能量中心會讓人筋疲力竭，但如果靈感能夠實現，你將得到無法名狀的成就感。

頭頂能量中心呈現空白狀態

你對各種跳進腦袋的靈感，總是抱持開放的態度。不管你在何處，總能夠從不同的人和環境中尋獲靈感，因此你喜歡置身於充滿新奇事物的環境，像是美術館或電影院，也喜歡和藝術家、知識份子親近，因為這是你得到啟發的方式。

這會讓你的腦袋像萬花筒一樣忙得團團轉，導致你容易深受他人的想法與疑問所影響，把別人的問題當做自己的問題般認真看待。最後，可能窮盡一生依照他人的想法而活，無法活出自己。你要學習問問自己：「我為什麼要花這麼多時間思考別人的想法，解決別人的難題？」

你要懂得篩選別人的想法和問題，不要被知識份子的觀念給淹沒。這樣才能讓你的接受器保持良好的收訊，將制約影響轉成超脫的智慧，讓自己的心靈保持清明潔淨。就像是學生懂得如何將教授給的複雜理論，用簡單易懂的文字寫出來一樣。要小心自己，不要被曇花一現的靈感牽著跑，那只會浪費力氣而已。有開放的態度固然好，但也要培養做選擇的智慧。

The Mind

腦能量中心——思維

腦能量中心會處理頭頂能量中心丟下來的資訊，也會不斷過濾及解析資訊，幫助自己了解並掌握狀況，這過程就好像被頭頂能量中心逼著不斷做苦工一樣。

腦能量中心是三個「覺察中心」（awareness center）之一，總是不停運作著，擔憂和不安的特質可能因為這個中心而更加惡化，它會讓喜歡深度思考的人陷入無止盡的迴圈而無法自拔，因為腦袋就像輪子一樣轉個不停，希望將過去、現在和未來統統串連起來。

腦能量中心和大腦前方的腦垂體互相連結。東方信仰認為此腺體是「第三眼」或「智慧之眼」，因此，腦能量中心負責讓我們「看到」所需要學習與理解的事物。

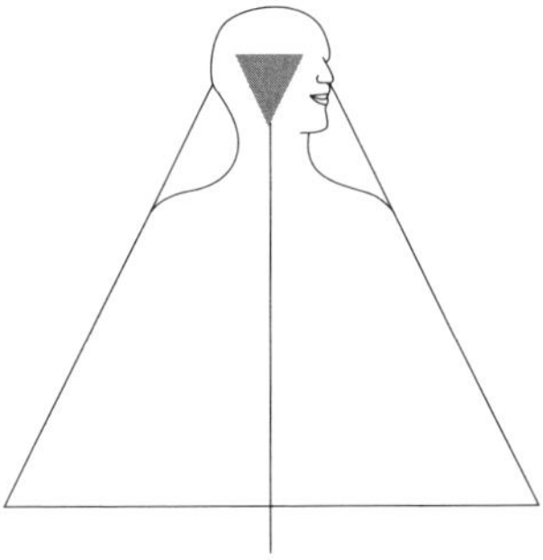

腦能量中心

腦能量中心呈現填滿狀態

心智就像一台電腦內建的硬碟，從來不會停止運轉、處理和儲存檔案，它會不停地比較、審視和進行搜尋。當你在讀書或工作時，是不是偶爾會覺得自己的腦袋超載了，運轉的資訊多到好像要爆炸；一旦轉移注意力之後，你又能突然想出解決方法，然後再朝下一個目標前進。

你有自己固定的思考方式，總是以同樣的方法來處理事情。很多的技術維修人員、顧問都有填滿的腦能量中心，這樣的人很容易吹毛求疵、自尋煩惱，拿不存在的問題來為難自己。「你又在瞎操心了！」「還沒發生的事，不要自己先煩惱起來好嗎？」就是這類人的寫照。你就是無法關掉腦袋的思緒和揮除煩惱。冥想或靜坐有助於平靜你的心靈，讓你跟你的想法拉開一點距離，給自己一點喘息的空間。

腦能量中心呈現空白狀態

你不會先入為主，但是常心不在焉。你願意思考事情的其他可能性，但卻健忘和容易分心。你很常走到停車場才發現自己忘了帶鑰匙，或者是出門後才想起沒有拔掉熨斗的插頭。把重要事項寫在記事本會是個好方法，不然你很可能在一天內，就忘記重要的約會或會談內容。

我不是說你笨。天才愛因斯坦的腦能量中心就是空白的，正因為他對生活大小事都漫不經心，所以才能在複雜的人生情境中保持客觀，以超脫的智慧得到成就。腦能量中心空白的人其實很好，因為他們能以通盤的角度看事情，也就是所謂的見林不見樹，來為別人解決問題。

你能夠感受到其他人的思想，大家總是會訝異地問你：「你怎麼知道我在想什麼！」這是腦能量中心空白的人所擁有的睿智。你的優點在於，懂得獨處時保持腦袋寂靜，卻又懂得如何與人互動，是個細心考慮周詳的人。你的腦袋不受限，如果你能接受變數，人生對你來講可說是一場心智冒險之旅。

The Throat

喉能量中心——表達和顯化

在腦能量中心下方的是喉能量中心，它以實現和表達的能力來創造事物。喉嚨是人類的發聲帶，在人類圖中是掌握想法是否能被別人聽見及聽懂的樞紐，任何事都可能在這裡發生。

喉能量中心有許多獨特的表達方式，像是透過演說、肢體語言或文字書寫。適合教學、統御知識是它鮮明的特質。人類圖中的任一元素都在尋求表達的出口，不管是透過文字或行為，而喉能量中心就是為其發聲之處。

喉能量中心的連結腺體是甲狀腺和副甲狀腺，這兩條腺體調節著人體的新陳代謝率。不管你的本性為何，真實的呈現自己是維持健康的不二法門。

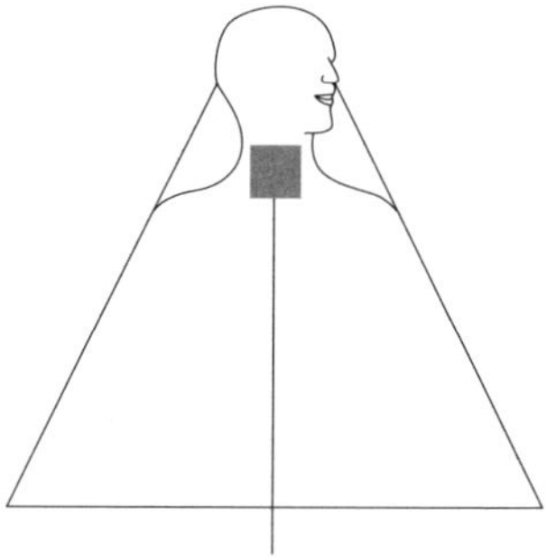

喉能量中心

喉能量中心呈現填滿狀態

你擁有良好的表達能力，但是要表達什麼以及表達的方式，取決於其他填滿的中心提供什麼給這個樞紐。所有連結到喉能量中心的其他中心，都希望透過喉能量中心釋放能量，譬如喉能量中心和腦能量中心相連時，表示喉嚨是理智的代言人；和情緒能量中心相連結時，情緒也是透過喉嚨得到抒發；連結到心能量中心時，心聲也要靠喉嚨來表達。這些中心都期待透過喉嚨得到表露，表達可以透過行為、創意或是溝通的方式來傳遞。

你的表達方式前後一致，有著自己的節奏和自信。你表達的方式可以使夢想成真、目標實現。你很會說故事，擅長講述個人的見解、指導他人，是個很好的領導者，在表達自己或傳達他人的意見時，態度堅決、語氣有力。

你懂得傾聽，但是要知道，有時候人們只是在跟你閒聊扯淡，不用當真。有些人很愛嚼舌根，講到你耳朵長繭也不停，最可怕的是坐長途飛機時，即使你帶著耳機，手上拿著的雜誌都快蓋在臉上了，隔壁的乘客還是一直疲勞轟炸你的耳朵。

大家都喜歡跟你講話，捉到機會絕對不放過！因為你的喉能量中心是他們的出口，能引出他們久經壓抑的內心話，這些人的喉能量中心大都是空白的。拿我一位朋友為例，她的一名同事每週都要打電話給她，一次要講上四十分鐘才肯掛電話，從來只聊自己的想法和問題，從來也沒關心過她好不好。所以，我要奉勸你注意這個現象，知道那些長舌的人為什麼喜歡找你傾訴。而他們一開口，往往就停不下來了。

喉能量中心呈現空白狀態

「我不知道要怎麼表達自己。」我彷彿聽到你心裡這麼說。喉能量中心呈現空白時，常常會覺得很挫敗，不知道如何有效或以自己想要的方式來傳遞心情。但你還是會持續努力，當你和喉能量中心填滿的人相處時，就能找到良好的表達能力，你講話會像連珠炮一樣，渴求表達的欲望有如猛虎出柙，擋都擋不住。因此，空白的喉能量中心很可能讓你成為長舌一族。

你的特質是喜歡主控對話，愛插話，甚至會打斷別人的談話。這是因為你的溝通能力受阻，當這道牆被打破時，儲存的壓力就像洪水一樣傾洩而出。只要給你機會講話，你可以講個不停，甚至不用呼吸。

你的表達通常沒有一致性，如果有兩個人問你同樣的問題，可能會得到完全不同的答案，這取決於對方是誰。這並不是說，你講話沒有說服力或言語乏味，而是你講話常常前後不連貫，沒有重點，所以沒有人知道你最後的結論是什麼。然而你要知道，你表達能力的好壞在於和誰互動。

喉能量中心呈現空白的人，可能會有語言障礙和發音不清楚的問題。因為你天生就知道沉默是金，所以要等待正確的時機才發言。空白的喉能量中心可以接受你周遭的環境，將別人的話語轉變成自己的智慧，像是美國前總統柯林頓，即使他的喉能量中心是空白的，一樣可以成為傑出的演說家，因為他學會駕馭群眾傳給他的能量。他沙啞的聲音顯示出他沒有耐心等待，急著想表達自己。

The Self

自我能量中心——目標、人生方向與愛

自我能量中心位於喉能量中心下方，形狀為菱形，代表人生的目標與方向感，以及對自己的愛。它就像是一套精準的衛星定位系統，讓我們能夠活出自我，知道自己的位置，和該往哪個方向發展。自我能量中心也決定我們對他人的喜惡。在這個中心裡，我們可以找到「我是誰」的答案，讓我們和靈性永遠連結。

愛的能量儲存於自我能量中心。愛的能量包括心靈之愛，和對形體、人性和生命的愛。在這裡，你可以找到許多關於自己的真相，並以獨特的方式來拓展生命，接受生命所要帶給你的事物。

自我能量中心和肝臟相關，血液在此得到淨化。自我能量中心是否填滿決定你如何過濾人生經驗；阻塞充血的肝臟會讓你對人生感到不耐煩，而降低處世的能力。

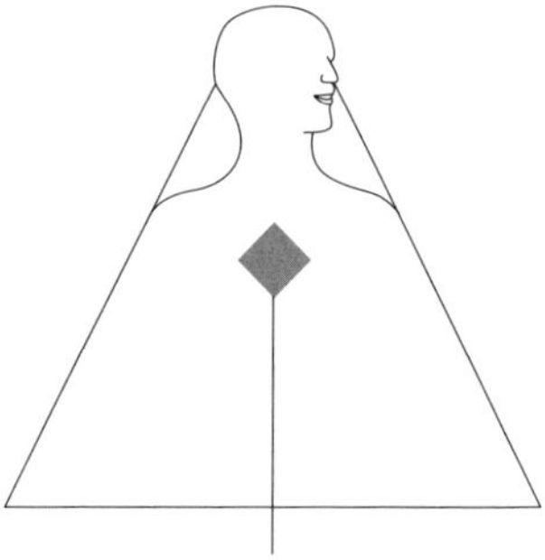

自我能量中心

自我能量中心呈現填滿狀態

你的座右銘應該是：「我知道我是誰，也很清楚自己的人生方向。」你的個性、人生目標和方向都很穩定。你不只想做你自己，還想活出「最棒的自己」。如果你沒有這樣的感受，那就依著心中內建的指南針而行，一定會找到回家的方向。

你不能不做自己，否則會沒來由地感到沮喪，好像逆著浪潮前進一樣，對人生感到吃力。大多數的時間，你都是一個相信自己、堅決果敢的人。

你喜歡開導別人，當你這麼做時，往目標前進的注意力就容易分心，這是自我能量中心填滿的缺點，如果不謹慎注意，很可能會被待你援助的人拖下水。不過，一旦你找到了屬於自己的路、目標或是人生伴侶，就能朝著目標勇往直前，不會再任意轉移注意力。在你選定方向之後，總會散發一股「一夫當關，萬夫莫敵」的氣勢，誰也阻擋不了你的決心。

自我能量中心呈現空白狀態

「現在的我是這樣子，未來我不知道。」自我能量中心呈現空白的人，對自我沒有很固著的定位，經常在做改變。你是個八面玲瓏的人，總能順應周遭的人而改變自己，靠著身旁的人和人生境遇來定位自己；經常變動人生的方向，因而容易迷失自我。

做個靈活有彈性的人也很好，你對別人總有多一份的同理心，社交上就像是變色龍一樣，容易適應環境。以這個角度來說，你的自我定位其實很清楚，不用再擔心不知道如何定義自己。

你可以隨著生命之流前進，活在當下就好。但是要小心，不要放任自己隨波逐流，跟著任何人走，那可能使你步入歧途而不自知。不管你是否知道自己要往哪裡走，都要學會運用自己內在的智慧，觀察別人的本性或選擇的方向。若是能有此認知，便能找出自己的方向，幫助那些一樣迷失的人看清楚自己的前程。

當你想建立人生的一致性時，可以向自我能量中心填滿的人請益。你必須確定自己是在追隨誰的方向前進，如果你的夥伴有填滿的人生目標，便可以向他學習，讓自己也有一個圓滿成就的人生。如果選擇了沒有助益反而會拖你下水的夥伴，那你一定會做出錯誤的決定。以小甜甜布蘭妮（Britney Spears）為例，她的自我能量中心空白，所以她的穩定度和人生方向，就取決於身旁出意見的人。那個人的智慧將決定布蘭妮會向上提升，或是行為脫序。對她來說，找到真心關心她的人非常重要。

The Heart

心能量中心——意志力和願望

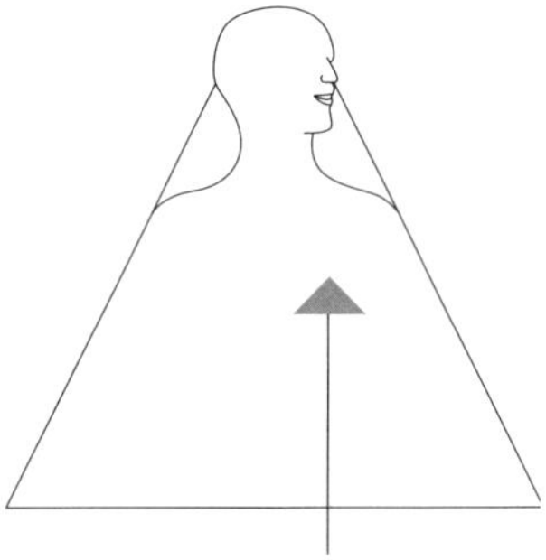

心能量中心位於自我能量中心的右邊，是平衡意志力和自我意識的中心，帶有強烈的競爭意識。它讓你在商場中成為舉足輕重的人，驅使你追逐成功的物質世界。心能量中心是三個「動力中心」（motor center）之一，動力中心會促使我們力爭上游，而心是欲望的動力來源。

人們最渴望的莫過於擁有自由，而意志力會帶領我們奔向自由。意志力又分為兩種，一種是符合宇宙利他的意志，另一種純綷是為了利益一己的意志。我們總是在這兩者中做抉擇，是要選擇利他還是利己。

任何和金錢有關的事情，或是權衡利弊得失，都是由心能量中心職掌。你也許會以為賺錢應該是由腦能量中心掌管，沒錯，大腦的確有許多賺錢的點子，但金錢是能量的一種形式，和心散發出來的願望有關。權力、名望也都是屬於心能量中心所管轄。

這個中心和心臟相連結，因此心臟病是世界上常見的疾病也不足奇。當人們被「繼續努力」、「要有錢」、「實現願望」種種壓力壓得喘不過氣時，心臟自然會抗議。心能量中心也和消化、胃和膽囊有關，當你的人生平衡和諧時，這些器官就能運作順暢；若是追求錯誤的東西，身體器官就可能產生問題。

心能量中心呈現填滿狀態

很少有人的心能量中心是填滿的，除非你的意志力是鐵打的。只要是你想做的事，誰都阻擋不了你堅強的意志。你是人類圖系統中的英雄，別人需要一個小時才能控制自己的意志力，對你來說五分鐘即能搞定。心會為生命而奮戰，心能量中心是勇氣的源頭。

對你來說，要有一番作為不是問題，難的是知道什麼值得你投注時間和精力。你要學會分辨什麼樣的人事物值得你全心付出，一定要仔細觀察慎選，因為你一旦涉入某事，你的心就會百分之百投入其中。

你的信心令人欽佩。心能量中心填滿的典型例子有：英國首相邱吉爾、美國前總統甘乃迪、美國企業大亨唐納·川普、影星阿諾·史瓦辛格、達賴喇嘛和前美國副總統高爾。

這些人將心力投注在畢生事業上，更重要的是他們意志力背後所展現的堅強信念。

心能量中心填滿的人能夠靠自己的能力與勇氣說服他人、掌控大局和處理危機。別人做事不夠有效率可能會讓你很煩惱，所以你總是想親力親為。你有自己一套做事的方法，在實現夢想的過程中，很可能被別人誤以為過於自大。心能量中心填滿的人需要學習「放輕鬆」，這對你和旁人來說都非常重要，至少要給別人一點時間來追上你的腳步。

心能量中心呈現空白狀態

大多數人的心能量中心都是空白的。也許你想做個精力旺盛的人，但是你的心並沒有辦法配合。其實你不需要去證明什麼，只要照著你的人生設計生活就好。

也許有人會問你：「你不想要人生有點成就嗎？」或是「你沒有一丁點意志力嗎？」這個中心空白不代表沒有意志力，你只是做事很難持之以恆而已。正是因為呈現空白，才激勵你更努力地和別人競爭。你無須拿自己去和別人比較，比較過了頭，可能會影響你對自己的觀感。

重要的是，了解自己不需要試圖證明些什麼，不管對自己或任何人都一樣，否則你會在全體利益與自我意識間掙扎——你的自我意識會受到觸動，變得非常喜好競爭，這是因為你受到情境制約的影響。若要跳脫這一點，你必須脫離自我意識的影響，滿足於你的本質，不再需要透過行動來證明自己。

你有自己尋找真理的方式，要學習傾聽自己內在的聲音。你有足夠的靈活性和智慧，能夠引導他人找到自己想要的人生目標與成就。你對人生的物質和心靈層次，都有客觀的價值標準。

The Sacral

薦骨能量中心——生命力和續航力

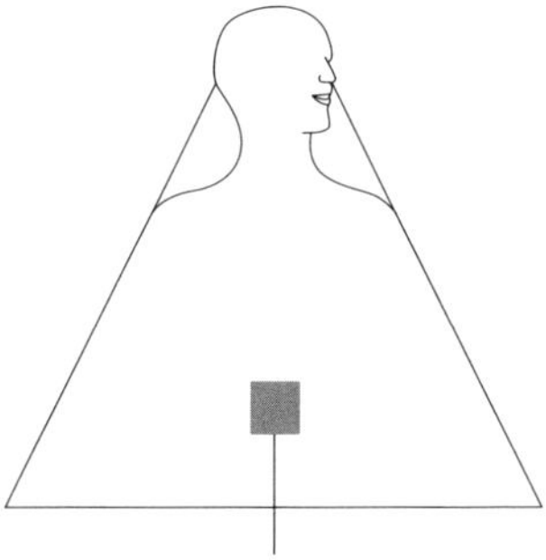

位於人類圖中下方，從最底下數上來第二個正方形就是薦骨能量中心，也稱為「執行者中心」（generator center）。它是人類圖系統中重要的發電機，供給大樹往天空成長的能量，給雛鳥力量啄破蛋殼，讓人們有勇氣承受人生中的難題。大約百分之七十的人都有填滿的薦骨能量中心，提供自己源源不絕的能量。不過很少人懂得如何利用這能量，來成就個人的目標。

薦骨和男性的睪丸、女性的卵巢相連結。薦骨能量中心也是「性中心」，它的主要通道都帶有性的意味。性慾即是從薦骨能量中心而來，它開啟了人際互動與共同創造的各種方式。能體會薦骨（譯註：sacral 在英文中，另一義為與宗教典儀或活動相關的）、神聖性和性之間緊密的連結，是很重要的一點。

薦骨能量中心呈現填滿狀態

你天生就有能力回應生命要給你的東西，不論你知不知道，都擁有充沛的生命力，足以讓你對自己的目標持續努力。這個動力中心關不掉，一旦你開啟了薦骨能量中心的能量就不能回頭了，直到完成目標為止，動力才會停止。因此，你需要學會決定要把這能量投注在什麼人或什麼事上，才是值得的。

薦骨是直覺反應的源頭，你可以充分信賴自己的直覺，你的內在權威會告訴你這樣做是對或錯。當你做著正確的事，可能會聽到內心發出「對，就是這樣」的聲音；如果覺得事有蹊蹺，心裡也一定會有聲音警告你。這就是你的直覺，那和情緒是不一樣的。直覺也可能借由外在的人事物，喚醒你最直接的感受。

薦骨能量中心填滿的人，一輩子都會覺得自己為人做牛做馬，替人完成目標卻得不到感激。很多員工都有這樣的感受，有數不清的助理和秘書默默工作，讓老闆或主管得以在檯面上發光發熱，卻得不到任何回報。有句俗話說：「每個成功男人的背後，都有一個偉大的女人。」換成我則會這麼說：「每個成功人士的背後，都有一個薦骨能量中心填滿的人。」通常都是如此，他們沒有你該怎麼辦啊？

你生來就是一台動力發電機，儘管你可能不這麼覺得。如果你沒有控制好自己的能量，就可能感受不到自己的強大動能。我指的是，你需要掌控好蘊藏於內的泉湧能量。

當你啟動能量時，旁人會很難追上你的速度，這讓你覺得有義務幫大家分擔工作。不過，在這一番努力之後，你會得到事情正不正確的警訊，切記一定要投入對的事情中。如果你對一件事感到不耐煩、無聊、沮喪或沒耐心，那就不要繼續做那件事。要學習相信自己的直覺，傾聽你內在的指引。

性愛對你有一股強烈的驅動力。這不意味著，你是獵豔高手或性感尤物，不過只要選擇正確的話，你應該可以擁有滿意的性生活。如果直覺接受你的伴侶，你的性生活會充滿和諧；如果你過於縱慾，那麼可能會意志消沉。

有些時候，你的伴侶和人生計畫會讓你很不滿意，甚至感到沉重，你可能會自問：我造了什麼孽，要承受這種痛苦？答案很簡單，就是你事先不謹慎做選擇。你太博愛了，付出得太多。要記住，先以自己的需求為優先考量，不要以為自己沒有任何人能夠取代。

如果你的心能量中心和薦骨能量中心都是填滿的，你絕對是充滿能量、幹勁十足的人。你的成就將無法衡量，但那一定要是自己感興趣的目標。要學習挪出時間來休息，不然拚命三郎的你可能會做到筋疲力盡，損傷了身體。

薦骨能量中心呈現空白狀態

你不是天生適合在快車道上奔馳的人，那不符合你的天性。你的能量不夠持久，也無法源源不絕供應你的需求。短暫衝刺，或在團隊中工作是最適合你的方式。唯一令人擔心的是你若一直激發動力，最後可能會失去能量和熱情。

我認識一位女士，她從事壓力很大的業務工作，總是要不斷努力達成目標和利潤。她不是天生就適合這種高壓工作的人，但偏偏工作上必須如此鞭策自己。她被工作和同事壓得喘不過氣，身體無法負荷，不得不離職。她沒有填滿的薦骨能量中心來承擔這樣高壓的工作；現在她負責帶領團隊，打團體戰，這是她喜歡且能勝任的工作。

你要以客觀的角度來反映他人的能量，才能將制約影響反轉成超脫的智慧，而不是一味的耗損自己有限的能量。要學會控制自己的速度，懂得尋求協助，而不是讓自己被困在壓力鍋之中。

你的性慾比不上薦骨能量中心填滿的人，性愛對你來說不會是強烈的驅動力，除非你的伴侶是薦骨能量中心填滿的人。若是如此，你反而會反映出他們的能量，而放大自己的需求。一般來說，性愛中所需的能量會由薦骨能量中心填滿的人來提供，而你才是支配能量的人。擁有超脫智慧的你，將知道何時可以和他人的能量做連結，何時應該遵循本性而撤退。

The Emotions

情緒能量中心——感受

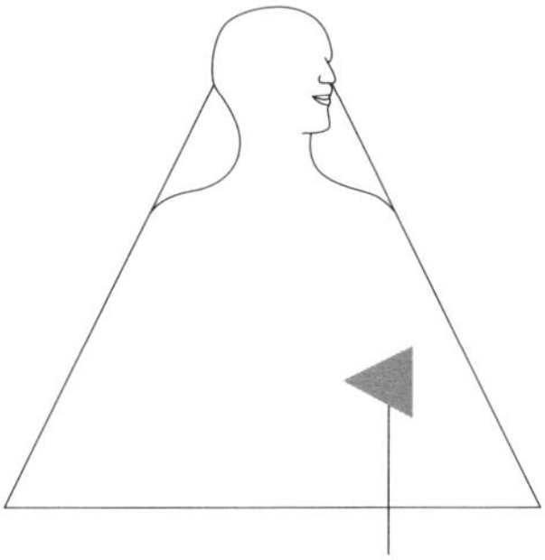

情緒能量中心

情緒能量中心位於薦骨能量中心右側，是情緒的造生處。就是因為有這個中心，人類才會有情緒起伏，在傷悲、快樂、痛苦、熱情、內疚和寬恕中跌宕變化。情緒能量中心是九個能量中心中最強烈的一個，它引起的能量帶給人的影響最大。它同時屬於「覺察中心」和「動力中心」，能夠在覺察、行動和達成目標中得到平衡。

情緒能量中心對應的是胰、腎、胃、肺和神經系統。這就是為什麼有那麼多人，會因為情緒問題需要醫療協助。帶著情緒的情境讓我們食不下嚥或暴飲暴食，而且會傷及神經系統。情緒能量中心也和癮頭有關，情緒問題容易引發性成癮、酗酒或是毒癮。

雖然情緒能量中心最複雜，但也最容易了解，因為情緒是人性的核心。你要懂得覺察哪些情緒對你是好的，哪些情緒對你是有害的，當然這還得考慮你的情緒能量中心是否呈現填滿。

情緒能量中心呈現填滿狀態

你是個重感覺的人，不過你對自己真實的情緒所知甚少。你容易上一秒鐘情緒高亢，下一秒卻難過得跌到谷底。歡迎你認識自己古怪的情緒浪潮！情緒的波動是你的本性，你和身旁的人都會覺得困擾。你很少能情緒平穩，你的情緒就像波濤洶湧的大海，上下起伏不斷變動著。你要學習認識自己的情緒浪潮，讓它們來去自如，不要想試圖控制，你才會開始有所提升。

不要被任何情緒或期望所蒙蔽。當你情緒高漲時，不要驟下決定，這是你要克服的一點。你要學習冷靜地讓情緒離開，不要隨之起舞，要耐心地等待情緒穩定下來後再做決定。就像是在風暴中行駛的船隻，只要追隨燈塔發射的光線前進，終究會安穩回到港灣。

情緒能量中心填滿的人要對自己的情緒負責，也要小心不要影響了旁人的情緒。你有很強的情緒感染力，與你同在一處的人，情緒很容易受到你的感染。如果你情緒很糟，你會發現周遭的人也慢慢變得消沉；如果你心情愉悅，旁人也會跟著興奮不已。你的人生課題就是學習掌控、欣賞和擁抱自己的感受，了解自己的情緒如何影響他人。

情緒能量中心呈現空白狀態

你以為自己是個情緒化的人，事實上，那是因為你承接了別人的情緒所致。你要認識到，自己的情緒是由別人引起的。當你獨處時，你是平靜、安穩、心緒集中的人。

當你和別人共處時，你會被捲進他們的情緒浪潮。情緒能量中心空白的人，很難感受到自己的情緒。但好處是，當你坐在足球場觀眾席中，看到群眾正在歡慶比賽勝利，你可以感受到那份歡欣之情；假若你去參加宗教慶典，一定能和大夥一起感受到神的祝福。你容易被周遭的情緒氛圍影響，不論是對你有益或有害的情緒，這一點你要小心留意。

若想將制約影響轉變成超脫的智慧，你要學習不對別人的情緒有反應，運用自己的洞察力來了解眼前的情境，以旁觀者的角度審思而不陷入其中。如果有情緒能量中心填滿的人正掀起了自己的情緒海浪，而你站在岸上目睹這一切，這時候你可以選擇跳進海中讓自己滅頂，或是站在岸上思考該如何改變這個情境。

The Spleen

脾能量中心——生存本能和感官

薦骨能量中心的左側是脾能量中心，這也是「覺察中心」之一，掌控著我們內建的生存機制。脾能量中心是感覺中樞，像是內心的雷達，時時刻刻在審視周遭環境，以本能的直覺來辨識「苗頭」做出反應。

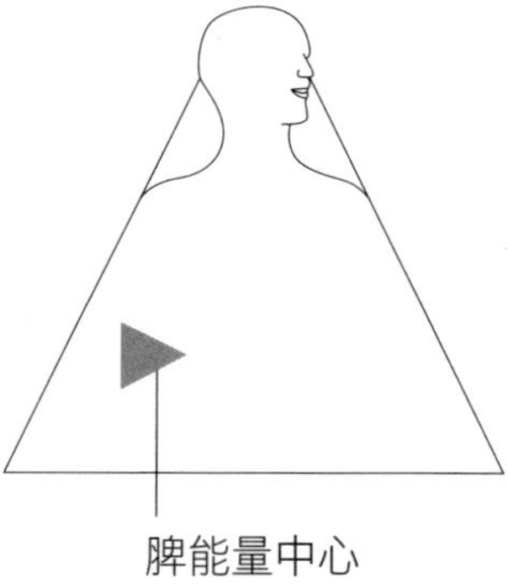

脾能量中心沒有所謂的智力，純粹只有生存本能，它讓我們馬上就能分辨各種人事物的好壞。在這裡，我們會觸動內在深層的恐懼——恐懼自己知道的不夠多、恐懼未來、恐懼過去、恐懼責任、恐懼失敗、恐懼死亡、恐懼權威……。要認清這些恐懼給予你生存的動力，讓你在此刻對人生感覺美好。

這是自發性的直覺中心，具有敏銳的聽覺辨識力，不管你的聽覺好不好。脾能量中心會審查別人的聲音或頻率，確定是否能與對方一同共振。它的核心原則，就是利用感官來確保自己的生存。

脾能量中心和身體的免疫系統相連結，攔截外來的毒素和病源。免疫系統保護我們的身體健康，一切都是為了生存而戰。

脾能量中心呈現填滿狀態

你是自發性很強的人，擁有敏銳的直覺力，天生就能對人生中的大小事做即時回應，你總是處在準備好要出發的狀態。有你在的地方就有光亮，你能散發出人生真美好的感覺。

脾能量中心會自動審視你所處的環境，確定是否安全無虞。你可以透過你的撫觸和合宜的舉止，將溫暖散發給四周的人。你的本質令人難以理解，你同時具有「警戒者」及「療癒者」的特質；還擁有機智的幽默感，給人陽光般的感受，因為笑就是最好的藥。

但是在笑聲背後，你會注意到感官脫離了直覺和本能，而聽不到警報聲。如果舞廳的音樂太刺耳，或是磁場不對，你就會進入警戒狀態，這時就要趕緊離開現場才對。不管是在別人的家裡、工作場所、餐廳或購物中心，你心底的警報聲在任何場合都適用。警報不是針對有危險，只是意味著那地方與你的本性格格不入而已。也許旁人覺得莫名其妙，但你要留意內心的警報聲，那才是你真正的嚮導。身處不恰當的環境會讓你生病，會使你的免疫系統不協調。

你的人生最好是活在當下。你的天線總是在接收訊號，那可能會讓你像個緊張兮兮的膽小鬼。你有義務小心任何你感受到的威脅，但是這樣的話，不知道你還有沒有辦法走出家門。你容易對許多事感到害怕，因為你的生存機制一直都在作用著。就像是過度緊張的媽媽不敢放手讓孩子去玩，或是每個保險公司的夢幻客戶——所有的保單全都買齊。

你心裡會有什麼樣的恐懼取決於開啟的閘門，為了安撫這個特質，你需要留意過度保護的機制何時起作用，然後以更務實的態度面對。脾能量中心的本質就是擔心，所以會時刻戒慎恐懼，不要因此讓人生停滯不前。脾能量中心填滿的人通常免疫力較強，可幫助你對抗疾病。如果你經常生病，很可能是因為你總是不理會內心的直覺反應。

脾能量中心呈現空白狀態

你很容易受到別人的影響，而啟動內心的擔憂。有時候你會覺得恐懼鋪天蓋地而來，完全招架不住。奇怪的是，比起脾能量中心填滿的人，你更容易被恐懼感所壓倒。

脾能量中心填滿的人會收到直覺的警告，但你的恐懼卻是無來由的，這會讓你感到神經衰弱。你的恐懼大都來自身旁的人，或過去接觸過的人和經驗。

以旁觀者的角度來看恐懼，就能將被制約的情形轉成超脫的智慧。只要你能留意恐懼，就能讓恐懼從敵人變成朋友。譬如說，你害怕威權，你要告訴自己你害怕的是賦與權力的位階，而非坐在位階上的人。公司的老闆並沒有權力，擁有權力的是老闆這個位置。智慧會因為觀點的改變而生。

你有能力探測到別人的內心狀態，脾能量中心空白會讓你感受到旁人的緊張不安、擔憂與恐懼。諷刺的是，你很難發現自己的內心是否不安。你對西藥很敏感，最好使用順勢療法或其他作用較輕的治病方式，一般的西藥可能會傷害你的免疫系統。

你的心靈感受力很敏銳，而且對生命有一份開放的態度。許多靈媒或有超感應能力的人，脾能量中心都呈現空白狀態，所以能夠接受別人發射出來的訊息。

The Root

根能量中心——驅策力

人類圖最下方的正方形為根能量中心，這是生命中所有活動的發射台，因為它儲存著腎上腺素，能為我們處理壓力。根能量中心是兩個「壓力中心」之一，會在行為上施加壓力。

根能量中心處在寂靜和喜悅中時，人會產生根源感，不會感覺流離失所。頭頂能量中心是另一個壓力中心，會迫使我們找到生命的意義；而根能量中心則會迫使我們去實踐生命的意義。根能量中心帶給我們的是自然的能量，如果它會講話，一定會像導演一樣大聲吆喝：「燈光就位，攝影機就位，開始演出！」

現代社會對每個人都有許多要求，要有效率、能賺錢、有產能、才華出眾，還要能完成一長串的任務。根能量中心單純提供我們動力去處理、應付生命中的人與事。野心是根能量中心的九大特徵之一，另外八個分別是：歡樂、寂靜、爭議、心神不定、限制、挑釁

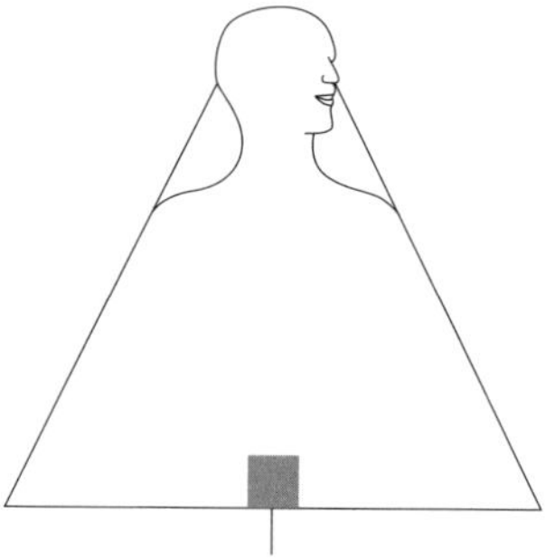

根能量中心

和貧困、想像力。這些特徵顯現與否決定於開啟的閘門。

根能量中心和腎上腺相連結，負責提供刺激，讓我們像個毛頭小子般腎上腺素升高。它也可能讓我們一直處在高壓狀態，把自己搞到筋疲力盡。

根能量中心呈現填滿狀態

你有辦法承受和消化不尋常的壓力。根能量中心會將截止日期強加在你身上，你要自己評估是否能夠在預定時間內達到目標，而不會讓自己失去平衡。你的內心有一股強大的驅策力，強迫你去執行某事，你就像坐在能量的火山口上，任何時候都可能爆發。這樣的壓力可能會把你或你身旁的人，炸成碎片。

你天生就像活在暴風眼，能在一團混亂中找到寧靜。當你在瘋狂的事件中，還能平靜地對自己微笑時，你就找到平衡點了。你熱愛腎上腺素狂飆的感受，當你能在任何狀況下都達到平衡時，你就越能夠享受人生。你對腎上腺素上癮，所以你很了解如何處理高壓緊張的情勢。

根能量中心填滿的人有個典型的特徵，就是無法靜靜地坐著。雖然身體是靜止的，但是你的腳也許正在桌面下敲打地面，顯示腎上腺素正在你身體內流竄。你是發動事件的專家，點燃引信的那個人。要學習掌控內心逐漸升高的壓力，不要因為任何事啟動了你的腎上腺素就急著跳進去處理，因為錯誤的啟動會讓你失衡，到時候你的壓力會大到連根能量中心都無法解決。根能量中心填滿的人在追求夢想和完成目標的同時，也一定要找到人生的平衡點。

根能量中心呈現空白狀態

獨自一人時，你就是一副放鬆、什麼事都煩不到你的樣子，可以以自己的步調過人生。問題在於，你會被吸進這世界的渦流中，被迫應付根能量中心處理不來的壓力。因為被制約的關係，你會被根能量中心填滿的人影響，而讓壓力進駐內心。

你可以達到人生的各種目標，但必須以自己的速度進行。當你覺得有壓力，要知道這是外在給你的，而非出於你自己。別人的需求和壓力會讓你失衡，疲憊不堪。如果你被「靠自己去闖出一片天下」這句話激勵，外在的壓力會讓你極為困倦，因為你沒有持續分泌的腎上腺素幫助你度過這些挑戰。

別人恐怕會覺得你是個愛拖延的人，因為事情總要到最後一刻你才會去做。這是因為你需要時間來累積壓力，才能產生動力。你可能在計程車要到的前兩分鐘，才開始準備行李。要是我的話，可能會逼你寫「待辦清單」，這樣你才可能把該做的事情完成。你總是虎頭蛇尾，想做的事情一大堆，但很少真正完成。

另一項別人可能會注意到的特徵，就是你在遵守別人的行程表時，不是太早就是嚴重遲到。以我根能量中心空白的朋友為例，她答應載兒子去赴約，她兒子是根能量中心填滿的人，到了該出發的時間，早就在樓下叫她動作快一點，他要遲到了。這讓她腎上腺素飆升，急忙衝下樓來，沒想到摔一跤整個人滾下樓來。幸好沒什麼大礙，但是也讓她哭得像個淚人兒了，這樣的結果就是被制約所影響。

為了顯現你超脫的智慧，要辨別壓力何時到來，也要注意這不是你本身的壓力，告訴自己保持鎮定和專注，別受到影響。如果你一直被別人的壓力左右，你的腎上腺素將會被耗盡，因此要謹慎，以冥想靜心維持本性的平和安寧。

我們已經解釋完九大能量中心，現在你對自己的內在和要做的功課應該有個譜了。但我們只是在「剛認識你」的階段，接下來還有更多從九大能量中心衍生出來的學問，也就是關於真實的你的樣貌。

3

你的性格作業系統——五種人的類型

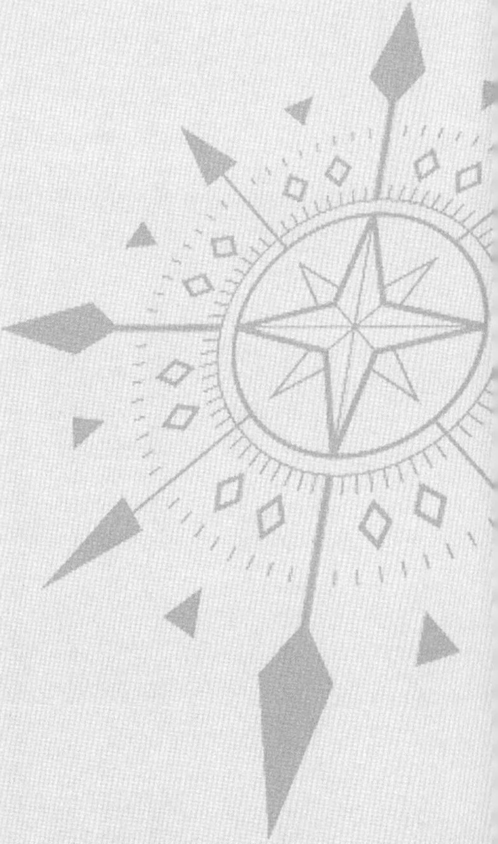

> 人類圖帶我回到了「家」，我終於懂得自己了。謝謝你開了我的眼界，證實了我的真實樣貌，給我專業的解答和指引。
>
> ——AP，美國紐約

你覺得自己是哪種類型的人？如果給你一分鐘評論自己和他人對你的第一印象，你會怎麼說？這世界很精采，大約有七十億種不同的人格特質，有各種說不完的類型。

有時候，人們會依工作和職業來分類，看看你是管理者、勞動者或是關照型的人。或是依據個性來分類，像是害羞、自信、細心或魯莽行事的人。有些人甚至會以髮色來分類，她是金髮女郎，他是紅髮男孩……。或是以居住地區、種族，像是黑人、阿拉伯人等等。我相信當你在閱讀這些標籤時，心裡一定會出現對應的刻板印象。其實，人們看到的僅是表面，而非真實的內在。

這就是我們需要人類圖的地方，它將人們分成五種類型，分別是：

- 發起者（manifestor）
- 執行者（generator）

- 發起型執行者（manifesting generator）
- 投射者（projector）
- 反照者（reflector）

這決定於一個人的哪些中心是填滿的和空白的。簡單來說，你的類型取決於這九大能量中心哪一個有顏色。你能從你的人類圖中，得到關於自己和他人最有見地的資訊。讀完本書後，你將擁有全新的觀點來解讀人，當你了解人們的本質時，就能找出適當的相處方式。當然，要改變舊習慣不容易，長期建立的行為模式也不是這麼容易轉變的。但是人類圖可以幫助我們改變舊有模式，看到真實的自我，以更體貼彼此的方式互動。

如果一剛開始，你無法認出自己的類型，這可能是因為你已被制約慣了，而表現得不像自己。建議你不要觀察外在的行為模式，只要專注於自己最深層的本質就好。

The Manifestor

發起者——你就是來實現夢想的！

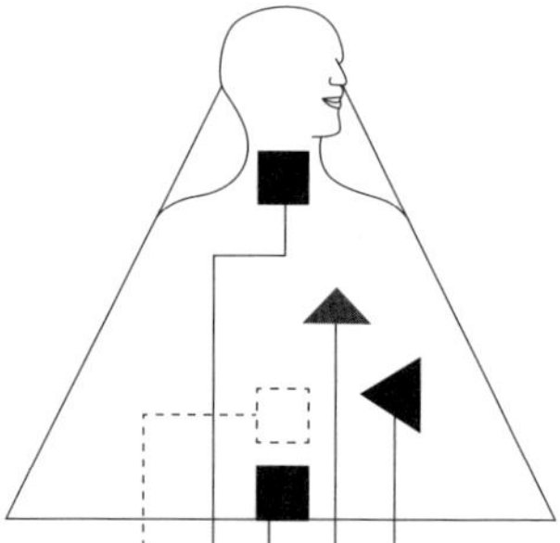

發起者類型的人有一個，甚至多個填滿的動力中心（心能量中心、情緒能量中心或根能量中心），而且跟喉能量中心相連結，但是專司執行的薦骨能量中心是空白的。

你是積極能幹、野心勃勃的人，天生就有實現夢想的能力。人們應該會覺得你是打不倒的人，你會為了旁人或為了完成計畫、實現夢想，傾注極大的力量和精神。心能量中心的意志力、情緒能量中心的感受力和根能量中心的腎上腺素，不管是單一元素或結合在一起，都會激發喉能量中心，讓你成為更積極的人，更能積極地表達和展現自己。

根能量中心必須透過情緒能量中心或脾能量中心和喉能量中心連結才能有作用。通道要有顏色，這樣和喉能量中心的連結才會發揮作用。

發起者約占世界人口的8%，所以你要珍惜自己擁有堅韌不移的特質，不斷地去做、去行動來達成目標。你天生精力充沛，總是積極完成目標。你也許對這樣的成就習以為常，但是其他人（除了發起者）對你則會心生欽佩或嫉妒，這是因為他們很渴望擁有你實現夢想的能力。

你可能無法理解為什麼其他人會覺得完成事情很困難，但不是每個人都能像你一樣快速、不費力地把事情做好，所以饒了他們吧！你就是能夠持續努力直到成功為止，不需要任何人、任何事來推動你，只要靠自己就成了。

如果我把你比喻成車子，你一定是義大利知名跑車瑪莎拉蒂（Maserati）。你的馬力強大，發動引擎後，一下子就跑得不見身影了！要是沒有鑰匙和引擎要怎麼發動車子呢？想想看其他人在坐上車子後，車子卻是一動也不動，會如何乾著急啊！你也許很難了解他們的感受，尤其如果你是老闆的話，不過慢慢的，你應該可以鼓勵下屬或他人一起合作，讓他們也能借助你的精力多作發揮。

如果你看到快抓狂的父母，總跟在小孩的屁股後面跑，這小孩大概是「發起者」類型，但偏偏爸媽不是，所以才會被精力旺盛的孩子折磨得半死。這樣的孩子希望能自由活動，會因為父母親的限制而本性受到壓抑。孩子的父母要學習，讓孩子在規範中擁有些許自由，像是：「你現在不想睡可以，但是晚上八點一定要上床睡覺。」或是「你可以出去玩，但是只能在這條街上活動。」在限制孩子的同時也給自由，就能達到平衡，而且要讓他們有地方發洩用不完的精力。設定合理的界限，然後就放手讓他們自由。

如果你是發起者類型的父母，但孩子不是，你可能會想不透為什麼孩子不能有乃父（母）之風。這樣想就錯了。孩子如果不是發起者類型，你要他如何改變天性來向你看齊呢？這不是後天訓練就做得到的。

要當發起者的另一半也很辛苦，因為他的行為總是無法預測又善變。你們的關係中應該會有「不照我的方式做就分手」的潛規則。別想操控發起者，否則你就像是把大獅子關進小籠子，等著瞧牠發威吧！如果你可以欣賞高能力的伴侶，給他們自由，找出和平共處的方式，他們會永遠感謝你的體諒。

發起者是天生的實踐家，總是熱切想要實現理想。阻擋他們，要他們停止或是放輕鬆，不啻是違反他們的天性。最好是鼓勵他們的特質，欣賞發起者對人生的努力和追求。做個積極勤奮的人，是他們對人生的基本「需求」，對他們來說，無所事事的悠閒人生不是福氣，要他們不往前衝可能會造成關係不睦或是爭吵。

建議發起者要讓人們了解你的動機，而不是急著實踐。不要活在自己的世界中，期待別人能夠接受你。「為什麼我需要一直和別人報備我在做什麼？」我知道你一定會這樣嘟噥。我會這樣說，是因為發現如果你能配合旁人的話，你才會有無限的自由，可以完成你的人生目標。

以凱洛琳為例，她和兩個朋友一起出國玩，他們對那個國家不熟。抵達當地時已經很晚了，所以一到飯店大家就各自回房睡覺。早上起床時，凱洛琳去找莎拉（她的發起者朋友）沒想到她早就起床、不知去向了。擔心了一個鐘頭後，莎拉終於回來了，原來是出去晨跑了。莎拉很不能理解這有什麼好擔心的，她只不過是去慢跑而已。雖然莎拉覺得凱洛琳的擔心很多餘，不過也承諾在旅途中，在她要做什麼之前，一定都會先跟大家報備。

如果你懂得報備，人生會簡單許多。雖然你並不在乎別人了不了解你，你只想把事情完成，但是為了和旁人和平共處，如果你必須加班到很晚，那就打個電話跟家人說你會比較晚回家。即使你是要拯救世界，也要讓人們知道你在做什麼。如果你的孩子是發起者類型，請教育他們在做事情前先跟你打聲招呼，不過這必須是請求，不是規定。

身為發起者，你的存在就得以觸動他人的警報。不是每個人都喜歡狂風似的生活，你可能會惹得別人很抓狂。你有熱愛行動的本質，所以要留意自己給家庭和社會帶來的影響，盡可能少惹毛別人，不過別人的反應也不用太放在心上。

發起者的優點，就是你有極大的能力來激勵他人往前，你有辦法說服人們赤腳走過炙熱的炭火，而且毫髮無傷的完成。你就是行動派的最佳代言人，但是發起者並非永遠正確，你堅定有衝勁的印象其實有點嚇人，因你老是想開除能力較差的人。要學習欣賞人們在你身邊已經做出最大的努力，給他們一點喘息的空間。

童年時，你的本性可能受到壓抑。師長或父母不了解你，老是斥責你：「安靜坐好，不要動來動去。」這是發起者最無法忍受的要求，那可能讓你變得很叛逆，或是逐漸累積心中的怒火直到爆發為止。更糟的是，你因此封閉自己，否定了自己真正的天性。

你要小心，人們會占你的便宜，要你不斷為他們服務，大小事情都要你承擔。記著你是發起者，是領頭羊不是奴隸。你來到地球的使命是要實現夢想，而不是為他人執行任務。

身為發起者，你有責任知道自己把實踐的能力借給誰，或是投注到什麼樣的事物之中。當你很清楚地往前移動時，你是大家矚目的焦點，反之，你可能會摧毀自己的世界。當你了解這世界不是以你為中心運轉時，與人配合這件事會變得容易許多，也就能接受別人以較慢的速度完成事情。

對於發起者來說，人生很有趣，因為誰知道下一秒會發生什麼事？

發起者名人

珍妮佛・安妮斯頓（Jennifer Aniston）、尼爾・阿姆斯壯（Neil Armstrong）、前美國副總統高爾（Al Gore）、保羅・麥卡尼（Paul McCartney）、傑克・尼柯遜（Jack Nicholson）、阿諾・史瓦辛格（Arnold Schwarzenegger）、唐納・川普（Donald Trump）和麗芙・泰勒（Liv Tyler）。

我認為這些名人的共通點就是不屈不撓的精神，沒有任何事可以阻擋他們，他們具備了實現夢想的毅力。登上月球的第一個人恰好是發起者，阿姆斯壯需要遠赴月球去尋找自己生命的意義，而前美國副總統高爾的人生目標就是要改變世界。

The Generator

執行者——傾聽自己的直覺

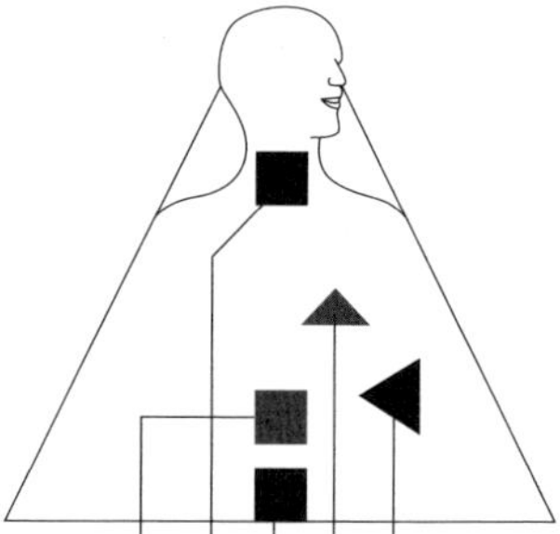

執行者擁有填滿的薦骨能量中心，但是薦骨能量中心和全部的動力中心（心能量中心、情緒能量中心和根能量中心）都沒有活化的通道與喉能量中心相連。

你是一個吃苦耐勞的人，有用不完的生命力，但是會覺得很難實現目標。你需要在全力發揮潛能之前先做一些努力。你天生不是發起者，所以要學習耐心等候。下面這句話可以當成你的座右銘：「等候，回應，然後行動！」

執行者喜歡按部就班前進，非常有效率。你會從觀察之中得到樂趣，這是你動力的來源，是從薦骨能量中心所生的本能。你做事時持久力驚人，就像一顆金頂電池一樣，當別人都沒電了，只有你還依然活躍。你的人生挑戰就是要知道，如何運用這樣巨大的能量，以及用在何處才能讓它發揮得淋漓盡致。

等待對的人事物、時間點到來，信賴自己的直覺，是你達到成就的關鍵。若你沒有等待別人的邀請，就直接去發起行動，人生可能會發生錯誤。如果你能將機會吸引過來，耐心等待之後再行動，事情通常都能順利進行。

我們活在一個什麼事都講求「快速」的社會，人人都想要立即行動，不願意浪費時間，最好即刻達陣。這樣的意識形態可能會迫使你行動，可是這樣你容易作出錯誤的決定，你必須先讓能量在體內醞釀。所以坐下來吧，耐心等待，學習等待對的時機，然後再一舉克竟全功。要把自己看成一塊磁鐵，讓人們和機會來找你，而不是你去找它們。別擔心，它們一定會出現的！這是生命的吸引力法則。

當你在悲嘆：「為什麼凡是我起頭的事，結果都很不好？」或是「為什麼他能實現夢想，我就不能？」這是因為「你還沒學會等待，以及將對的人事物吸引到身邊來。」不要起頭，而要待機行事。

你以為自己有很多能量可以完成目標，這大概是因為人們都說你是有決心和毅力的人。你一走進工作場所，生命力就開始放射，提振了每個人的能量，這就是執行者的本質。你做事有效率，可以節省很多時間，這一點你自己也知道。不管感覺對不對，你就是有能耐插手他人的事情，想幫忙他們解決。不過幾小時後，你會發現自己埋頭苦幹，其他人卻早就在睡進溫暖的被窩中了。這時候你不禁自問：「為什麼這種事總是落在我頭上？為什麼我要這麼雞婆呢？」

要知道，只有經過等待後主動來臨的事物，才值得你去完成。這些事物也許是自動出現在你眼前的邀請，或是別人自動打來的電話。這時候最重要的是如何回應。你的回應有內建的指引系統——薦骨能量中心的直覺反應，它會告訴你什麼才值得你投注心力。薦骨是你的內在權威，會為你開啟正確的路。

這樣的直覺力，通常是透過非自主性反射（involuntary reflex）的形式、聲音或升起的能量來告訴你，該起身而行還是轉身離開。所謂的聲音，就是內心會給你「ＯＫ」或「不ＯＫ」的提醒。你只要將頻道調整好，信賴自己的內在指引。

你的直覺在人們問你以下這些問題時會產生反應：「你可以幫我個忙嗎？」「你要和我出去約會嗎？」「你肚子餓嗎？」遇到嚴肅的問題時也會有所回應。當下次有人問你類似問題時，測試一下自己的直覺力敏不敏銳，但要小心，半秒鐘之後，你的理智也會冒出答案。不要讓理智干擾你。這不是你要的答案，要傾聽你當下的直覺。當你坐在餐廳，翻閱著菜單不知道要選什麼時，內在的聲音就會幫你出意見，要學會傾聽你的內在聲音。

結論就是，等待生命要給你的人事物，傾聽自己的直覺，然後再行動。

蓋兒是執行者類型的人，她越來越懂得如何傾聽自己的直覺。有一陣子，一次有四個人追求她，這下子可讓她傷腦筋了，不知道該選誰才好。在聽完人類圖的解讀之後，她知道要先退一步，看清楚自己的恐懼和假想迷霧，因為這都不是從內在發出的直覺反應。她站在臥室，看著鏡子，詢問她的直覺以尋求答案。她問：「我該和唐約會嗎？」她感覺答案是：「不ＯＫ。」「那和麥歇爾約會好嗎？」她再次覺得答案是：「不ＯＫ。」「那可以跟麥可出去嗎？」答案還是一樣：「不ＯＫ。」她最後問了：「跟尼克出去咧？」終於得到了「ＯＫ」的答案。尼克和她內心深處的直覺相呼應，這就是執行者可以運用的內建指引方針。

執行者很容易想太多，讓理智凌駕了直覺，如此一來，可能會將心力投注在錯的人事物上。問題在於，當薦骨能量中心投注心力後，它就會為了得到完整的經驗而堅持到最後，不管合不合適。放棄是糟糕的選擇，這需要智慧才能做判斷，因為當你投注心力之後，你就幾乎不會放棄。所以你的內在會要求你等待，等待對的人事物和時機，這是因為它不知道如何中途喊停，就像是要高速子彈列車瞬間停止一樣困難。

執行者一定要小心那些想掌控你的能量，占你便宜的人。執行者類型的人大都在服務業、工廠中工作，或是身為助理、秘書和個人教練，和分針一樣不斷做著重複又繁雜的工作。

執行者大約占世界人口的37％。你有足夠的力量把死的講成活的，你的能量可以讓別人改變心意。大家對你的印象就是有幹勁、不屈不撓。我猜你每天的行程都是滿檔：鬧鐘響就應聲跳下床、煮早餐、送小孩上學、午休時間去健身、下午努力工作讓老闆刮目相看、回家後開始洗衣服、煮晚餐、替小孩洗澡、哄小孩睡覺，然後再為你的另一半服務，最後才終於累癱倒在床上。只有執行者才有這等精力！

問題是在一天的終了，你可能會覺得自己做了很多事，但是卻沒有成就感。這是因為你做的事多半只是機械般的行動。生命並不是把待辦表格上的事項做完，讓其他人高興就好。對執行者來說，只有參與心靈能夠有共振的人事物才能得到滿足感；否則就會放棄成長，對人生感到厭倦而不再努力嘗試。你偶爾會有心力耗盡的時候，只想躺在床上什麼也不做，那是為了讓身體充電、蓄積能量。

我建議大家，不要一下子就給執行者太多任務，但要讓他們發揮才能、宣洩精力，這是他們應付得來的。當他們舉起手大喊：「夠了！」這就表示已經達到他們的極限了，如果再繼續進逼的話，只會使他們退縮尋求喘息的空間。

如果你的孩子是執行者，你的責任就是要帶領他信賴自己的直覺，除非你想要生活中充滿淚水和挫敗。要是孩子對小提琴一點興趣也沒有，硬要他學也沒有用；不喜歡打籃球或踢足球也一樣，爸爸不要強迫他們。父母親需要分清楚自己的期待和孩子的直覺喜好，不要誤畫上等號。

如果你的伴侶是執行者，你要學會這樣發問：「你今天想要做這件事嗎？」或是「如果我……你覺得好不好？」在親密關係中，如果你自行決定週末要到海邊玩，而沒有告知你的另一半，就硬拖他到海邊做日光浴，這是在自找麻煩。不要擔心對方會變得大男人或控制欲強，要懂得尊重執行者的本質。親密關係想要行得通的話，就要和執行者互相商議事情。

這些年來，我遇過幾千名執行者，我總會試著告訴他們什麼樣的人事物會跟他們一拍即合。有些人馬上就了解我的意思，但更多人是制約影響下的犧牲品，他們為生活做牛做馬，不再接收來自薦骨能量中心的直覺訊息。當然，有了執行者強大能量的幫忙，事情都能進行得很順利，但這不是執行者要的，他們需要找到能量的源頭，讓人生得到指引，得到他人的感激。

葛拉汀有三個可愛但很難照顧的小孩，她努力迎合孩子，總覺得自己有義務隨時照顧到他們的需求。雖然自己很喜歡這樣做，但同時也覺得筋疲力竭，甚至有些挫敗，因為她完全沒有時間去做別的事。執行者就是這樣，總是被旁人耗盡體力。加上她請不起保姆，所以無法解決這個情況，只能讓自己越來越累。

在我解讀了葛拉汀的人類圖後，她才了解自己有精力充沛的薦骨能量中心，她以為自己被孩子操得半死都是不得已的。當她清楚自己有一個絕對可靠的內在指引系統，可以幫助她了解哪些事情對她有益處，她馬上就懂得如何改變她的生活。她開始教育孩子要以不同的態度來對待媽媽，現在孩子不能以一副「我要……」的口氣來要求，她要孩子們用「是／不是」的方式來提問。她聰明的將新規則用有趣的方式讓孩子接受。現在面對孩子的要求，她能夠以直覺來回應，只有讓她產生共鳴的要求，她才會回應。這真是個好策略，孩子們也很高興看到媽媽變得更滿足，更有活力。

我要告訴執行者類型的人，要感謝自己的直覺天賦，你可能會充滿恐懼，覺得如果不馬上回應別人、採取行動，事情就會發生錯誤，場面就會失去控制。但是你要相信你的本質，要相信你的天賦——等待之後，再做回應。

執行者名人

拳王阿里（Muhammad Ali）、弗雷德•阿斯泰爾（Fred Astaire）、貝多芬（Beethoven）、前美國總統柯林頓（Bill Clinton）、瑪丹娜（Madonna）、前英國首相柴契爾夫人（Margaret Thatcher），以及美國脫口秀主持人歐普拉（Oprah Winfrey）。

這些人的共通點在於，他們有充沛的精力承擔總統、首相、藝術表演者的工作。他們堅忍不拔，有擋不住的動力，總是能攪起一陣旋風。我認為許多執行者名人，都需要等待薦骨能量中心累積到一定的能量，才能在人生中發光發熱。我也很好奇柴契爾夫人和柯林頓總統所做的決定，有多少是聽從直覺的。

The Manifesting Generator

發起型執行者——在行動中找到真實的感受

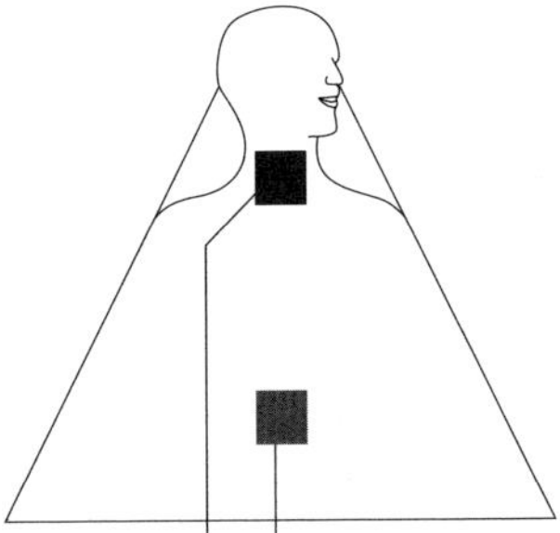

發起型執行者有填滿的薦骨能量中心，並且有活化的通道連結到填滿的喉能量中心。他們至少有一個動力中心（心能量中心、情緒能量中心或根能量中心），會透過活化的通道和喉能量中心連結。

你有潛力做個發電機，也有充沛的能量，但是在你能夠有效率的釋放能量之前要有絕對的耐心。

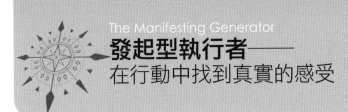

發起型執行者占世界人口的33%，結合了前兩者（發起者和執行者）的類型，卻有自己獨有的特點。我將這類型的人稱為發起型執行者是有道理的，因為你們是典型的人類行動工具，當你找到自己的步調時，你們的行動力總是讓人刮目相看。

你有內建的直覺力指引系統（和執行者類型一樣），但差別在於：你可以做個發起人來實現目標，而不用像執行者一樣等待時機，但只有在你遵循直覺反應時才做得到。再說得更精準一點，你就是「等待中的發起者」。

你位於等待直覺反應和純粹發起行動之間，這是你和發起者、執行者的主要差異，我稱此為「處在動與靜的間隙」。你需要用行動來測試直覺力是否準確。舉個簡單的例子，假設有朋友問你要不要一起去散步，你的直覺說「ＯＫ」，所以你站起來準備出發。這時候，你就進入了發起者和執行者之間的「間隙」，因為當你走到門口時（用行動來測試），你會覺得其實並不想去散步（真實的感受），於是就放棄外出散步的想法了。如果你是執行者，當你起身往門口走的時候，不管你想不想散步，你一定會執行到底。雖然這樣的差異很隱微，但是卻有很重大的意義。

我會建議發起型執行者：傾聽你的直覺並以行動測試，如果你確定這就是你要的，那麼就放膽去實踐。

當你實踐、投注心力的時候，你會展現出發起者的熱誠，行動力也比執行者快很多，可以在〇至四秒之間，就從靜止加速到時速六十公里，在路上呼嘯而過。你也可以中途變換速度，或是停下腳步、轉變方向，這是發起者那部分給你的影響，而不像執行者一旦投入後，只有完成後才會停下來。

你總是不斷在尋找下一個挑戰，向外觀望，一刻不停歇。如果你同時間從事好幾個事業，這也是很正常的現象，不過我會建議你一次進行一個計畫就好，將心力集中，一步一步來，才能得到最好的成果。

我最喜歡想像將發起者、執行者和發起型執行者聚在一起的景象，這是很可能發生的情況：

發起者沒有跟任何人講就快速的走出門。執行者在尋找他的座位，翻著雜誌的同時，心裡在想到底什麼時候才會輪到他。發起型執行者早就焦躁不安，在房間內踱步，希望紅燈趕快變綠燈，就能輪到他行動了。當他的內心終於給了清楚的綠燈指示，而且也用行動測試了直覺的正確度之後，他馬上跑得不見人影。執行者也同樣看到綠燈的指示，他檢查了所有的裝備，等待內心蓄滿足夠的能量後，便也全力以赴往前衝刺。

發起型執行者總是一刻不得閒、坐立不安、動個不停，隨時都準備好要行動。如果你就是這樣，你擁有發起者和執行者強烈的特質，能夠實現夢想，也能等待適當時機；你需要去征服也能接受等待。我再一次強調，你在人生中一定要學會等待「綠燈通行」的指示。

約翰是我認識了三十年的老朋友，戀情總是無法開花結果。他常常瘋狂地陷入愛情，在兩人愛得死去活來之後，卻突然以分手收場。約翰是發起型執行者，他覺得自己應當要先表白愛意，這是發起者特質帶給他的影響，他急著實現目標而無法等待，常兩腳一蹬就整個人栽進去了。以這個角度來看的話，他完全就是個發起者類型的人。

我跟他解釋發起型執行者的行動過程，即使是談戀愛也是要遵守相同的準則。不過他覺得只要堅持到底，最後一定有所回報，所以他認真地談過一段又一段的戀愛。直到婚姻失敗，付了一大筆贍養費之後，他終於放棄世間有真愛這回事了。

有一晚，他在下班回家的路上繞去一家健康食品商店採買，因為把老花眼鏡忘在辦公室裡，只得吃力瞇著眼睛閱讀包裝盒上的文字。命運之神對他很眷顧，一位迷人的女士來幫助他，她走過來說：「看不清楚嗎？需不需要幫忙啊？」約翰的直覺頓時就清醒了，給了他「OK」的綠燈指示。當這位女士為他讀包裝文字時，他利用閒聊和笑聲來「測試」這個直覺是否準確，他感覺到直覺清楚告訴他：「大膽去追求吧！」現在他們兩人關係穩定，是一對幸福的佳偶。

約翰回應了他的直覺，實現了這段戀情。從人類圖的角度來看，他並沒有自己主動去尋找，所以才能自然回應命運的安排。認識他這三十年，我從沒看過約翰這麼幸福快樂過。

對發起型執行者來說，總是想要以先表白的方式來展開戀情。只有在追求的過程中，對方能讓你產生「就是這個人」的直覺，戀情才可能開花結果。我不是要你故意躲開異性，只能站在角落等待戀情的降臨，而是希望你能傾聽自己內在的指引之後再行動。如果你在派對中看到迎面走來的女生，心裡有聲音說：「就是她了」，那麼你可以放膽去搭訕（測試行動），然後就會知道（真實的感受）要不要繼續進行。以這樣開始的戀情，會帶給你快樂幸福。

身為發起型執行者的伴侶，你會發現他總是在一旁徘徊，決定何時要展開行動。當他耐心地等到內心的綠燈指示後，絕對是最有決心、最專注的人，而且前進的腳步是無人能阻擋的。擁有他會讓你很幸福，他是行動力的發起者，但是又沒有發起者善變和反覆無常的特質。

在工作職場上，發起型執行者總是努力在尋求發起者和執行者之間的平衡。執行者的特質喜歡需要投入大量持續精力的工作，而發起者那部分的特質則熱愛進攻新的領域、新的企劃。這樣複合式類型的人需要彈性和自由的空間，才能有新的突破，達到更高成就。你是個難懂的員工，既肯低頭吃苦，又可以當開路先鋒。最理想的目標就是成為受人敬重的成功人士、管理者，或是有個人空間能獨立作業的人。

發起型執行者的孩子可能很難教育，因為他們的兩種特質會爭相顯露，一下子可能是難駕馭的發起者，一下子又是溫馴的執行者寶寶。他們和成人的發起型執行者一樣內心掙扎，需要父母親給予建議。要在他們坐立不安時，幫助他們培養耐性；在他們製造一堆混亂時，不要責罵他們。

這樣類型的孩子會讓父母親很困惑，譬如你問孩子要不要去看電影，他滿心歡喜一口答應了，但是當車開到電影院外頭時，他卻又說：「我不想看電影了。」這是測試行動的結果。這樣讓人困惑的善變表現，非常需要大人的體諒。

相同的戲碼不僅是小孩子才會有，連在工作場合或人際關係中都會發生。發起型執行者一定很常聽到別人抱怨：「可是你上一分鐘才說好的啊！」此一時，彼一時，情況總可能出現變數。要知道他們在做決定之前，需要用行動來測試真實的感受，當然容易發生改弦易轍的情形。

對這個類型的人來說，處於動靜之間的測試時刻非常重要，這是他們下決定的方式。但是當他們清楚自己要什麼之後，他們的決定會很明確，也一定會做得非常出色。

發起型執行者名人

貝克漢（David Beckham）、賽門・高維爾（Simon Cowell）、吉米・漢崔克斯（Jimi Hendrix）、派瑞絲・希爾頓（Paris Hilton）、艾爾頓・強（Elton John）、喬治・盧卡斯（George Lucas）、賽爾曼・魯西迪（Salman Rushdie）、小甜甜布蘭妮（Britney Spears）和德雷莎修女（Mother Teresa）。

他們有強大的行動力與旺盛的精力，當然還有優柔寡斷的特質。不知道吉米・漢崔克斯和艾爾頓・強丟掉了多少寫好的曲子；還有賽門・高維爾的許多點子是否也都被自己否決掉了。

The Projector

投射者——認可和接納

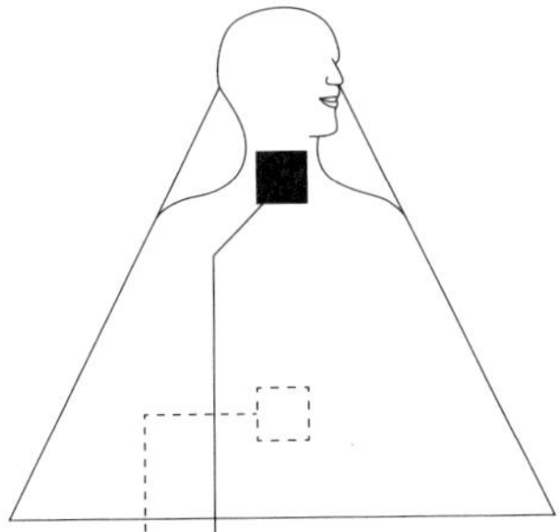

投射者的薦骨能量中心呈現空白，沒有活化的通道連結喉能量中心和其他動力中心。

等待風起雲湧的時刻，等待聚光燈照過來，等待被邀請……這就是投射者的人生——渴望被接納，渴望自己的才能和努力被看見。如果旁人能夠欣賞和感謝你的付出，你會自信滿滿地表演、貢獻、指導、組織、管理、和領導。身為投射者的你有許多才華，但是需要先得到認可，才能發光發熱。要能有所成就，就一定要先有這個認知。

投射者占世界人口約21%，我自己也是其中一員。之前談到的三種類型都屬於自我驅動型的，但投射者通常會先在旁默默觀察，等待受邀加入行動。投射者需要自己的努力被看到、被了解或被重視後，才有機會發揮所長。對於這樣的心情，我感同身受。

因為天生沒有動力中心與喉能量中心連結的關係，投射者自己無法產生實現目標的驅動力。投射者天性隨和、放鬆，看起來無足輕重，但卻是堅決穩定。

當你和人們同處一室時，人們會感受到你想和每個人接觸的熱切態度，你期望被接納，但有時候會很難達成。要小心不要讓人覺得你做作矯情。你需要被重視，但只有在自然的情況下它才會發生；不用擔心，人們自然就會被你內在的「投射者本質」所吸引，尤其是你自在的特質。你天生有牽線連結的本領，將人們串連起來；但你也可以躲起來，不跟人們有連繫。

我常會嘲弄投射者不懂得享受，沒事時坐在搖椅上放鬆一下，有什麼好覺得罪惡感的呢？你要學會享受人生悠閒的片刻，接受你是旁觀者而不是主角的天性。這不表示你無法採取主動，但首先你需要別人開口邀請你，讓你感受到被認可，這樣子行動才會有力量。這是你的本質。如果你想要發揮效率，一定要先得到他人認可，然後你才能發揮所長而得到他人的讚賞。被認可和接納可以點亮你的內心，不是投射者的人更要了解這一點。

你是天生的領導者、管理者，你有當領袖、組織者、教練和行政管理的才能，可以縱觀全局。當你在帶領、計畫和引導身旁的人時，你可以做得很成功。如果沒有你的引領，有些人可能不知道要如何使用自己的能量。

那麼怎樣才算是得到邀請呢？邀請的形式可以是燙金的ＶＩＰ卡片，或是口頭、眼神的邀請，甚至只是你內心感受到召喚，請求你加入看到你能力的人事物。當然你不能變得時時刻刻都要人阿諛諂媚或拍馬屁；如果有人看到你的領導才能，但你並不適合擔綱那個角色時，這個邀請就不算數。邀請要真實可靠又符合你的才能所在。這不是你的自我意識在作祟，而是你本質上就需要被賞識。

以滾石樂團的米克・傑格（Mick Jagger）為例，他悠閒的坐在化妝室的沙發椅上，待舞臺佈景一架設好，隨時都可以上臺表演。他的才華在舞臺上受到讚許，這就是他得到的邀請，這個邀請能讓他得到共鳴。沒有這認可、邀請的過程，他的心就不會滿足。當他得到認可和邀請，整場九十分鐘的表演，都可以看到熱力四射的表現，看到他全力付出滿足整場的粉絲。

你可能會認為，團員中沒有人能比米克・傑格更有活力了，他怎麼可能會是投射者類型呢？其實他是利用團員和粉絲的能量、環境的制約，讓有如洪水的能量充滿他空白的中心，啟動自己的活力。借用、導入、駕馭他人的能量後，再累得倒頭大睡，這就是投射者特別的地方。

投射者在借助他人的能量時要很小心，這個過程會使你變得疲累。在高壓力、高能量的環境中，你會從每個人身上接受到「往前」的能量。當你要跟上發起者、執行者和發起型執行者的腳步時，一定要小心自己投入的程度，不然很可能累倒了。有機會午睡休息時就不要放掉，要懂得好好照顧自己。

我自己也犯過投射者常犯的錯誤，就是忽視內心的警告，說服自己努力去做，假裝自己天生就有源源不絕的能量。我熱烈投身群眾之中，但當我不被讚賞、不被了解而停下腳步時，我還是得完成任務，那時候我真不懂當初為什麼要如此投入。現在，我學會等待讚賞和邀請，不過如此一來，身為投射者就常常需要等待。這樣的等待是值得的，因為我對自己投注心力的事物會很心安。被接納的安全感就是投射者所尋求的重點。

投射者在尋求天賦和才華被認可的同時，內心會感受到壓力。你若忽視它們，憂鬱和沮喪很快就會找上你。你常常會問自己：「我要怎麼做才能讓別人注意我？」或是：「為什麼我老是被忽略？」有些投射者可能因為才能不受重視，窮其一生心情都很低落，但如果你能更有耐心，認清並不是每件事都非你不可，那麼這股沮喪感就會悄然停止。而且在得到人類圖的解讀之後，投射者馬上就會感到歡樂，因為他的本性受到認可，終於露出水面被看到了。

在職場上，投射者可能覺得光采都被更有精力的人搶走了，如果我是公司總裁，我會把投射者放在企劃和管理部門，因為投射者沒有薦骨能量中心的衝力，反而能夠將每個人充沛的能量做最好的利用。投射者不受薦骨的束縛，他們多才多藝、具領導能力，可以任意變換速度，專注在創意表現上。

在親密關係上，投射者無法忍受付出被另一半認為是理所當然，或是被規定要怎麼做。認可和讚美對他們來說極其重要，投射者需要伴侶看到他的價值，請求他幫忙，即使是一般家事也不例外。你的另一半要尊重你需要休息、恢復活力的需求，也許你會被指控為懶惰鬼，但是你天生就沒有充沛的能量。

你的優點是可以激發另一半的能量，幫助他將能量發揮在對的地方。你懂得如何引導感情，找到好的方法來強化和伴侶之間的關係。你有縱觀全局的眼光，可以從一棵樹中看到整座森林。投射者能為戀情注入新鮮感和新奇的事物，他們天生就懂得如何串連和組織。

投射者類型的孩子天生精力不旺盛，不要認為是他們生性懶惰。他們做事情或是採取行動，都是為了被你「看到」。你要了解他們行為背後的意義，只是在尋求你的認可而已。不論是多麼微不足道的事，你都要去注意到他們的每項用心、技能和優點。對投射者類型的孩子來說，得不到父母親的認可，或是無法讓父母感到驕傲，會讓孩子非常難過。

然而，被認可的需求可能會變得索求無度，在親密關係中也是一樣，他們不是故意要纏著對方，只是想要得到對方的愛和認可，知道另一半的感受。很少有投射者想要一輩子單身，因為他們需要別人的能量來滋養自己。

投射者的成就，決定於自己選擇了什麼樣的夥伴和環境。當你的天賦和才華真正被看到之後，你會感到精力充沛。對你來說，有沒有得到認可就像身處在白天或黑夜之間一樣絕對，得到認可會讓你感到幸福，這對你來說就是最重要的事，而且會引導出你性格中最棒的一面。

投射者名人

前英國首相布萊爾（Tony Blair）、黛安娜王妃（Princess Diana of Wales）、英國女王伊莉莎白二世（Queen Elizabeth II）、米克・傑格（Mick Jagger）、前美國總統甘乃迪（JFK）、前南非總統曼德拉（Nelson Mandela）、拿破崙（Napoleon）、美國總統歐巴馬（Barack Obama）、畢卡索（Pablo Picasso）、美國影星布萊德・彼特（Brad Pitt）、導演史蒂芬・史匹柏（Steven Spielberg）。

看看這份名單中有多少政治家，他們都是操控和激發群眾能量的專家。布萊爾和歐巴馬是傑出的演說家，黛安娜王妃和伊莉莎白女王則是受人敬仰的王室成員，甘乃迪和曼德拉在歷史留下顯赫的一頁。但是，他們都得藉由周圍的人來維持自己的能量，以顯現投射者組織事物和激勵人心的能力，知道人生要從何獲取能量是對自己最有利的方式。

The Reflector

反照者——清楚的洞察力

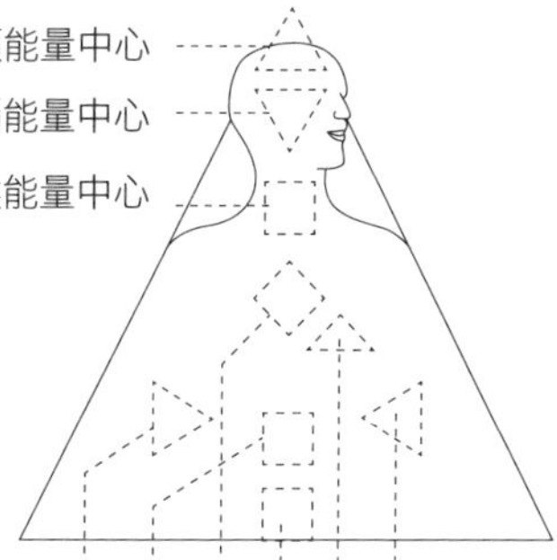

反照者的九個能量中心都呈現空白的狀態，在五種類型中最為罕見。

你就和月亮一樣潔白無瑕，僅占世界人口1%，是最為罕見的族群。你有自己過生活的方式，但是其他人卻偏偏要求你和大家一樣。其實我很想幫你們做一件T恤，上面寫著：「我就是那麼獨特，讓我做自己！」

第一眼看到這樣的人類圖，會以為這個生命是空白的、沒有火花的。其實不然，空白的藍圖讓你就像是一個碟形天線一樣，不斷接收他人的能量，再將之反照回去，人們因此了解自己是什麼樣的人，在過著什麼樣的人生。別人填滿的壓力中心會流進你的壓力中心，填滿的情緒能量中心會湧進你的情緒能量中心……，沒有人像你這般容易受旁人影響。

你有強烈的同理心，可以感受到每個人的熱情、恐懼、想法、情緒、欲望，這讓你非常敏感脆弱，也讓你擁有過人的智慧，因為內在的客觀性讓你可以看到流過你的能量，以及這些能量對大家的意義。

反照者就像一面鏡子般反照一切，人們會透過你映照出自己。這是你的天賦，也可能使你難受，因為沒有人看得到你。你老是被當成別人的垃圾桶，聽別人傾訴一堆的問題，還要保持禮貌的微笑，提供看法，那誰來當你的垃圾桶呢？對你來說，何時該開始、何時該結束，是你內心永無止盡的掙扎；更別提何時要把注意力放在別人身上，何時又該收回來專注於自己了。

反照者經常發現別人太依賴自己，總是讓別人霸占自己的生命，而不知道如何畫清界限。很多人會找你傾吐心聲、發洩情緒、徵詢意見，這樣的情況讓你很疲累。但是反照者無法不受他人影響，有時候他人的想法、廢話和難題甚至會嚴重困擾你，難怪你會想要獨處，讓自己保持清醒，也有機會觀照自己一下。

我建議你，要知道自己多麼容易受人影響，學習放下別人投射過來的能量，如此才能把制約轉換成超脫的智慧。退後一步，給自己觀察的空間，欣賞周遭發生的事物，然後反省自己有什麼樣的回應。能做到這樣，人們就會經常來尋求你的精闢見解。

「你總是這麼了解我。」「你總是能為我釐清狀況。」「你很能掌握情況。」應該很常有人對你這樣說吧。聽到這樣的話很好，可以讓你過濾出自己和誰產生連結。你需要知道什麼時候得與人劃清界限，拿回自己的時間，才不會窮於應付這些接踵而來的紛擾瑣事。

想想看，這世界有99％的人都是動力火車頭，而你是1％的例外，你難免不會有遺世孤獨的感受。你會覺得自己像是海上漂流的一個軟木塞，在別人的人生浪潮之間來回流動，直到你學會如何穩定下自己的人生，懂得不再一味接受旁人的要求為止。

要把自己當作電力轉接器，將你接受到的能量移轉出去，像是玩傳球一樣，不要接到球就拿著不動；而且傳球時，還可以將自己不執著的能量，當作是禮物傳送出去。

貝蒂老是覺得自己有哪裡跟別人不一樣，卻又無法明確指出來。人們總會把自己的問題丟給她，而且態度差勁，貝蒂卻無法做任何反擊。在職場上，同事會找她哭訴；回到家，朋友也常會打電話來抱怨。他們都認為，只要你有問題，貝蒂一定會幫你解決。即使是她的主管也覺得貝蒂天生就知道怎麼解決問題，尤其是有關公司的策略。

雖然貝蒂有這方面的長才，但她並不覺得人生充實。她總是會陷入沉思中，心情時好時壞，因為她無法在人生中找到自己的定位。她就像海綿一樣輕易地吸收別人的問題，要不了多久，她甚至覺得這是自己的錯。

在她三十幾歲時，她發現原來自己是反照者類型，人生總算開始有轉機。她學會如何鬆開依附在她身上的能量。她搬到安靜的社區，設定自己的界限，開始新的生活。每天都會留下一段時間給自己，職場上，她還是會傾聽同事哭訴，但是只限十五分鐘，她不再是大家全年無休的垃圾桶和張老師。她開始重視自己的需求，這樣做讓她對自己更有自信。人類圖幫助她看清楚自己哪裡做錯了，又該如何改進，才不會違反自己的天性。

現在，貝蒂對自己的新人生感到非常滿意，人們也懂得要回饋愛、賞識和感謝給她。她學到身為反照者最重要的一門功課——施與受的平衡，而且要保護自己的時間和空間，就像這是世上最珍貴的寶貝一樣。

在我太太卡蘿拉開設的「人類圖經驗工作室」中，我會請人站在反照者的前面，通常這些不是反照者類型的人會感動得流淚，因為覺得自己被「看到」了，他們的本性被澄澈地映照回自身。當你見證到這樣不可思議的情況時，就會了解這個系統的真實性。人們感受到反照者充滿了仁慈、柔順和無條件的愛，而大受感動。我告訴大家要感激反照者，因為他們獻出自己作為我們的鏡子，他們是廣大知識和智慧的源頭。

其實反照者無需有人站在你前面，來測試自己的影響力。你總是以靜默低調的方式吸引別人，你有一股使人安心、平靜的影響力，和你接觸的人很快就會感謝你的內在智慧。通常沉著的坐在房間的角落，像隻安靜有智慧的貓頭鷹的人都是反照者類型，他們會從擁擠的餐會中抽離，自己走到戶外鬆口氣。如果你也會這樣做，這是很正常的反應。要是一大堆發起者、執行者、發起型執行者和投射者爭著要跟你訴苦，聽取你的意見，這也是稀鬆平常的事。但是你要懂得拒絕別人，適時給自己時間獨處。

反照者喜歡住在幽靜的地方、偏僻的鄉下，或是和靈修團體住在一起，他們需要獨處、隱私，與大自然為伍，這就是反照者的本性。瘋狂的人生、人多的地方都會使他們不自在。我猜你寧願參加小型聚會，也不喜歡身處狂歡派對。人多的環境會讓你不安，因為你無法忍受排山倒海而來的能量。你天生敏感，過度的刺激會耗盡你的心力，讓你感到空虛與沮喪。

幸好，只要你離開這樣的環境，你比任何人都容易放下，再度沉潛於自心的觀照。我總是告訴反照者，擁有自己的空間是你最基本的需求，做得到的話，最好住在有很多自己空間的房子內，有很大的花園，或是獨門獨戶。如果反照者住在城市公寓或擁擠的市區內，每天要承受現代生活的快速變化，會讓他們非常衰弱。若是無法改變居住環境，你可以藉著淋浴洗去一身的負擔，或是藉靜心冥想重新集中心神。

反照者經常會問：「我要怎麼在人生中找到自己的方向？那麼容易受人影響的我，該如何做出正確的抉擇呢？」

第一，你要先認知到自己的本質是敏感而溫順的。再來，要知道月亮是你唯一的支柱、同盟和計時器。月亮圓缺的週期是二十九天，你也一樣。其他類型的人可以透過活化的通道和填滿的中心，來維持自己能量的穩定度，但是你是隨時在改變的，你的能量幾乎仰賴著月亮的變化。如果你仔細觀察，會發現你的心情和月亮的圓缺有一樣的變化週期。你承受到來自四面八方的拉扯，下一章節我們會有更詳細的解說。

反照者類型的孩子比較老成，他們對人生有超齡的認知。他們非常溫和、敏感，容易承受太大的同儕壓力，無法改變自己去融入團體。反照者的父母最好不要講一些違反他們本性的話，像是：「為什麼你不去跟大家玩啊？」其他孩子的能量可能會讓他不知所措，覺得自己是局外人。如果可以的話，他們更希望自己獨處就好。這時候，父母親應該要接受孩子的本質，讓孩子知道他不是怪胎，只是非常獨特。

反照者和投射者一樣會借用他人傳來的能量，但是反照者很快就會覺得累壞了，甚至會表現出孤僻、完全不想和人來往的情況。這是因為他們無法跟上別人的速度，想要避免各種人事物的轟炸。他們會盡可能遠離麻煩和混亂，選擇待在家裡。所以，就讓他們安靜的待在房間，享受一個人放鬆或聽音樂的悠閒時光吧！

反照者的孩子能安然度過孩童歲月，但是青春期對他們來說可是一項大考驗。大自然能給他們很大的慰藉，能夠住在接近大自然的地方最好，不然也要多帶他去公園散步，而不是去踢足球等團體運動。

如果你本身是反照者類型的父母，那麼孩子的旺盛精力可能讓你難以招架。你可以鼓勵孩子自己安排時間，以減少要你陪伴的需求。孩子會漸漸懂得你的處事智慧，雖然他們不會明顯表現出來，但你絕對是他們最棒的人生導師。

在親密關係中，反照者非常依賴另一半的清晰思緒和仁慈的心。和反照者相處會比較辛苦，因為他們需要你，卻又需要空間來遠離你。他們不斷在依賴和獨處之間擺盪，反照者需要在依賴和獨立之間，找到戀情的平衡點。

沒有任何伴侶像反照者一樣敏感脆弱，但又兼具智慧。反照者會尋找能夠欣賞他們獨特本質的人生伴侶。我看過一對佳偶，先生是能幹、會賺錢的發起者，每天一早衝出門後，反照者的太太就能有自己獨處的空間和時間。即使先生在家，太太還是有自己專屬的空間，當她覺得身心疲憊就會躲進去放空自己。她先生知道她天性就是如此，懂得尊重她的生活方式，也會努力尋求兩人之間的平衡點。

反照者的觀點和其他人有極大的差異，人們大都會在白天到公園散步，欣賞花草樹木，但是反照者喜歡在晚上有月光的時候去公園散步。月光照亮反照者，讓他們生出獨特的洞察力。

靜坐、祈禱和隱居會讓反照者感到愉悅，如果你也是反照者的一員，這樣做可以讓你重新做回自己。你是地球上最聰明、最有愛心、最有智慧的受造物，因為有你對生命的開放態度和幫助，給了世界最大的智慧。如果你認識反照者，你就知道他們是很特別的人，要尊重、認同他們獨特的生活方式。

反照者名人

演員珊卓·布拉克（Sandra Bullock）、演員瑞奇·伯頓（Richard Burton）、前美國第一夫人蘿莎琳·卡特（Rosalyn Carter）、著名小說家杜斯妥也夫斯基（Fyodor Dostoyevsky）、以色列魔術師尤里·蓋勒（Uri Geller）、英國著名小說家威爾斯（H.G. Wells）。

你會發現這群人多麼獨特、與眾不同，而且職業都大相逕庭。珊卓·布拉克和瑞奇·伯頓都是演員，他們能夠捕捉到任何角色的真髓，整個人投入角色之中。魔術家尤里·蓋勒專精於一般人無法理解的技術，利用他的特質超越極限。一般來說，反照者可以滿足每個人的需求，經常讓人難以想像。從這裡列舉的例子來看，反照者是敏感、感覺敏銳、與眾不同又有智慧的一群人。

我將以上這五種類型的特性以一句話總結，這是他們面對世界的態度：

- 發起者：「直接去做就對了。」
- 執行者：「直覺對了就去做。」
- 發起型執行者：「測試直覺對了才去做。」
- 投射者：「被認可、受邀請才去做。」
- 反照者：「受到請求後，先思考才去做。」

認識自己的類型及處世方式，才能順應自己的天性過好生活。找出內在的本質可能會改變你的一生，而這才是真正要過的人生。一位有年幼女兒，住在美國洛杉磯的安琪拉曾告訴我：

人類圖幫助我最多的地方，就是知道如何當個好媽媽。我是發起者類型，而我女兒是投射者，這兩者的性質完全相反。我覺得很困擾，因為我希望她做事能和我一樣迅速。了解人類圖之後，我知道要相信她有自己的步調和做事的方法。我會建議所有的父母親，都要知道孩子的人類圖，如此才能更深入的認識他們。

人們在知道自己的類型後，都會覺得鬆了一口氣。這五種類型都是最棒的設計，沒有誰比誰優秀這種事，最重要的是要把握生命給予的所有機會，然後尊重自己與他人的本質。當你了解自己的類型之後，就可以進入下一章：如何聽從你的內在權威，做出更有智慧的決定。

4

遵從你的權威中心——如何做出更有智慧的決定

當我開始採納人類圖的建議，不再做無謂的抵抗之後，我終於了解如何過不費力的人生了。

——SL，美國內布拉斯加州

人生中，多數的挫敗、傷痛和走錯路，都是因為我們做了錯誤的決定。做人就是要知道何時說「好」，何時該堅決地說「不」，才能走出困境，做出正確的決定。生命就像色彩豐富的調色盤，給了我們很多選擇，但是同時也浪費了我們許多時間在做決定。人人都想走在平順的康莊大道，但結局往往令人失望。

不過，現在有方法能幫助你做出更有智慧的抉擇，只要你遵從自己內在的「權威中心」就行了。做決定的「權威中心」能夠掌握我們的人生，幫助我們信任自己所做的決定，充滿信心，不再猶豫。很多人在做決定時，都被錯誤的制約影響。在我們成長過程中，父母、監護人或是兄姊總是教我們，一定要做出「最好」的決定。長大後，各種媒體也會不斷洗腦社會大眾。遇上什麼樣的情況該有什麼反應，該怎樣穿著才會性感、有型，諸如此類。社會已經替我們做好決定，只是我們沒有覺察而已。

最大的制約因素還是自己的信念，我們總是在「想」要怎樣過日子。自有歷史以來，人類就是為了這個誤解而忙碌奔走。我記得老師或長輩總是用手指指著腦袋，對年幼的孩子們說：「用你的腦袋想想看啊！」要不就是：「上帝給你腦袋，就是要你動腦筋。」人們真的不應該再賦與大腦這樣的力量了！

只要看一看人類圖就會發現，全部的答案早就暗藏其中：腦能量中心並沒有直接連結到「動力中心」（心能量中心、薦骨能量中心、自我能量中心和根能量中心）。你越用理智作決定，就會給自己製造越多的混亂和壓力。理智是很棒的資料庫，但是無法做出好的決定。事實上，理智擅長的是處理資料，而非做決定。

大腦分為左腦和右腦兩部分，因此會以兩個不同的角度看世界。大腦天生就沒有決斷力，如果你要靠它做決策的話，就好像是往空中拋硬幣，好壞全靠機率來決定。了解大腦在決策上的運作是作出智慧選擇的第一步。

人們也會依賴他人來替自己做決定，像是透過「如果是你的話，你會怎麼做」這類問題來尋找方向。其實這樣的問題絕對得不到合宜的答案，因為每個人的人類圖都不一樣，他人的方法不一定適用在自己身上。

最好的決策方式取決於自己是什麼類型的人，透過情緒能量中心、薦骨能量中心、脾能量中心、心能量中心或是自我能量中心，通常都能得到最好的答案。最適合你的決策方式，取決於九大能量中心是開啟或關閉的狀態。確認一下自己的人類圖，你就能知道了。

The Emotions Authority

情緒權威中心——澄明的情緒

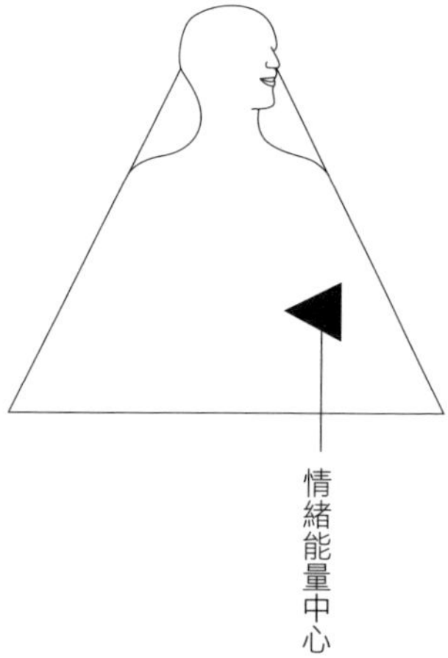

如果你的情緒能量中心呈現填滿狀態，以下就是你要執行的策略。

你的人生容易被感覺所左右，人生的功課就是要學習如何駕馭情緒。之前我們用過船隻航行在狂風暴雨的海面上，來形容你的情緒起伏變化。要做出正確的決定，就是不管暴風雨有多大，都要一直維持澄明的情緒。

如果你的情緒特別強烈或複雜，要做到情緒澄澈並不容易。尤其是被搞得昏頭轉向時，最簡單的選擇就是做出決定，任何決定都可以，只要能夠讓情況明朗化，停止傷痛就好。反過來說，當你感到滿足，一定會想要保持這樣的心情，然而這樣做也是一樣莽撞。如果你馬上反應，很可能會做出情緒化的決定；你的「權威中心」要求你在做決定前，一定要先回到澄明的情緒狀態。

當被暴風雨翻來覆去的船隻航行至平靜的湖面時，你就可以在清明的狀態下做出正確的決定。這樣做會讓每件事都變得澄澈清明。要有這樣的成果當然需要時間和練習，但是你越讓自己看清情緒的變化，你就能越快找到情緒上的平衡點，如此就能讓心緒一直保持在清明的狀態。

有沒有答應過別人，可是隔天起床時卻很後悔的經驗？或是懊悔自己倉促下做出的決定。這都是因為你對特定結果感到恐懼或帶著期望，強烈的情緒會導致錯誤的決定。下面有兩個真實案例：

> 如果我和他結婚，我一定會被困在婚姻中，沒有出路。要是他不適合我，我可能會想出軌……（可怕、可怕、好可怕。）

這位待嫁新娘有強烈的焦慮，已經開始對婚姻投注了恐懼。

> 真不敢相信，我竟然得到這份高薪的工作！想到我要的跑車、豪宅，還有一堆美女等著我去追……（高興、高興、真高興。）

這位找工作的仁兄有強烈的興奮感，對自己的未來投注了歡樂的情緒。

幸好在真實人生中，這位姑娘還是走上紅毯的那一端，現在是個快樂的新嫁娘。但是找工作的先生最後婉拒了這份多金工作，因為覺得自己無法勝任。這二位都清楚自己的情緒高高低低，他們懂得先回到澄澈的心緒，至少要沉澱個一晚隔天再下決定。

有些人需要更長的時間沉澱情緒，像是這位新嫁娘就花了好幾個月的時間，反覆思索，才終於決定和先生攜手共度一生。但有時候並不需要整晚的時間來做決定，當你看到新車或想買的衣服時，你已經做好決定了。你很清楚自己要什麼，只等待想要的東西出現在眼前。要是你有點遲疑，感到沮喪或是抵抗，這是內心在告訴你：「你錯啦！」

做決定的過程要像儒家說的「中庸之道」。想像你的情緒就像是電波儀一樣，中間有一條靜止的中線，電波不斷上下來回擺動，雖然看起來很戲劇化，但你再看清楚一點，就會發現只不過是情緒上上下下的波動而已。

當你的感覺對了，情緒就達到澄澈清明，這是世界上最平靜的狀態。這樣的狀態會和你的本我相呼應，不要用腦袋，要用心去感受它。這需要極大的耐性，因為你可能過慣了匆忙、急迫的人生。但你一定要回到澄明的情緒狀態後才下決定。耐心是你的明燈，填滿的情緒能量中心是你的「權威中心」，不管情緒的波濤如何起伏，都要穩定住你的心。

重點提示

如果你的情緒能量中心和脾能量中心都是填滿的，那麼你常會接收到從脾能量中心發出的警報。不要馬上做反應，要等待情緒靜止，回到澄澈的思緒。靜靜的坐下來感受，直到你百分之百確定後，就可以做決定了。

如果你的情緒能量中心、脾能量中心和薦骨能量中心都是填滿的，那麼你的警報感官（脾）和直覺反應（薦骨）也會跟著上下起伏。但是你仍舊要等待，等待情緒平穩後，就能做出正確的決定。

The Sacral Authority

薦骨權威中心——追隨你的直覺

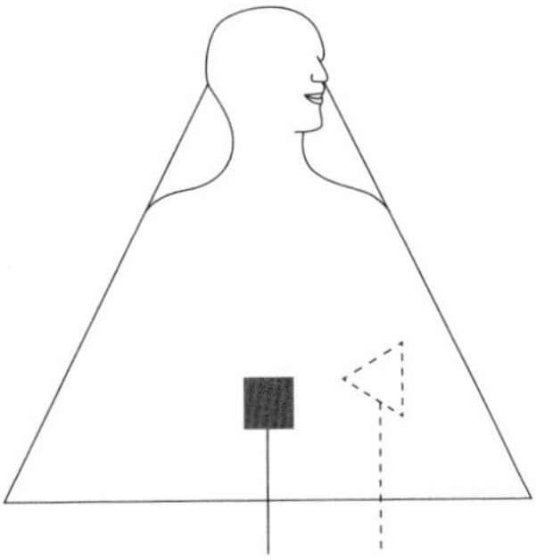

如果你有填滿的薦骨能量中心，但是情緒能量中心是空白的，那麼請你照著以下的建議來做決定。

要做出正確的決定，就要「跟隨你的直覺」，而且相信它。你要做出最好的決定，就要聽從位於下腹部的薦骨。沒錯，我是認真的。你天生就比別人有更敏銳的直覺，但是很快的，師長和父母就會灌輸你要用大腦做決定的觀念。

你要了解薦骨能量中心這個內在的指引系統只有在「回應」時，才會產生作用。它不會主動找事情忙，它的本質是「回應」。所以你要等待薦骨給予你清楚的「是」或「不是」的指示，如果沒有即刻回應，那就表示薦骨對這件事不感興趣。

你需要將這個權威中心運用在人生的每件事上，你在承諾或做任何事之前，都要先等待，直到你接收到薦骨傳送給你的直覺回應。

要小心，不要驟下決定。或許你身旁有些人很有情緒感染力，能言善道，又有堅強的意志力、說服力，可能會讓你將巨大的生命能量投注出去。可是你務必要遵從薦骨權威，坐下來等待直覺給予你的回應。如同我們都知道的，當你承諾之後，來自薦骨能量中心的推動力不可能讓你中途喊停。

改掉用大腦思考的習慣，換成遵從直覺的指示，可以讓你做出更有智慧的決定。直覺反應和情緒反應之間的差異，讓很多薦骨能量中心填滿的人很難分辨。直覺反應是有耐性、放鬆、慎重的；但情緒反應是無意識、倉促的反射動作。要有耐性等待，這樣你就會懂得如何分辨兩者的不同，而將這個值得信賴的能力用於生活中。

現在我要你想想，在你生命中所做的重要決定，像是決定和誰結婚、分手、賣房子、買新車、搬家或移民……，如果結果讓你懊惱、後悔，你當初是如何做這些決定的。你是不是想太多、分析過頭了？還是對你很有影響力的人，說服你去做的？或者你覺得自己有義務這樣做？仔細想想，當初是怎麼做出錯誤的決定。

再來，請你回憶一下，有沒有做過什麼重要的決定，結果讓你很開心，而且做決定時內心一片平和。那時你是怎麼做決定的？你是不是經過等待，然後相信自己的直覺就放膽去做？做出正確決定的關鍵就在於找出這些問題的答案。

重點提示

當脾能量中心和薦骨能量中心都填滿的時候，你的直覺反應會因為脾能量中心而更加強烈，也就是說，你會在瞬間就接收到直覺的反應。

The Spleen Authority

脾權威中心——即刻的決定

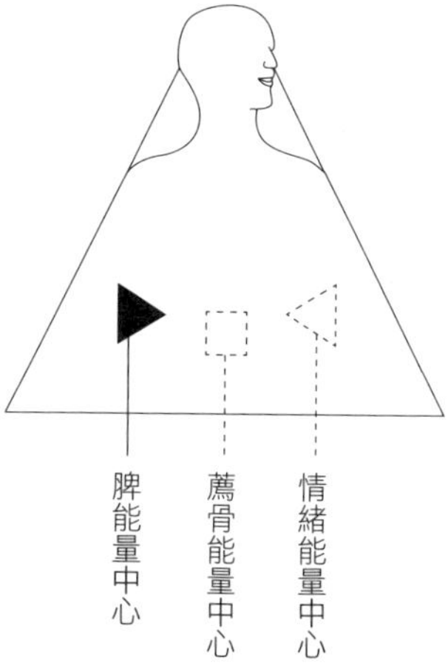

如果你有填滿的脾能量中心，但是情緒能量中心和薦骨能量中心呈現空白，那你就要照著以下的建議來做決定。

眨眼的瞬間，你就能做出正確的決定。你天生就有辦法掌握「當下」，總是能在一秒之間做決定，沒有任何猶豫。

當做決定的內在權威是情緒能量中心時，你需要看完整部電影，跟著劇情上下起伏；但是當內在權威是脾能量中心時，你能在彈指間，像是電影被定格一樣，瞬間做出決定。這樣做決定的過程，可能讓你覺得很草率，但也只有這樣，你做的決定才最值得信賴。

你的直覺會知道事情正不正確，某人真誠或虛偽；也能夠分辨人事物、情況是否牢靠或可疑，適不適合進行。直覺在瞬間就能決定答案，而且會馬上向你提出警告。只要你學會相信，這個做決定的過程絕對會讓你印象深刻。你可以學會相信像閃電般快速的脾能量中心，也可以選擇忽視它，讓你的良機在指縫中溜走。

如果你發現自己猶豫不決，不停思索而無法下決定時，要留意這是理智出頭、壓制了本性的緣故，這時就不適合做決定了。脾能量中心只會發出一次訊息，沒時間容你多考慮，放膽去做就對了。

「慢慢來，再想想看」旁人一定這樣勸告你，你千萬不要聽取這樣的建議。要相信自己的瞬間直覺，這並不是考慮不周全或不耐煩的決定；對你來說，這就是最正確、最恰當的策略。你要相信這個很有「禪意」的「當下」，不可以依據過去的經驗，或是推測未來做決定。

當你遵從你的權威中心時，感官會變得很敏銳，即使是很簡單的事件，脾能量中心也會插手警戒，像是走進一家餐廳，馬上就能從環境、味道和菜單決定這家的餐點美不美味，要不要換吃別家。看看下面這則案例：

我的一位朋友在聖塔巴巴拉（Santa Barbaba）一家很有名的餐廳訂了位，在他低頭專心看菜單時，他的女朋友卻環顧四周、一副心煩意亂、深受困擾的樣子。

「怎麼了？」他問。

「我不喜歡這裡，我們可以換別家吃飯嗎？」

「可是我們才剛坐下啊。」

「我知道，可是我覺得氣氛很不好，我也不喜歡這裡食物的味道。」

就這樣，他們離開這家餐廳到別處用餐。

這就是遵從脾能量中心的人的狀況，他們有敏銳的內建雷達，環顧四周後，馬上就能感受到直覺給她的警告。如果她忽視內心的聲音，順從男朋友的意思留下來，有可能兩個人會發生爭吵，或是食物中毒。她的脾能量中心發出警告，讓她感受到這家餐廳對她的健康沒有益處。

要重視直覺給你的警訊。在三個「覺察中心」裡面，脾能量中心的反應最快，而且警告的聲音就像是在你耳邊低語一樣。所以不管你去哪裡，和誰碰面，或是得到什麼機會，都要仔細聽聽這個內建雷達給你什麼樣的訊息。

不要忘記，脾能量中心也會指出哪些人事物值得你去追求。「這個投資一定會賺錢！」或是「這聽起來就是很適合我！」抑或是「這瓶便宜的酒一定很好喝！」雖然這些話感覺很沒道理，但是你的感官是值得信賴的，它們能夠立即指出這樣的決定是否正確。

The Heart Authority

心權威中心——做自己想做的

如果你有空白的情緒能量中心、薦骨能量中心和脾能量中心，配上填滿的心能量中心連結到喉能量中心，那就請照著以下的建議來做決定。

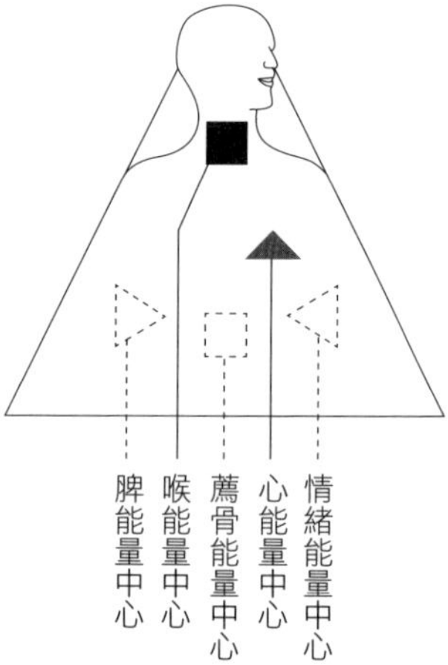

你做決定的準則就是依循心的渴望，想做什麼就去做。這個做決定的權威中心，需要有一條到多條活化的通道連結心能量中心與喉能量中心。在沒有其他顧慮的狀態下，你的決定就是心的渴望，心會這樣告訴你：「我要這個，我要這件事這樣子實現。」

只要隨順自己的心，成就會隨之而來，因為你天生鋼鐵般的意志力一定會促使你完成心願。問題在於，你是否會因為其他人的請求或負面情緒而改變心意，人們可能會站在你前面阻擋你的腳步，因為你的決定可能會違反他們的期待與習慣。你要怎麼處理這樣的情況呢？那就翻到說明「發起者」的那一篇章：要善意地告知旁人，你這麼做的動機。當你下定決心後，別人是無法阻止你前進的。

需要做決定時，就要傾聽心的聲音。心能量中心會引導你方向，告訴你這麼做「對」或「不對」。這是一個非常主觀且自我的決策過程，但是非常有用。你的心不想做的事，就放手吧；你的心跳有如擂鼓鳴金般的事，就大膽的去做吧。一定要將自己的行動，放在和心願一致的人事物上，不然你會把別人的願望當成自己的責任，忙著為他人作嫁。因此在做決定時，一定要聽清楚自己心裡的聲音，是告訴你「好」還是「不好」，是為了眾人的福祉還是自己的利益。

The Self Authority

自我權威中心——做真實的自己

如果你的情緒能量中心、薦骨能量中心和脾能量中心都呈現空白，不管是填滿的心能量中心連接到空白的自我能量中心，或者空白的心能量中心連接到填滿的自我能量中心，那就照著下面的建議來做決定。

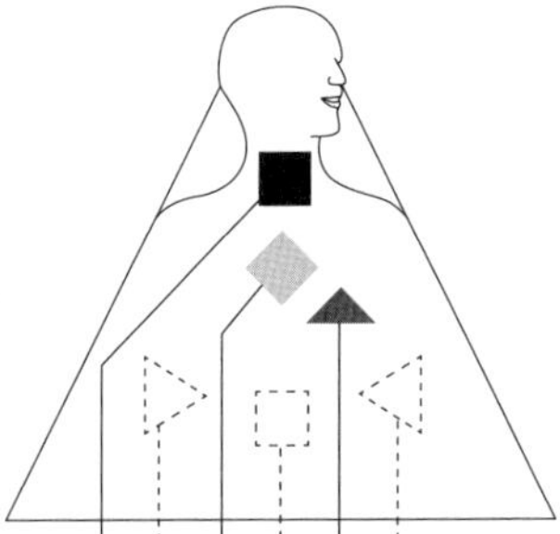

這個權威中心和之前的幾個大不相同。它指引人的警告聲，輕微得就像蝴蝶拍動翅膀一樣，但又像公牛被處死時的混亂粗野。這都是因為內在認知的關係。如果你的內在權威是自我能量中心，那麼正確的決策過程源自於只有你才能了解的認知。這非常難以解釋，不過自我能量中心就是能夠以獨特的方式「知道」對錯。

這樣的「知道」是從哪裡來的呢？請將你的注意力轉移到胸骨，也就是肋骨的中心點，你是否感覺到有一股氣流輕輕從那裡竄出。如果你的內在權威是自我能量中心，就一定能認出這樣的感覺，而且你一定要全然信任這份感覺。

「我就是知道。我也無法解釋，但我就是知道。」當決定來自自我能量中心時，你就會有這樣的感受。不要去抑制你的「知道」，儘管它的訊息很微弱，而且容易受到其他人情緒、直覺、靈感和意志力所左右，彷彿別人的內在權威高過於你。你要開始相信自己內在的「知道」，因為它是你最值得信任的知己。

知名影歌星芭芭拉·史翠珊（Barbra Streisand）、米克·傑格、導演史蒂芬·史匹柏的權威中心都和你一樣，你們都是投射者類型，是天生的領導者。當你得到認可和邀請後，就能發揮領導的才能。身為領袖人物，你更需謹慎地增加自我能量中心的強度，因為你很容易受到他人影響，而削弱你完成目標的力量。你要把心力投注在對你有意義的事物上，但首先你要能做到信任自己的天性，而非他人的權威中心。

The Outer Authority

外在權威中心——運用你的智力

如果你的頭頂能量中心、腦能量中心或喉能量中心之中，有一個是填滿的，而其他的中心都呈現空白，抑或所有的中心都呈現空白，那你就照著以下的建議來做決定。

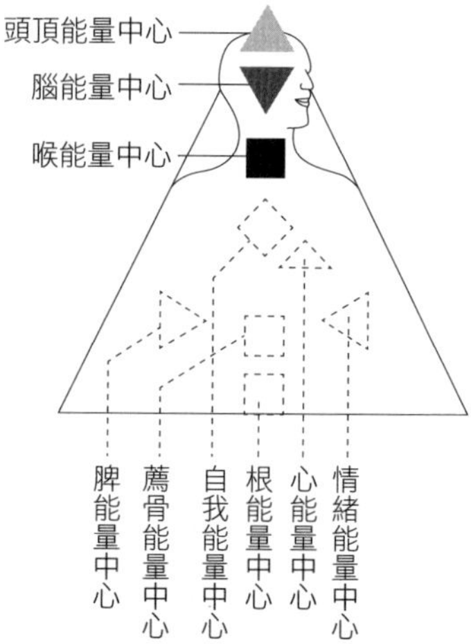

這個權威中心很獨特，因為是從外在尋求答案，而非內在。不要去催促它做決定，因為它需要慢慢來，嚴謹慎重，深思熟慮。它需要先衡量、比較，認真的調查、再三檢視之後，才可能做出決定。

反照者或特定的投射者才會有這樣的權威中心，你們只有填滿的頭頂能量中心、腦能量中心或喉能量中心，因此沒有內在的權威中心。但是不要灰心，你還是有方法可以做出準確的智慧決定。你需要先鍛鍊耐性，以開放的角度來審視眼前的狀況。

人類圖中空白的能量中心，代表你能夠了解別人的看法、觀念和點子，把它們吸收後轉為自己的智慧。要和他人商量後，才能做出正確的決策。你可以直接與人商討，聽取別人的意見，但是這過程要歷時二十九天。二十九天是月亮盈缺的週期，因為需要和人商討，以及考慮月亮週期的關係，所以你的權威中心稱為外在權威。雖然這樣聽起來很不可思議，但是你的觀點就如同月亮影響潮汐一樣變動不已。

雖然當你面臨抉擇或進退兩難的困境時，你會仔細考慮整件事情，向內尋找答案，但你的天性其實是要向外尋求答案，試探周遭的意見。如果我是你，我會放一本農民曆在桌上，每天都能知道月亮的盈缺狀態。需要做決定時，就往前推算二十九天，在月曆上註記著「決定日」，然後從這一天開始徵詢意見。你可以去問人，從書本、網路去搜尋，也可以從相關的人事物中探求解答。幾天內，答案自然就會現前。

做個決定需要二十九天的時間，當然是非常難執行的做法，但你還是要留意月亮的週期，盡可能地這樣做。當你習慣月亮的週期後，就可以預先考慮和做決定了，但是遇到需做重大決定時，還是值得等待二十九天。

做決定時要考量他人的意見，這需要很大的耐心和時常練習；有時候，你會發現自己被逼著驟下決定。你得要非常信任自己的伴侶、朋友或是同事才做得到。要理解及接受這樣的決策方式可能是非常困難的，對你也是很大的考驗，可是一旦了解之後，週期會給你喘息的空間，你會成為最有智慧的決策者。在很多方面，宇宙都會和你一起做決定；有這樣的決策夥伴，你會變成一本活動的百科全書，智力也會勝過許多人。你會感謝自己可以在眾多的意見、經驗和可能性中找到立足點。

現在你對自己的類型、各個中心和你的權威中心已經有大概的認識了，你可以將現有的資訊運用在生活中。譬如說，你是執行者類型，情緒能量中心是你的權威中心，你就知道自己要聽從直覺反應，在情緒清明的狀態下，可以做出更正確的決定。這樣去做，人生就開始改變。

但是還有更多的特質等待著你來發掘。

在下一章節，我們會更深入的探討，挖掘出你內在的珍寶，直指你的本質核心。我們會審視你刻在世上的印記，你對自我的認知將會達到前所未有的層次。

就讓我們來找出「你是誰」的答案吧！

5

你闖天下的天賦配備——三十六條通道

我會不時參考人類圖的解讀，複習它給我的建議。人類圖分析準確，完整的描述出我的特質。

——SA，英國格洛斯特那郡

在整個人類圖中你會看到很多狹窄、像是蜘蛛網的通道，總共有三十六條，連接著九大能量中心。我們可以從中更詳細、更深入的了解你的獨特本質。這三十六條通道是從猶太卡巴拉的古老智慧中所延伸出來的，是九大中心的導管，來回輸送著生命的能量。

你會看到人類圖中，每條通道的兩端都有一個數字。這些數字和六十四個閘門互相串聯，一起創造出人類圖的面貌。關於閘門，下一章節會有更清楚的介紹。

有顏色的是活化的通道，它會吸取兩邊中心的能量，形成自己的特質。這些通道就像是電線一般，連接兩邊的電荷，展現出能量。這些通道帶給你用之不竭的能量，而且終其一生都運作著。完全空白或是只有一半顏色的，就是不活化的通道，它們平常沒有被接通，但是當你身邊的人那條通道是活化的，就會在和你接觸時，使你原本不活化的通道變得活化起來。這是不同類型的人如何互相協調融合的方式。

你會注意到人類圖中，意識和潛意識的重要性開始出現在這個部分，它們會幫助你發現潛藏於內心、意識察覺不到的隱性特質。通道的顏色有很多含意：黑色代表著意識，紅色是潛意識，黑紅條紋則表示兩者兼具。根據我對人類圖的了解，黑色通道是屬於你自己有意識到的個性，這些是你早就熟知的特質和行為模式，但是紅色通道就沒有如此明顯，因為是屬於潛意識的個性，來自雙親和祖父母的遺傳。潛意識的元素蘊藏於內，我們不一定能察覺得到，但是人類圖卻能清楚指出。

當你得到了這些寶貴資訊，了解自己的性格氣質後，你會更加注意到它們的存在，並懂得如何善用它們，這就是人類圖美好的地方。而紅黑條紋的通道則意味著，你比較能夠了解自己的潛意識部分。因此當你開始解讀自己的人類圖時，請先找出你活化的通道，然後看看後面對每個通道的說明。每個通道的兩端有兩個數字，以及一個名稱來總結它的影響力。為了方便閱讀，我會依數字從小到大排序開始解說。

要記得，有完整填滿顏色的通道，才是你一生都自動作用著的、活化的通道。那些只有一半顏色的通道，表示你僅有一端的閘門是開啟的，所以沒有接通，只有在當身旁的人那一個閘門是開啟的，剛好和你互補時，整條通道才會接通。

如果你整張人類圖都沒有活化的通道，表示你是反照者類型的人，你將很容易就能覺察到其他人的活化通道，以及他們如何影響你的人生。

1-8 靈感的通道

1-8 Channel of Inspiration

自我能量中心——喉能量中心

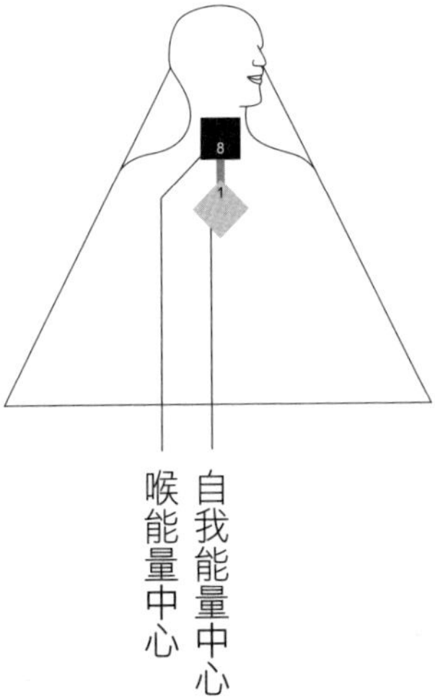

你是一個創意家，而且有強大的說服力、影響力，絕佳的統御力和領導才能。就如同通道的名稱，你有很多的靈感，自然而然就懂得如何掌控情況，而且能夠以身作則。你的個人特色強烈，人們信任你也依賴你。你能夠激勵他人，一起來實現你的目標。

當人們接受你的領導而且能夠被你鼓舞，就是你成功的時候。如果你的決定得不到他人的感激，或是你帶領的人故意和你唱反調，這會讓你十足受挫和沮喪。

我會建議你不要志願幫忙，因為你需要受到認可和邀請後，才能顯現出最棒的特質，主動插手幫忙並不是你展現天賦的方式。

這條通道有聆聽上的天賦，1｜8表示你能夠聽出什麼樣的情況或音樂，對人、事、物、環境有助益。你總是能融入環境中，利用耳朵找出最好的方向。如果聽起來不對勁，你是不會著手進行的。

當你確定前進或領導的方向時，要傾聽自己的發聲，因為聲調會影響你的領導結果，和你的言詞一樣重要。如果你說話時聲音緊張，聽眾會感受得到。說話要帶著自信，要知道你有鼓舞人群的天賦。

2-14 煉金士的通道

2-14 Channel of the Alchemist

自我能量中心——薦骨能量中心

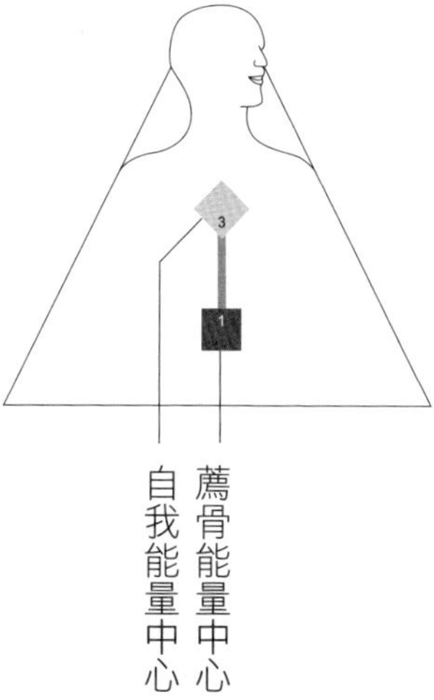

神話中告訴我們，煉金士可以將鉛塊變成金子，這個通道就有這樣的本領，你有點石成金的能力及創造的潛能。2－14能夠透過薦骨的生命力發揮創新的能耐。

身為煉金士的你富有創新能力，能賦予事物新的生命，也有決心挑戰自己的命運，闖出一番大事業。你有天才或是巫師的特質，能把不起眼的東西變得閃亮耀眼，引人注目。給你一間瀕臨倒閉的公司，你也能夠讓它轉虧為盈，東山再起。你知道正確的方向，能幫助人事物重回正軌。你的信念和能量對和你同在一處或是共事的人，都有很強的感染力。

2－14是個人主義的通道，你有自己前進的節奏，強烈的自信讓人無法阻止你的腳步。你有理財、置房地產方面的才幹，能夠從中獲取資源。

這是四條「譚崔通道」（tantric channels）其中之一，雖然譚崔一詞經常被和「性、雙修」聯想在一塊，但意思其實是將低能量轉變成高能量。當然，我們不能否認它對閨房之事的影響力，因為它能將肉體的性交轉變成「超意識」的經驗。

這是屬於執行者的通道，能量蘊藏在最有效率、運作最佳的直覺反應之中。當你把能量投注在合適的目標時，見證你行動的每個人都會對你刮目相看。

3-60 突變的通道

3-60 Channel of Mutation

薦骨能量中心——根能量中心

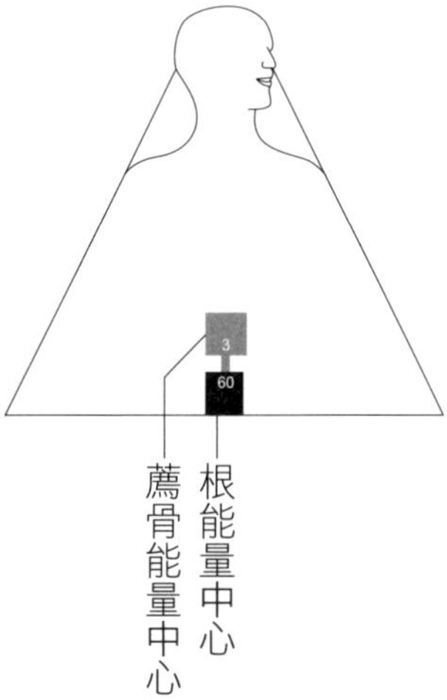

你一定注意到自己周遭事物改變的方式很戲劇化。3-60的結合具有某種象徵意義，因為我們環顧四周一圈一定是繞三百六十度。和你共度人生的伴侶可要有心理準備，得接受你突如其來的成長和改變，雖然怪異但絕對值得。等著接受一連串的驚喜吧！

在我認識有這條通道的人當中，他們過著飛躍式的人生，靠著盲目的信念和薦骨的直覺反應，不斷改變人生方向。

這是三條「格式通道」（format channels）其中之一，不管你有什麼樣的人類圖配置，格式通道對你的生命都有壓倒性的影響，你的一生都受到它的支配。「劇烈的改造和轉變等於個人成長」是你根深柢固的座右銘，「重新開始」是你的日常行程，不過別期待別人為你歡呼鼓掌，因為不是人人都喜歡突來的變動。

有沒有看過移動的事物被移動的聚光燈照射的樣子？這很像你的行事風格：當燈光打在你身上時，身邊的一切就變得清楚可見；但是當關掉燈光，再度開燈照到你的時候，身邊的人事物就全都變了樣，朝新的方向前進了。

宇宙以不規則的方式左右你的生命，這和任意變化的聚光燈相同。同樣的，劇烈的改變沒有時間性可言，會發生時就會發生，這是大自然的法則；有3－60通道的人，一定要學會接受變動。你也會受限於這條通道，尤其是在你想要推動某項計畫，卻陷入困境動彈不得的時候，這會讓你感到沮喪，而且不易脫離這樣憂鬱的心情。

這時候，音樂和大自然是你最好的朋友。對聲音敏感的特質，使你需要符合心情的音樂來調適。你要更有耐心，事情不會拖延太久，這是生命要教會你的課程。要放心信賴這個通道的變化能量，因為快速變化的慣性而產生的挫敗感會逐步減輕。在這一生中，你會看到你為自己和他人生命帶來非常大的改變。

4-63 邏輯思考的通道

4-63 Channel of the Logical Mind

腦能量中心——頭頂能量中心

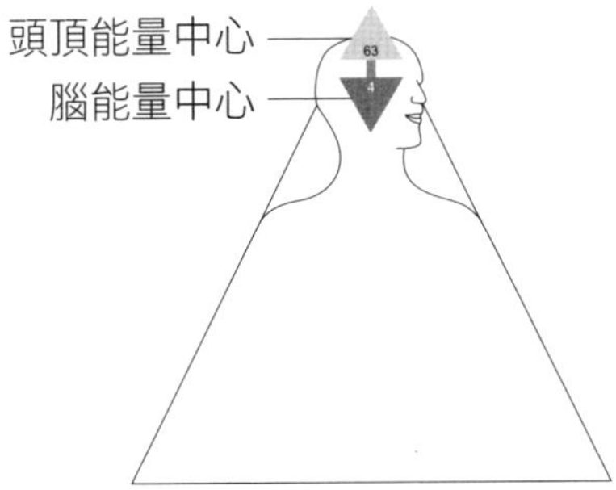

你總是以邏輯理性來分析今天、推論明天，不斷的追求進步，但還是難免時常擔憂未來。你藉著邏輯思維想出一連串可行的解答，評估著種種事情的可能性。你會不斷思考著「如果這樣做，就會……；如果那樣做，又會……」，因為每個行動都自有結果，你會一一考慮清楚。

邏輯思考的能力很實用，也很重要，但也表示你會深受疑惑和煩惱所苦，像是「如果沒打破的話，哪裡需要修理？」或「如果改變不了，那又何須煩惱？」你要換個想法，幫助自己跳脫自我折磨的煩惱思緒。

該放多少心思在尋求解決之道的想法中，是你需要學會的功課，你要在過度擔心和享受生命中取得平衡。你生來就是會不斷思考、勞心的人，先接受自己的本質，然後就可以慢慢放下這些令人煩惱的想法了。

理智是你重要的資產，不過你反而比較能夠解決他人的問題，勝過於自己的擔憂和問題。你可以想出合理、健全的解決方案，讓事情進展得更好。各種問題你都可以想出很棒的解答，有需要處理的問題發生時，你總會逐步想出解決的方法，旁人對於你充滿邏輯理性的分析力，都會佩服不已。

5-15 韻律的通道

5-15 Channel of Rhythm

薦骨能量中心——自我能量中心

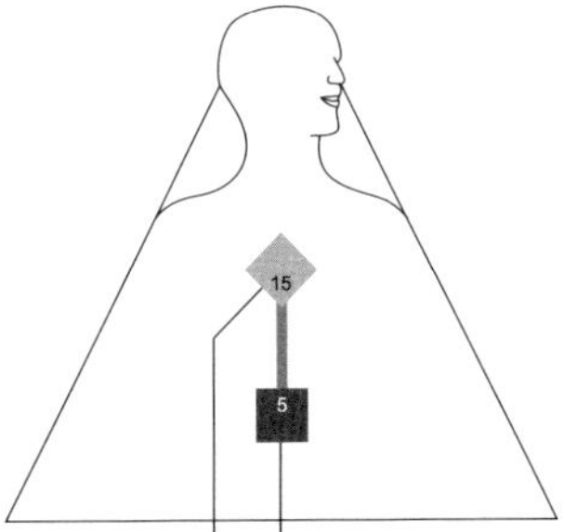

你順著生命之流，總是不可思議地在對的時間點出現在對的地方，或是學到新的事物。就像一隻大海龜，知道何時該上岸產卵，你對時間的掌握和節奏感好似隨著大自然和季節一起同步律動，受到薦骨能量中心直覺反應的引領。因此若是有人緊盯著時鐘要求你事事準時，就很容易讓你抓狂。你需要不慌不忙、有節奏地，依照自己獨特的生理時鐘來行事。

我有一個朋友出門前總是匆匆忙忙、老是遲到；但是他的另一半則喜歡凡事準時。有一次他們要參加一個聚會，按照以往的慣例，朋友的伴侶總要等到心急如焚，他們才能在最後一刻出門。沒想到，到了會場後，他們發現聚會剛好晚了半小時才開始。隨著自己韻律節奏行事的你，定能證明自己和宇宙的自然律動是如此和諧。

這和鐘錶上的時間無關，而是知道何時該引入新事物或新朋友進入自己的生活圈，知道產品、觀念或是新發明何時達到了成熟的時機點。這樣對時間的韻律感，也包括知道何時轉換人生的方向。

5-15也是四大「譚崔通道」之一，譚崔意指將能量由低轉高，促使他人改變，鼓勵他人臣服且相信自己的生命之流。你能從混亂中找到秩序，讓無頭蒼蠅找到方向。你是充滿生命力的河流，掃過周遭的每個人；你在河岸邊迴旋，有時和緩的流動，有時卻又急速的往前奔騰。不管速度如何，你所帶來的改變會促使每個人跟著生命之流一起往前。

當你進入生命之流之中，人生對你是毫不費力且再自然不過的事，但如果你跳離這個律動或是被迫遵守其他的時間，你的人生將會變得混亂且很不開心——因為一旦失去自己的韻律，處事就會變得不合時宜。當你在經歷這樣的難題時，要停下腳步，重新審視自己的責任或是和誰在一起，因為他們對你的身心健康無益。傾聽你的內心，就能和自己的自然韻律重新連結。要認知到這一點，你所需要的只是時間！

6-59 Channel of Connecting

6-59 親密的通道

情緒能量中心——薦骨能量中心

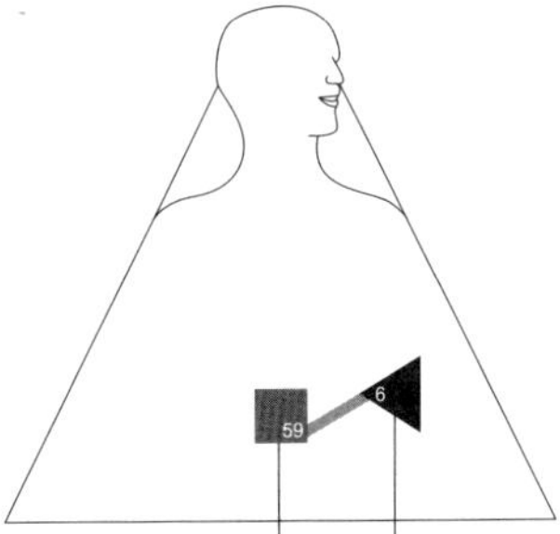

這個通道會產生異性相吸的化學變化，以及強烈的創造力。薦骨能量中心和情緒能量中心之間的活化作用，會產生「性的連結」和強烈的吸引力，讓你充滿魅力，但是6-59並不純粹是享樂的通道，它讓男女為了生育下一代的需求而攜手相守。它不在意個性，只求基因能夠互相吻合。

這個通道帶有高度的生殖力，這條通道活化的話，人們看到你就像蜜蜂看到花蜜一樣會緊靠過來。不過你要有辨別能力，才能找到內心的滿足和平衡，而不是一直受到性慾驅使。

然而，這個通道也不完全只和性與生育有關，你有很大的潛能，開發出新計畫、新觀念和發起新活動。充滿熱情的你，沒有人可以阻擋，你是個標準的、從無到有的創作家。

你喜好感官享受，有強烈的欲望，這都是源自薦骨的能量，因此光是你的存在就能影響旁人的情緒。一般來說，有此一通道的女性，都會是社交場合的注目焦點。這就是薦骨和情緒能量中心產生的光環作用。

你也可以觀察自己帶給旁人的影響，雖然有些人一派輕鬆自在的樣子，但是多數的人會希望可以遠離你，或是偶爾逃開，不受你影響。甚至連禁慾主義者都會被 6-59所吸引，這是因為你啟動了他們尚未化解的情緒舊傷。你的天性會覺得有責任為他們療傷止痛，但是你的智慧會告訴你，他們的情緒其實和你沒有關係，你只是恰巧觸動了他們的舊情緒而已。

如果你被困別人的情緒裡，就得一直經歷直到最後嘗到痛苦的結局。因此在選擇愛人和共同養育下一代的伴侶時，要聽從直覺反應，更重要的是讓起伏的情緒稍做沉澱，直到你覺得心緒澄淨時才做決定。就如同詩人拜倫所言：「沒有什麼比敏銳的洞察力更值得親近。」

7-31 領導的通道

7-31 Channel of the Alpha

自我能量中心——喉能量中心

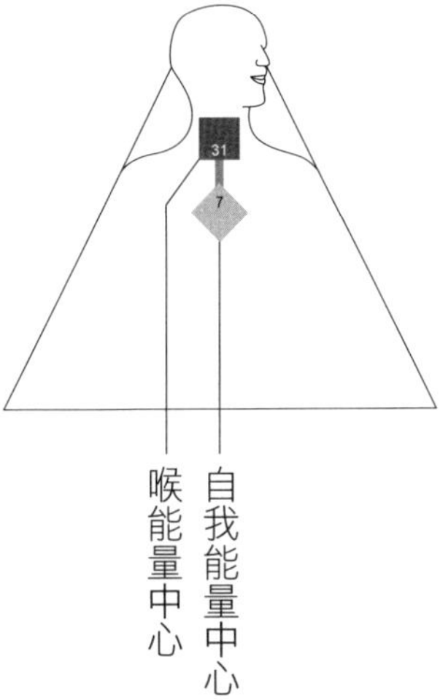

「合理的領導者」最能描述你的統御方式，你是天生的領袖，有足夠的決心，知道前進的方向，帶領人們邁向變動的未來。你不需要大聲呼籲，人們自然會對你產生絕對的信賴感，知道你會引領他們走向光明。

alpha 是希臘文的第一個字母，有最初、開端的意思，它是狼群中最高的社會秩序，而你就是任何族群中的最高領袖。你是人們心目中最理所當然的領袖人選，準備被人提名、當選吧。群眾對你的認同，會讓你的心靈快樂地想要大聲歌唱。

你的領導風格帶有邏輯力和權威感，這就是人們跟隨你、聽從你的原因。當你走進一個場所，人們自動會對你行注目禮。你有統整的能力，讓每個人目標一致。你會希望動口不動手，就像將軍下了指令之後，士兵就去完成。但是你得身先士卒，這不代表你講話沒有權威，只是 **alpha** 就是站在第一位，你也得這樣。

身為領導者有許多責任，也許最大的責任就是對自己誠實。即使人們看起來不知所措，你也沒有義務需要帶領所有的人。選擇錯誤的夥伴和情境會讓你感到沒有意義和成就感，但是當眾人認同你，邀請你來領導時，你會為他們帶來徹底而有建設性的改變。

9-52 專注力的通道

9-52 Channel of Concentration

薦骨能量中心——根能量中心

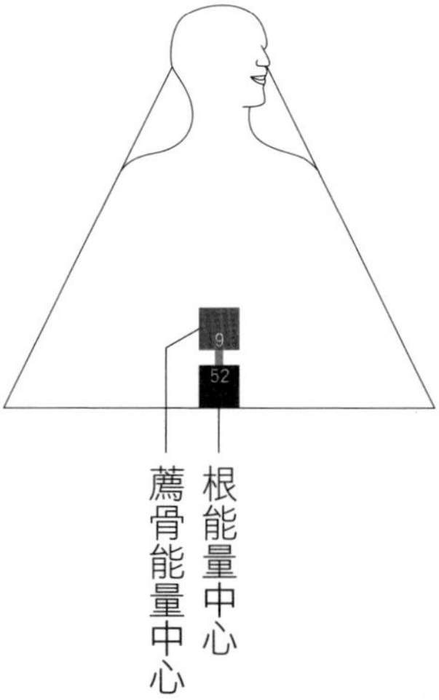

你能專心一致、心無旁騖，不斷精進直到成功為止。用「專注、專注、專注」來形容你的人生實在再恰當不過了。

為了實現目標和夢想，你會不屈不撓、堅持到底。你是公司的重大資產，尤其是在投資事業與未來規劃方面。你有實現計畫的強烈決心，包括戀情也是一樣。只有完美、渾然天成的戀情，才是讓你心滿意足的親密關係；否則也一定要把缺點和不完美的地方都解決了，你才願意許下承諾。

所有連結到根能量中心的通道，都具有強大、爆發性的腎上腺素，支援著人們朝目標前進。但是這條通道懂得拉緊韁繩，壓抑過旺的爆發力，讓人能控制緊張的情緒。就像是騎著一匹套上韁繩的馬，朝著終點奮力奔馳，你會在起跑前先蓄積能量，直到開始時才鞭策韁繩。要是你還沒收集足夠的資源，計畫的擬定也未臻完善就開始行動，那可能會讓你感到很挫敗、喪氣。事情還沒準備好就開始最讓你抓狂，這就是為什麼你可以成為傑出的計畫者。

直覺會找出對的事物，讓你投入專注；一旦你投入之後，沒有任何人事物能夠阻擋你前進的腳步。

9－52也是三條「格式通道」其中之一，它對你的人生影響頗大，你的生活方式都受到它的影響。「工欲善其事，必先利其器」是你的人生座右銘。

奧林匹克運動會游泳項目的金牌得主麥克・菲利普（Michael Phelps）和高爾夫球選手老虎伍茲都有這個通道，專注讓他們在人生獲得極大成就。

10-20 覺醒的通道

10-20 Channel of Awakening

自我能量中心——喉能量中心

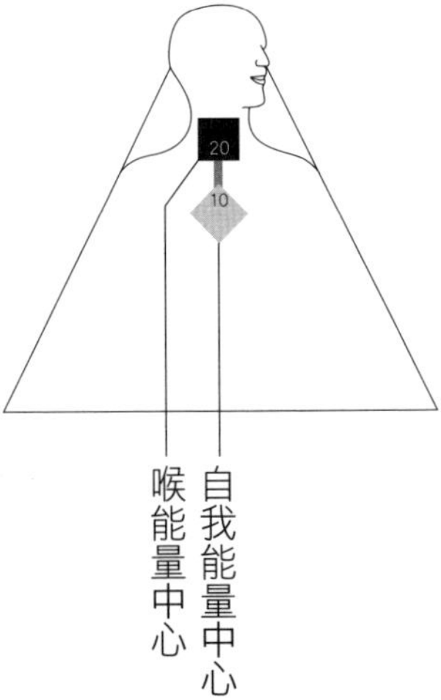

你要求自己行事正直，這樣的處世原則醒目得像是烽火臺一樣。有這條通道的人，對人生有強烈的認同感和愛，會把握喚醒大家的任何機會，因為你希望人們都能夠享受真實生活的喜悅，以及感受日常生活之美。

10-20起源於自我能量中心，向上往右邊彎連結到喉能量中心，讓你經常想講出「這一刻我忠於自己」的話。「做自己」是此通道的特徵，你能夠放膽地表達自我，清楚知道自己是誰，有什麼樣的立場和處境。你讓旁人生起效法之心，更懂得如何自我定位。如果有人挑戰你，聽在你耳裡可能會覺得是人身攻擊，你要注意自己非常敏感的特質，不要執著於別人的評論，最重要的是懂得自我欣賞。

你無法容忍不誠實的人，也不能接受不公不義之事。你要求人們隨時隨地都要百分之百的真誠，你希望和人們有更深層的交流，最好是和你一樣有相同性質的人。沒有人比你更希望世界更美好。

10-20是四條「領導通道」之一，但是你的領導風格會讓人覺得過於高道德標準，你總是想帶領人們找到更崇高的目標。然而，並不是人人都能接受這樣高操守的領導方式，即使如此，只要是正確的，你還是會堅持到底。對於追隨你的人而言，他們會有非常深刻的體驗，因為你為他們開啟了更高的心靈層次。你只在乎「當下」，真誠地把握人生的每一刻。

擁有10-20通道的人，很少了解這條通道的意義，因為他們全心投注在自己的處世原則中，認為「我就是我，為什麼要在乎這個通道的意義呢」。如果你是這樣想，是不是就證明了我的說法呢？

10-34 探索的通道

10-34 Channel of Exploration

自我能量中心——薦骨能量中心

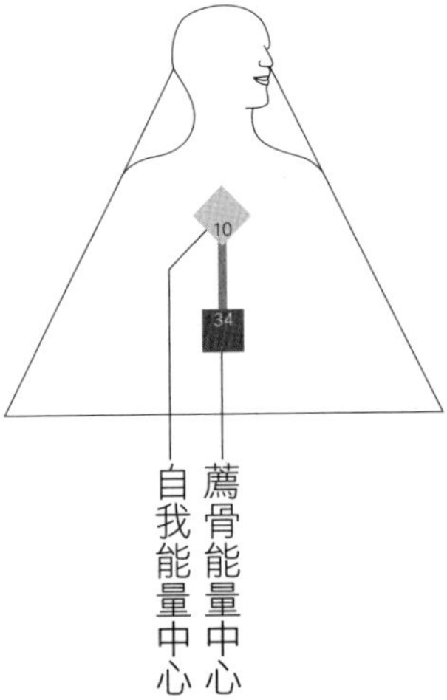

有勇氣承擔自己的作為，是你必須履行的責任，以10開始的通道都表示對人生有強烈的認同感和愛。不管其他人怎麼想，你要做自己喜歡的事才能得到快樂。10－34通道的人有我行我素的特質，總是隨心所欲，以自己的方式行事。當然也不用覺得有罪惡感，因為這才是忠於本性的表現，而且其他人可能暗自欽佩你有這樣的勇氣。

這個通道源於自我能量中心，往下連接到薦骨能量中心，和你「只走自己的路」的風格很像。聽從自己的信念和直覺反應所做的選擇，一定是正確的。不管別人同意與否，或是認為你太自私、太固執都沒關係，一定要堅持到底，不要在乎周遭的風暴。快樂是從自我肯定而來，與別人肯定與否無關。有些事情會影響你的健康和心情，包括你對生命的熱愛程度，居住地區和從事的行業。如果你為了別人而遠離自己的選擇，必定會覺得迷失、找不到方向。

10-34也是四條「譚崔通道」之一，意思是能將低能量轉變成高能量。你要先自己作轉變，才能獲取前進的動力。如果有人受到你的鼓舞，那很好，但最重要的是你要堅持自己的原則，不受外界影響而屈服。

10-57 生存能力的通道

10-57 Channel of Survival

自我能量中心——脾能量中心

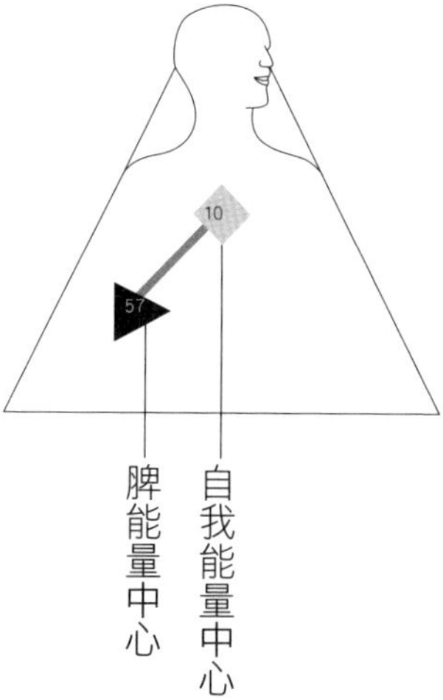

你的直覺和人生是以「危險」的方式互相作用，就像在懸崖邊跳舞、嬉戲，不過你總是能夠安全過關。這是因為你可以依靠脾能量中心本能的生存機制，指引你通過人生的地雷區。說得誇張一點，你可以從艾菲爾鐵塔跳下來卻毫髮無傷！

你是無敵的冒險家，10－57通道帶給你無形的防護罩，讓你在活動或是做選擇時安全不受傷。你比大多數的人享有更多的保護。

當然，這不是說你就可以毫無顧忌的做些蠢事，但是你會發現自己有躲避危險、擺脫困境的神奇本領。當全桌的人都食物中毒，只有你一人倖免，或是能夠幸運的不被掉下來的鋼琴砸中，你就是有辦法全身而退，以至於人們經常會問你怎麼辦到的。這個通道是沒有邏輯可言的，事情就是這樣發生，我常常會開玩笑說：「世界上最安全的地方，就是待在你身邊！」

你必須要學會相信從脾能量中心發出的直覺，直覺評判的基準在於事情「聽起來」正不正確。你的靈性無時無刻都在為你覺察這些振動，提點你對的人事物、環境和選項。你的警覺性就像一隻未熟睡的貓般敏銳，一點點聲響或環境的變化就會觸動你，讓你即刻警醒。

任何開端為10的通道，都表示對人生有強烈的認同感和愛。對你而言，你會將人生發揮到極限。雖然你對未來懷有恐懼，但是知道一切最後都會安然過關，能夠平撫你內心的擔憂。你常會感到害怕，但還是會放膽去追求，不論對目標或是戀情都是一樣。

11-56 好奇心的通道

11-56 Channel of Curiosity

腦能量中心——喉能量中心

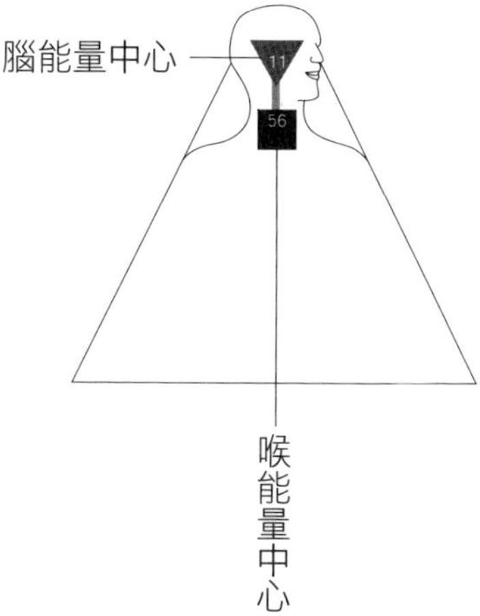

你一直在尋找生命的意義，渴望大聲宣揚你的新發現，藉以激勵人心。你永不滿足的好奇心從未停下腳步，總是不斷發掘新奇的事物與旁人分享。

你喜歡分享腦袋中的想法，因為腦能量中心和喉能量中心的連結是活化的。「我相信你會發現……」你喜歡用這個句子做開頭，然後觀察聽眾的反應，思考這些反應背後的意義。

你對每個事物過人的興趣，讓你的人生信念、想法和觀念不斷更新，獲取新資訊是你的最愛。看在旁人眼裡，你就像是一隻花蝴蝶，在花叢間飛舞，每朵花都要嚐嚐看。你貪婪地吸收各種哲學和知識，研究不同的觀點，探索各種新信仰。你希望自己的好奇心能夠鼓舞他人；你會到處旅行來滿足自己，總想知道下個轉角會有什麼新奇的人事物出現，沒什麼比第一手經驗更能激發你的新點子和新觀念。

聖經說：「尋找，就必尋見。」這句話很適用，但是對你來說還不夠貼切，因為你會一直探索直到嚥下最後一口氣為止。好像腦袋在還沒理解人生的一切經歷時，就無法停下腳步一樣。對你來說，人無法從既知的想法中找到真理，一定要自己去找、去嘗試、去體驗。

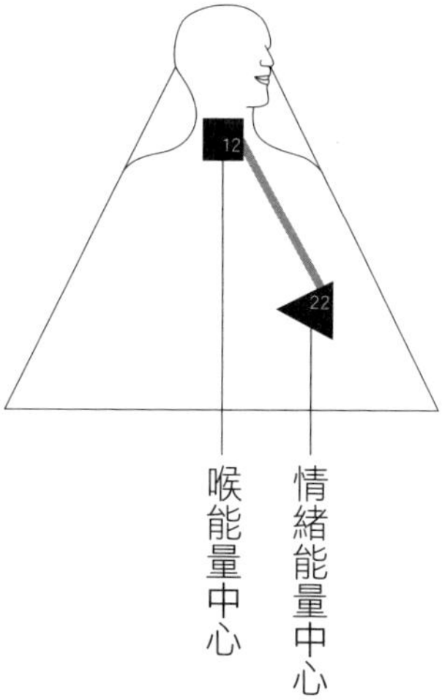

情緒能量中心對你有好的影響，給了你內在的深度和率真的力量，卻也同時讓你變得脆弱與無法預測。你帶著燃燒的熱情推動事情，促使偉大的事物發生；你能夠開創人與人間嶄新的互動模式；你傾向選擇較少人行走的路徑，期望能為自己和他人突破限制、開創新局。

在通往成功的路途上，你的外表平靜又有自信，但內心卻有各種情緒在拉扯。擁有這條通道的你，不論性別為何，都能勇敢、甚至憤怒地表達自己的情感，這的確是抒發的管道。但是要慎選分享情緒的對象，因為他們可能對你帶來難以理解的影響，更遑論能否和緩你的情緒。你對自己在進行的事有強烈的熱忱，但也讓你變得急躁易怒。旁人一定會覺得這個人在發什麼神經，為什麼要發這麼大的脾氣。

我會告訴擁有12－22通道的人，在表達情緒之前，一定要先了解自己和其他人，才能幫助彼此互相了解。若不理會情緒，會壓抑和妨礙你表達的能力；認清情緒才能讓你回歸平衡，給你繼續追逐夢想的動力。在追求的過程中，你要感受而且尊重自己的情緒，如此一來，便能對人生的功課保持開放的態度，藉由社交和生意上的連結，以及自己的成就來鼓舞他人。

你的情緒總是搖擺不定，大起大落，但是你會努力完成目標，而且對自己的目標充滿熱情。即使你故意隱藏情緒，咬著牙不發一語，但是你的強烈磁場還是會影響到身旁的人。如果你覺得開心，其他人也會跟著快樂起來；如果你痛苦，那麼旁人也會莫名地覺得沮喪。因此，你需要知道何時可以和他人互動，何時又該暫時遠離人群。不管你的感受如何，讓情緒平靜下來便能得到指引。

13－33 浪蕩子的通道

13-33 Channel of the Prodigal

自我能量中心——喉能量中心

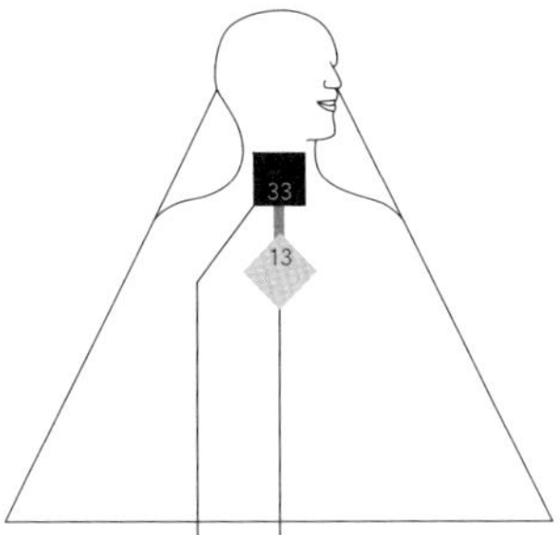

你是生命的見證者，記錄真實人生中的所見所得。其他人可以從你的紀錄和觀察中，失敗和痛苦中，成功和喜悅中學習。你就像寓言故事中揮霍的浪蕩子，在出外經過種種體驗之後回到家中，父親高興的要你和大家分享旅途中的經驗，讓他們可以從中學習。以這個角度而言，你是生命的播報員，是智慧的泉源。

13，33也是「領導通道」之一，你提供人們方向，以極具創造力的領導方式，帶領大家找到生命的意義。你的過往經驗對你的領導力極有幫助，給予群眾面對不確定的未來的信心。自我能量中心會透過喉能量中心這樣表達：「我記得，當我……」或是「以我的經驗，這件事應該是……」

你是很好的傾聽者，也很喜歡說話。你會透過每一次的人生經驗不斷加強自我的定位，讓你成為每個人痛苦時能傾吐的知己。朋友會在你的肩膀上痛哭，希望從你身上汲取力量，期待你的認可，並感同身受他們所經歷的困難和挑戰。即使是不熟的人也很容易對你傾吐心聲，然後很納悶地說：「我也不知道為什麼會跟你說這些？」你要和自己的「權威中心」作確認，看看何時應該幫別人忙，何時最好避開。

你會為了理解人生中發生的每件事而投注許多心力，在將事件轉變成智慧之前，會認真審視其中的每個細節。晚上思考不完白天發生的事，只好連做夢都得繼續想，當然就容易因此做惡夢。你要找機會休息恢復體力，最好養成靜心冥想的習慣。

在你家儲藏室找到日記本的檔案櫃我都不驚訝，你的兒孫輩可以從中得到大智慧。後代子孫可能會因懷念你而感傷。

你在解析人們時就像翻開書本閱讀一樣，甚至比他們自己還更深入了解。你對人們深切的觀察和同情往往會嚇著當事人，你的智慧對他們來說是一盞明燈。有你在身邊，會讓人們知道自己是誰，找到人生的意義。

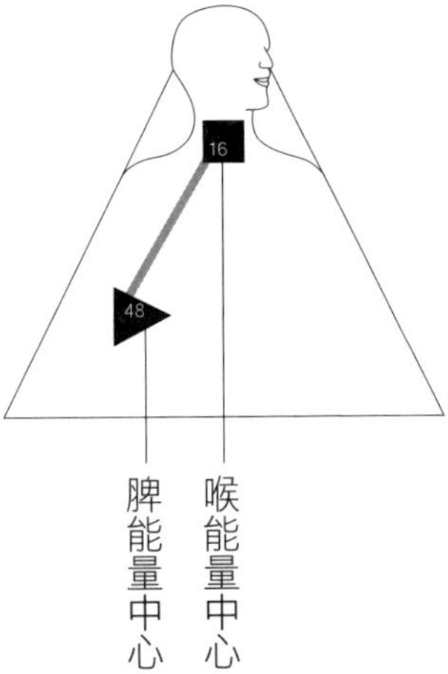

你很有才華，創造力豐富是你的優勢。不管你有何技能或是夢想，都會以藝術的方式表達，這不僅局限在藝術領域，在生意或是運動場上你也是抱持相同的態度。你領悟到，要精通一項技能便得持續練習、訓練和反覆的操作，所謂熟能生巧就是如此，而且還得有充足的人際網絡作為後援。

活化的脾能量中心表示，你知道什麼樣的人事物最適合你。你是個有深度、有才華的人，16-48通道會引導你去深入發掘自己的才華，讓自己發光發熱；即使要花上數個月、甚至數年的心力，都不會使你退縮。

擁有這條通道的人最常問：「我要怎樣才能成為大師？」這個問題顯示出你內心真正的恐懼，你害怕做得不夠或知道得不夠而不能達到目標。這樣的焦慮心情會促使你去尋找能夠鼓舞你，幫助你達到目標的盟友。人們的支持和鼓勵，是你支撐下去直到精通為止的動力。

這個通道的優點也可能變成危險：你可能一開始為了幫助別人，結果讓自己的才華無意間磨得更精；但也可能因此終身不斷追求更高的學位或更多的證照，而無法自拔。做人當然要持續成長精進、更加提升，但是也要知道何時已經達到極限，知止的工夫很重要。

你天生對很多事都很上手，即使是像洗碗這樣的事，你都能做得非常完美。你有勤勉的天性，一定會把每件事做到精確為止；即使是在人際關係中，你都很願意持續磨練自己。

你渴望將生命譜成一章完美的樂曲，因此沒有改變方向的需要，這樣做也無意義。你做任何事都很客觀，凡事要求自己要做到正確。講話切入主題，不拖泥帶水，就像冷靜的外科醫生。而且正確不是唯一的要求，進行的動作還得像詩文般的優雅。

17-62 組織力的通道

17-62 Channel of the Organizer

腦能量中心——喉能量中心

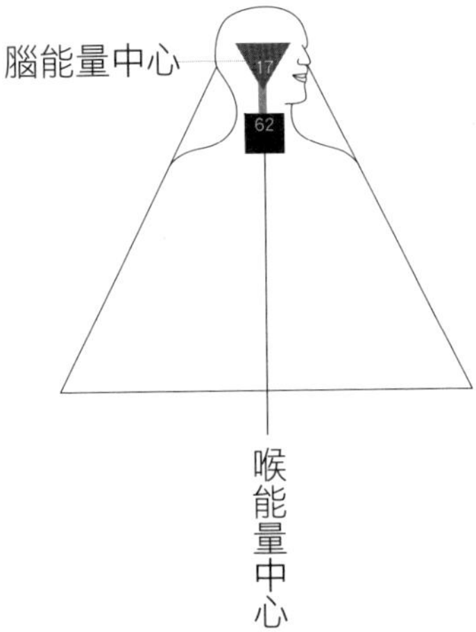

你是一個組織者和策略家，天生就有極佳的邏輯思維能力；你會擷取各種資訊、事實細節和策略，將它們串連、組織起來，成為自己堅不可摧的見解和主張。你的消息靈通，講話論點深具說服力，很少人會質疑你。

你的思維模式有條有理，能夠對幕僚智囊團、管理單位，或是在任何競選活動中提供很大的幫助；你總是不斷替各種計畫方案和人們尋求解答。擁有這條通道的人，會透過喉能量中心這樣表達：「我想這件事應該會……」或是「我想我們應該這麼做。」

而缺點是，這樣的思維模式容易堅持己見，尤其是沒有人辯得贏你。腦能量中心和喉能量中心之間活化的通道，會讓你很想表達自己的想法；所以得小心，不要說出不合宜或是有害無益的意見。如果你不能選擇自己該講的話，你的意見就會喪失影響力。

我認識一個人，他可以坐上三個鐘頭以上，不斷發表自己對人生的看法。被他的言論迷住的聽眾，總是以敬佩的眼神傾聽他的論點。但是三天後，他會說出和之前完全相左的看法，讓人傻眼。這就是典型的17－62類型的人。因為即使你們已經表達了自己的立場，還是會繼續思考，反省自己的論點，然後得到或許完全不同的結論。你會不斷思索遇到的每件事，腦袋是你很棒的資產，幫助你成為高瞻遠矚的人。

18－58 評判的通道

18-58 Channel of Judgement

脾能量中心——根能量中心

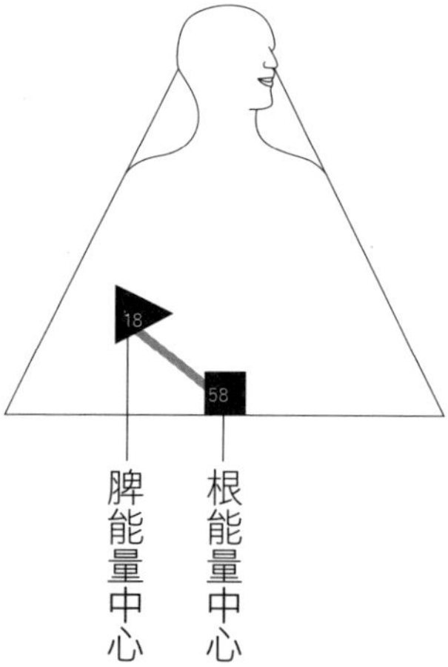

完美主義的你會經常審視身處的環境，尋找方法改善每一件事，讓人人受益。你以公正的評論，為他人判斷事情的可行性。你會持續評估身處的環境、工作和社交場合，期望能有所改變，使之更趨完善。

從醫療保健、教育系統、經濟體系到社區的超級市場，甚至是鄰居的花園，你都認為有必要再改善，而且你知道改善的方法！你的想法總是在一瞬間就能迸出，不需要經過思考，因為脾能量中心會給你指示。你天生就看不順眼很多事，有點純粹為了改變而改變的意味。雖然你的出發點很好，但有可能造成誤會，尤其是在人際關係方面。如果你不學著控制就可能造成很大的衝突，因為人們會覺得你過於吹毛求疵。你要學習評論公共事務就好，避免去評論家人或友人的私事。

能夠對公司或社會指出哪裡需要改善的能力，是你很大的資產。你是一個傑出的顧問，解決難題的高手，又能監督當權者，適合從事藝術或是美食評論家；你也可能是阻礙自己最大的人，容易對自己的表現吹毛求疵，把自己批評得一文不值。你沒必要如此刁難自己，我總是會告誡擁有這條通道的人，放自己一馬吧！要了解人非聖賢，孰能無過。

你有修正事物、改善社會的天賦，可以靠著自己的意見、評論和管理才幹，讓世界更美好。遵從你的權威中心，確認自己是否將能力用在對的方向，如此志向必能得以實現。

19-49 Channel of Sensitivity

19-49 多愁善感的通道

根能量中心——情緒能量中心

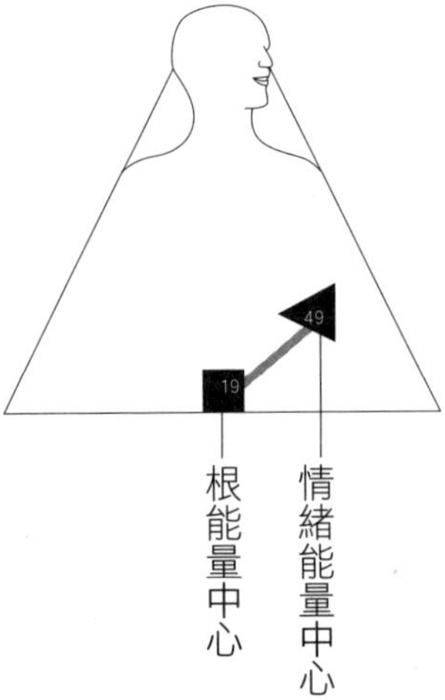

你很有同理心，喜愛感官、觸覺的享受，而且超級敏感；你能夠感受到每個人的需求、渴望和情緒，也知道如何滿足他們。你喜歡事事親力親為。

你非常敏感，即使戴上眼罩和耳塞，還是能夠察覺旁人的感受。沒有任何事逃得過你的「情感天線」，你常常被感動到起雞皮疙瘩、淚流滿面，強烈的同理心使你能夠公平地對待他人，給予支持。

來自根能量中心的壓力，讓你覺得有義務伸出手幫助別人，鼓勵和安慰有需要的人。你的特質讓你成為人們力量的來源、社會的中流砥柱，你會努力讓人們凝聚在一起。社群意識對你而言很重要，尤其是身處在這個嚴苛又無情的世界，你會盡力促成社群的和諧和團結。

在自己和他人的需求間取得平衡是你的人生功課，你要愛自己，尊重自己的需求，才能達到雙贏。19-49的通道會引導你和每個人都走回正軌，前提是你要先沉澱自己的情緒，才能知道應該要加入哪些計畫和團體。

即使是最輕微的批評也會傷到你，不過你要學會放下，像隻刺蝟一樣捲起來保護自己，耐心等待難忍的境遇結束。

你多愁善感的特質就像磁鐵一樣，會讓別人強烈的受到吸引，和你在一起會感覺到自在和安全。在親密關係上，有19-49通道的人重視感官，會尋求近距離的肌膚接觸，來滿足心靈的需求。肌膚的輕輕撫觸，就能給你像是通電般的感受，因此你可以成為自然療法的治療師、按摩師或是靈氣治癒師（Reiki specialist）。你喜歡和人牽手，制定協議也喜愛靠握手來確認，談生意最好是以共餐的方式進行。你和動物很有緣，你的敏感本質受到所有人事物的喜愛與欣賞。

20-34 忙碌的通道

20-34 Channel of Keeping Busy

喉能量中心——薦骨能量中心

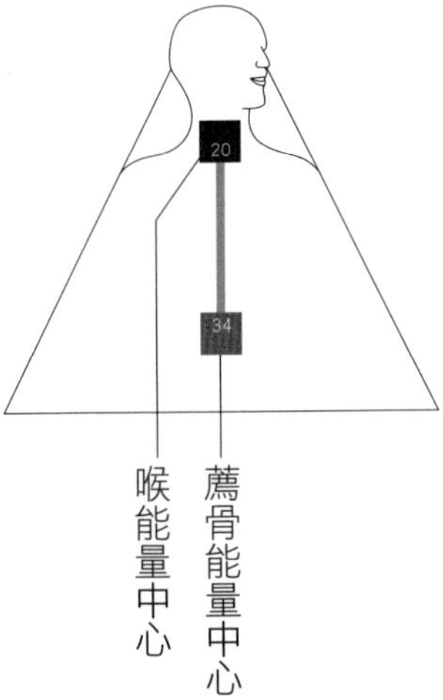

忙碌是你最快樂的時刻，因為你擁有一條愛忙的通道，對你而言，人生的成功關鍵就在於去做自己熱中的事。當確認目標後，你的內在驅動力會轉變成無法阻擋的力量，發射出潛力和感染力。

總是有忙不完的事，就是你的人生寫照。當你找到值得自己忙碌的人事物或目標時，你會非常開心，全身散發鬥志。你渾身充滿能量，很難靜靜地坐著不動，因為你的「待辦」清單長得不得了，有一大堆該做的事，有數不完的難關要克服，有數不盡的人需要你的幫助。

這是發起型執行者才有的通道，讓你一天二十四小時都保持積極活躍的狀態。你忙起來時不希望受到干擾，你的家人、朋友、同事……都得要習慣你狂熱的步調。你光是單純地走進人群之中，就能帶動人們忙碌起來的氣氛。和你短暫的相處就能獲得鼓舞和動力，你的存在能推動許多事物進行。

你總是不斷地在移動，從一個計畫跳到下個計畫；你有必要問自己：「有需要為了忙而忙嗎？」答案當然是不需要。你必須記著，只為自己所愛的人事物忙碌就好，不要被人美言幾句，或說一句很需要你，就縱身一躍，投入全部心力去幫忙。如果你不經思考就讓自己忙來忙去，就會變成一台沒有煞車的高速火車，終究會脫軌翻車。靜心去傾聽自己的直覺，它會告訴你該為誰、為何而忙。

你可以在牆上釘滿證照，在銀行存很多錢，或是在展示櫃中放滿獎盃……，但如果這些成就和你的夢想不符，對你來說就完全沒有意義了。唯有做你愛的事才會有意義。因此，我要再次強調：只有符合夢想的事，才是你該放手去做的事！

20-57 衝動的通道

20-57 Channel of Involuntary

喉能量中心——脾能量中心

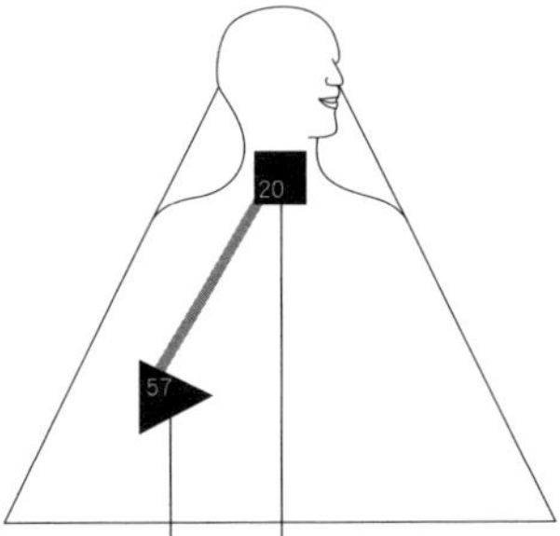

你有強烈的直覺，總是生龍活虎，能夠充滿朝氣地表達自己；你的體內有一股推動著你經歷生命的力量。你比多數人更領先一步，以X光般銳利的眼神，審視現況和未來可能發生的事。你能分辨人們是否在說實話，知道計畫和前進的方向是否正確。你的直覺能夠穿透人們的思維，識破眼前的煙霧彈、隱藏不顯的真相、偽善和高風險的追求。

你的耳朵可以深入問題的核心，因為它們「聽得到」事情在當下的真相。擁有20-57通道的你，眼睛或耳朵是不會受到蒙蔽的。你的直覺敏銳，讓你在任何環境中都能保持警覺。人們可能會觀察到你的腳趾隨時都在「抽動」，其實這只是脾能量中心超時工作時會出現的現象。

活化的喉能量中心表示你會有不由自主想講話的衝動，你的說話風格就像機關槍般快速。在聊天的過程中，你可以感受到隱藏在談話內容之下的真相，激發你的警戒心，然後就會開始談論那件事。通常都要在你提出來討論之後，人們才會覺察到這些暗藏的事情。

出現這樣不由自主的說話衝動時，要小心自己可能會一直打斷別人的話，或是在別人講話時，你講得比他還大聲。要是常常這麼說話冒失、不看場合，很快地人們就會想疏遠你。

你可能會對未來感到焦慮、煩惱。要讓你的生存意志知道，你和你所愛的人都很安全，沒有危險，你能從中得到不斷評估這個世界的動力，以及了解你所扮演的角色。如果你能腳踏實地，為自己的天賦設定合理的界限，未來必定會非常輝煌燦爛。

21-45 金錢的通道

21-45 Channel of Money

心能量中心——喉能量中心

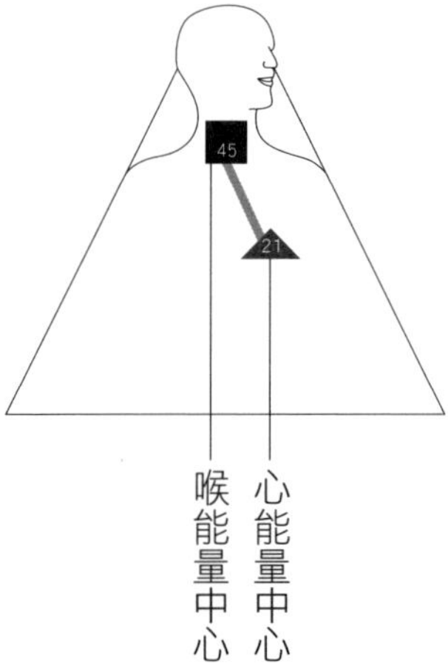

別太過興奮，擁有金錢的通道不代表你會成為富翁富婆，而是你很愛賺錢。你在物質世界裡悠遊自在，每當嗅到金錢的味道，意志力就會驅動你去實現目標，為自己帶來財富。你的世界似乎圍繞著金錢、權力和名聲在轉動。雖然俗話說「有錢能使鬼推磨」，但是對金錢的渴望也可能是萬惡的根源。因此，務必要在物質與自己的核心價值中取得平衡。

這個通道給你兩個選擇：要不是成為伊莉莎白女王二世，要不就是做她的首相。講得白話一點，就是你要懂得利用別人為你賺錢，而非凡事親力親為賺得那麼辛苦。以美國富豪唐納・川普為例，他就有這條愛賺錢的通道；他可以選擇以大方向來領導他的金錢帝國，也可以事必躬親，連雞毛蒜皮的小事都要插手。

你和唐納．川普一樣，在努力為公司工作，為家庭或是族群賺取財富時，內心會感到平靜快樂。你希望在照顧自己的利益同時，也能照顧每一個人的經濟需求。你希望以自己喜愛的方式賺錢，而且賺錢的同時還能夠享有自主權；如果你受到限制、失去自由，就會覺得受剝奪而心生沮喪。

這條通道的負面隱憂在於你可能會貪得無厭；一旦發生時，會讓人覺得失去朝氣。你若是為眾人謀福利，你的付出會得到大家的感謝，這給你很大的成就感和自信。

影星安潔莉娜．裘莉（Angelina Jolie）有錢又熱心公益，她就有這條21-45通道，難怪聯合國任命她為難民總署的親善大使。愛爾蘭作家王爾德（Oscar Wilde）認為憤世嫉俗者知道事物的價格，卻不懂得它們的價值。但是擁有這條通道的人可不一樣，他們對事物的價格與價值都一清二楚、了然於胸。

23-43 建構的通道

23-43 Channel of Structuring

喉能量中心——腦能量中心

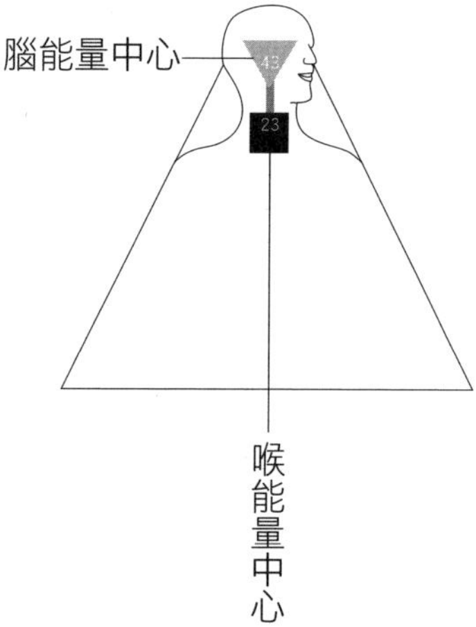

你的獨特洞見能改變人們對世界的看法，幫助世人看見事情的全貌，為他們的生命帶來秩序。你的世界建立在一連串敏銳的心理評估和觀察上，幾乎就像你有第三隻眼。

23-43是三十六條通道裡最有力量的通道：你直言不諱，總是急著想發表心得。腦能量中心和喉能量中心之間的活化通道讓你藏不住心裡話，一定要將所知的事情說出來，讓大家都了解你。

你喜歡發表心得的特質會讓周遭的人不知所措，而引發各種反應；這是因為你的心智遙遙領先多數的人。對有23-43通道的人來說，如何以簡單圓融的方式來表達想法，恐怕是你人生中的一大課題。

人們在了解你的思想之後，會覺得你真是天才，而和你產生共鳴；但是在這之前，會覺得你像個怪人而皺起眉來。對你來說淺顯易懂的事情，對其他人可能就像被牆擋住般無法體會。因此，講話前要先自問：「這適合他們現在聽嗎？」以及「這該是我高談闊論的好時機嗎？」

聲調是你最好的盟友，23-43通道的人都有獨特的聲音。其實聲調和發表的言論一樣重要，因為你需要靠它來傳達你的自信和認知，讓人們更信任你。

在分享高超見解時，要懂得找到對的時機；不然你可能會講話不經大腦，而在社交場合上吃虧。如果你忘了控制舌頭，一定會想到什麼說什麼，有可能是很棒的論點，也可能是亂七八糟、一閃而過的念頭而已。像是別人剪壞的髮型、工作上犯了大錯誤……，你隨時有可能講出不該說的話。若是你能學會控制自己，講話機智、懂得看時機，人們一定會覺得你很有見地，那麼你就能大幅改善工作和個人生活。知道自己能夠提升人們的品質，對你來說，絕對是最幸福的感受。

24-61 思想家的通道

24-61 Channel of the Thinker

腦能量中心——頭頂能量中心

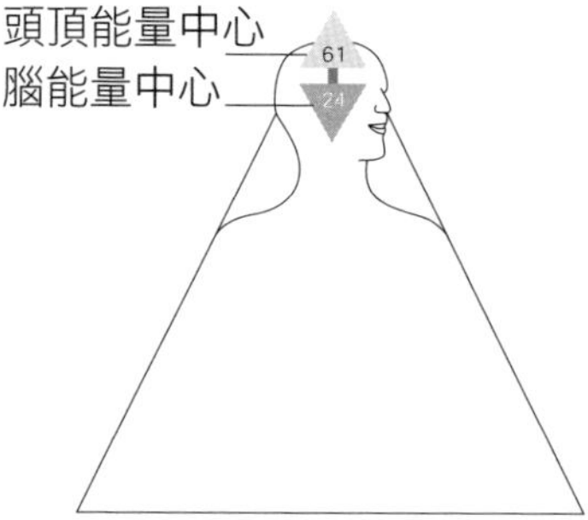

法國人會尊稱你一聲「沉思者」，並且把你的銅像立在巴黎的羅丹美術館裡。你和這些不朽的銅像一樣，在沉思時，幾乎忘了時間的存在，你不斷在內心琢磨，希望能從中悟出真理。

十八世紀法國雕塑家羅丹的雕像作品中，試著要表現出人在認真思考，內心糾結掙扎的景象，而擁有24-61通道的人就是這個樣子。你絕頂聰明、思維深刻，總想合理化人生的每一件事，卻也讓自己和他人感到筋疲力盡。

頭頂能量中心的天線會不停尋找新靈感，促使你一直追求新知，希冀每件事都能得到解答。光想到你腦袋裡有多少事情在轉就讓我覺得疲累，你總是一而再、再而三地反覆思考。你努力思量的程度，讓人們彷彿可以聽見腦袋裡引擎的發動聲。有一股力量督促著你尋求內在的真相，在耗費如此大的心力後，可能會讓你感到很狂亂，而且放不掉這些困在腦中的想法。你知道真理，但是很難體現真理，因為你總是不斷重新探索，所以夜晚才會關不掉腦海翻騰的思緒。

這是你的本質，接受它就能減輕沮喪感；你要訓練自己不要成為思緒的奴隸。要懂得享受寧靜的時光，讓自己沉浸在音樂中。在頭頂能量中心運轉時，要學著退後一步，不要被拉進混亂的思緒中；雖然想法在腦海中轉個不停，但是自然會慢慢安靜下來，你不要急著跳進去。不妨多做靜心冥想，安定、沉澱自己的思緒。

不要以為想得越多，就能越快領悟「終極」答案；反而應該將注意力轉移到其他人，或是增進群體的福祉上。永無止盡的思考，合理化每件事情的思維模式是你的天賦；你可以靠它來激發別人，和你一樣擁有不受限的思維。

25－51 開創的通道

25-51 Channel of Initiation

自我能量中心——心能量中心

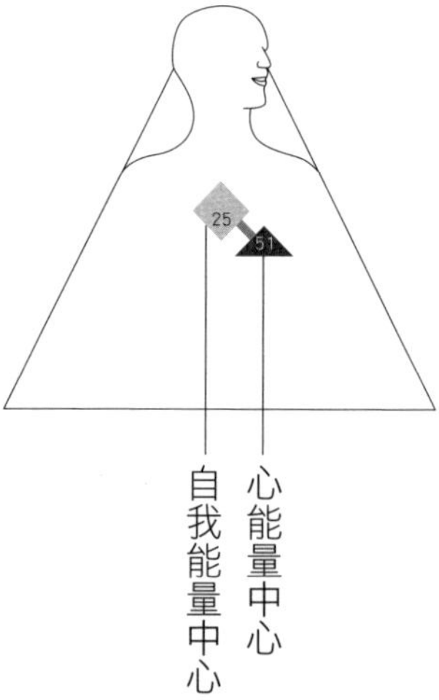

你總是不屈不撓將自己和他人推入新的領域，朝向更美好的人生邁進。喜好開拓的個性，促使你義無反顧地去探索新的領域，進入未知的範疇，向命運挑戰。和你共事的夥伴或是人生伴侶，會因為你這樣的態度而逐漸養成強烈的專注力。擁有25－51通道的人會努力尋求有益身心、能激勵自己的經驗，也會盡力成為開路先鋒。

上述種種特質讓你成為競爭心強的人，如果遭到否定或反對就會非常生氣。在你最不修飾的狀態下，擁有25－51通道的人容易顯得自傲、蠻橫無理、排擠別人，只為自己想成為一哥一姊。你有強烈的人生目標，做任何事都一定要爬到最高的位置，成為帶頭人物。

你容易流露出人人都得聽從你的態度，因為你比他們更高竿、更有見識。你天生就帶著濃厚的個人主義色彩和一點點神祕感，這是因為你是物質和心靈世界之間的橋梁。

你非常擁護「博愛、無條件的愛」這樣的論點，這種超脫的觀念有時會讓你的伴侶難以理解，因為這樣的愛不是男女之間的情愛，而是心靈層次的大愛。有這個通道的人不會嚮往豔遇這種事，雖然喜愛電影中浪漫情節的人可能會誤解你，但是你相信唯有無條件的付出，這個世界才會有所成長。

你能開啟新的契機，為自己和他人帶來新的發展。你想改造自己和每個人的世界，相信人人都能擁有更美好的人生。當大家都處於渾然不覺的狀態時，唯有你獨醒，這會讓你覺得很開心。但其實不是每個人都想和你一樣，大幅更動原已舒服的生活圈。

要滿足博愛的情操還是自己的欲望，是你內心很大的矛盾衝突。你的心裡存有這兩種對立的觀念，你被困在人心的欲望和人類最高價值之間，有如一腳踩在西方，一腳陷在東方般為難。儘管如此，在人們眼中，你是個勇氣十足、敢衝敢拚的人，而且是個正人君子。

26-44 Channel of Enterprise

26-44 進取的通道

心能量中心——脾能量中心

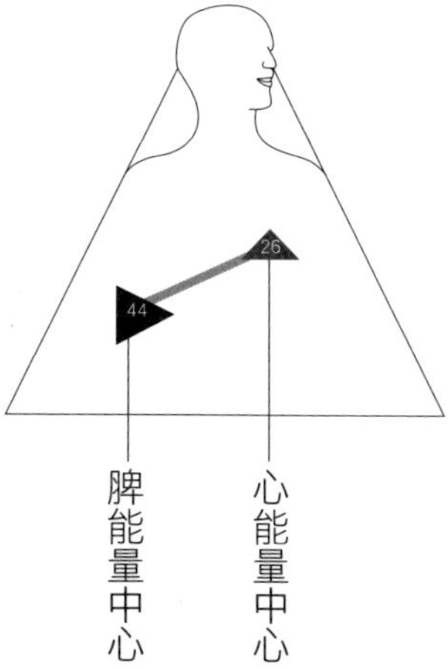

你有進取、肯冒險的精神，會利用自己優秀的溝通能力來傳達先進的觀念，讓世界更美好。你很有上進心，不管是做業務、投資顧問、說客還是傳達訊息的使者，都會全力以赴。不管面臨什麼狀況，都能帶著創意去執行和協商，不斷改變自己去適應現況的需求。

你相信自己能有一番作為，就像建築師有信心蓋出美麗的建築物，銷售員認為自己的產品能夠改變世界，而大明星一出現就可以讓粉絲開心尖叫一樣。你有原創力，又懂得操縱的手腕，還有群眾魅力，這三個特質加上堅定的意志力，讓你不斷地努力，立志要成為最拔尖的人。

你能很快看到問題的根源，讓別人接受你的看法。有時候，你會以開玩笑的方式來調解人生中的衝突，也會講些人們不好意思說的甜言蜜語逗人開心。不管是為了社交、銷售或是愛情，你的話都很有說服力，因為你是真心而不是在做表面功夫。所以在執行計畫、把握機會或是人際關係上，你都能說服他人給予支持和協助。

脾能量中心讓你天生擁有改變形勢的本能，給你進取、冒險的人格特質，就像擁有敏銳嗅覺的動物，你也聞得出來哪些活動、計畫和公司值得你投資。一旦嗅到商機，務必會確保自己得到報償、賺大錢，而且人人都會佩服你的能力，這是你厲害之處。

你做事一定要是「新穎且經過改良」，甚至包括個人和商場的人際關係。人們會自動閃邊，因為你讓他們覺得「沒有人可以做得比你好」！在你自己的眼裡，你是有史以來最棒、最厲害的人；而且有人請求你幫忙時，你會更自豪。

你做事時總會自問：這是為了滿足自己，還是為了眾人的利益著想。會有道德觀念的掙扎，是因為脾能量中心需要感覺良好，但你心裡卻暗藏強烈的自我意識。你會幫助人事物得到提升與改善，而且你相信人們一定都需要你，不論你能付出的是財物、觀點還是創造力。

27-50 守護的通道

27-50 Channel of Preservation

薦骨能量中心——脾能量中心

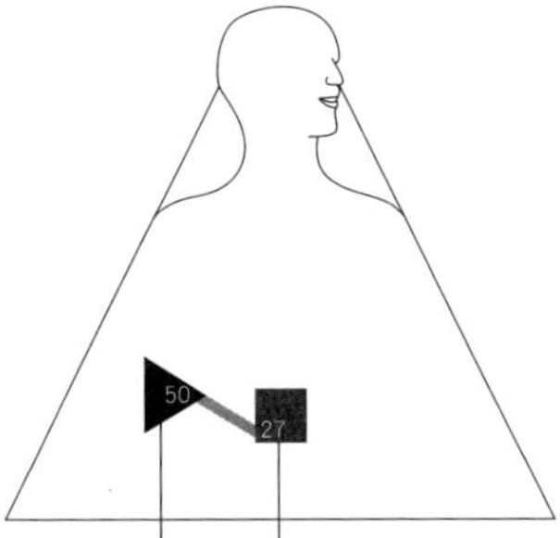

你有照顧幼小、扶助弱者的特質，天生就想保護他人、服務大眾。很多社工員、醫療人員，或是保姆、醫院的行政人員、執行秘書和按摩師都有27-50的通道。你總是不斷地關心、照顧人們，或是維護保存他們的生活方式，像是逐漸消失的少數民族文化。

你會為需要的人付出心力，願意關懷和保護眾人是你的天性。照顧別人，保持開放的心靈，努力去維護人道精神是你的生命動力。就好像你跟這世界簽了合約，願意將眾人的利益放在自己需求的前面一樣。

親朋好友覺得你就像母親一樣會照顧人，你甚至希望終身為世界福祉奉獻。當你關懷或是保護他人時，心裡就能得到很大的滿足感。你的行動不只局限在關懷別人，還會延伸自己的愛，去維護保存舊有的文化資產。你認為在某些情況下，保存文物和關懷他人是同等重要的。

脾能量中心的警覺性和直覺反應會告訴你，什麼樣的人和情況最值得你的關懷。傾聽你的判斷力，行動前先確認是否和直覺吻合，這樣你的心就能得到滿足，不然，人們可能會將你的付出視為理所當然。

沒錯，你可能會視別人的需求比自己的需求更重要，這樣會動搖你和另一半的關係，所以你要確保施與受是成正比。你總是為了眾人的福祉和幸福在付出，即使是愛情也一樣；要小心別讓自己為他人做牛做馬。忙碌地到處照顧別人，可能會讓你筋疲力竭，情緒低落。

每個社會都需要有人去維護保存舊有的文化傳統，擁有你這樣值得信任又體貼的家人、朋友、同事……真的很幸運。

28-38 奮戰的通道

28-38 Channel of Struggle

脾能量中心——根能量中心

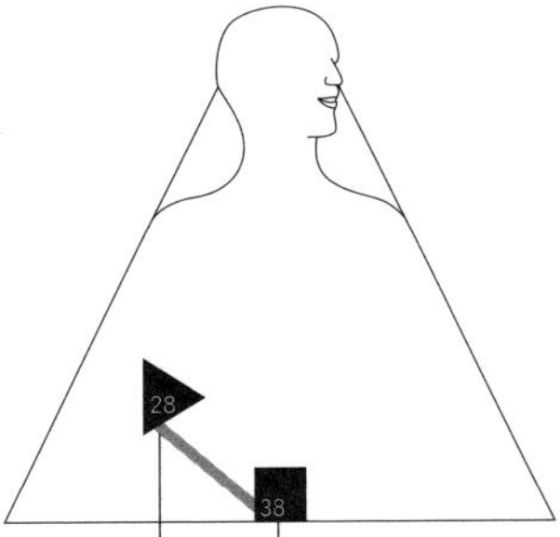

你把個人主義發揮到了極致，只要你認為是對的事，或是命運或規定對你不公平的時候，一定會站出來捍衛自己的權益。奮戰的個人主義讓你在前進時會不斷奮鬥，對抗這個世界不公的地方。我幾乎要為你貼上「造反者」的標籤了，你這樣做的原因就是為了捍衛個人主義。

頑固是一個很強烈的字眼，讓人聯想到固執的老騾子。但對你來說固執的性格是天賦，它讓你有勇氣爭取權益，捍衛自己的立場，不管是面臨人生低潮還是外來的阻力時都不會輕易放棄。只要你聽到「這樣做行不通」的話，馬上就能提振精神；你絕不會對阻礙妥協，誓言完成不可能的任務。似乎聽到你對自己說：「看我的吧，絕對會成功。」

你有沒有遇過幾乎把人吹走的強風？擁有28-38通道的人，你們的人生就像是逆著強風往前走一般困難。你需要保持平穩、鎮定，和一顆不動搖的決心，一步一步往前走。幸好你有很強的第六感，知道哪些人事物值得你去爭取。即使你到了國外，看到當地人民權益受損，你也會發動抗議遊行，大陣仗地為人們奔走忙碌。

你就有如舊約聖經中，大衛王對抗巨人歌利亞的故事一樣——以小蝦米之姿戰勝大鯨魚，讓你習慣於對抗所有的人事物。人們無法理解你內心的交戰，為什麼你總是要反抗整個世界，一副對常規習俗、法律嗤之以鼻的樣子，而且你只選擇自己想聽的事情，那些不合心意的事，你一概左耳進、右耳出。這是你的個人主義特質：當人人都向右轉，你會反骨的偏偏要向左轉；有大門可以進出，你就要故意爬窗戶，還會一副「只要我喜歡，有什麼不可以」。這樣的行事作風是你表現自己的方式。

問題是，你的人生標準可能很不切實際。你的成就來自於知曉哪些事值得你奮力付出，哪些事又應該放下不執著，不然你這樣勇往直前不屈服的精神可能會遭到他人利用，結果只是讓自己耗盡心力而意志消沉。你要學著放下好鬥的心，不要什麼事都往心裡去；然後你就可以輕鬆地坐在舒服的沙發上，放一張喜愛的音樂，堅定的唱著：「我就是要走自己的路！」

29-46 發現的通道

29-46 Channel of Discovery

薦骨能量中心——自我能量中心

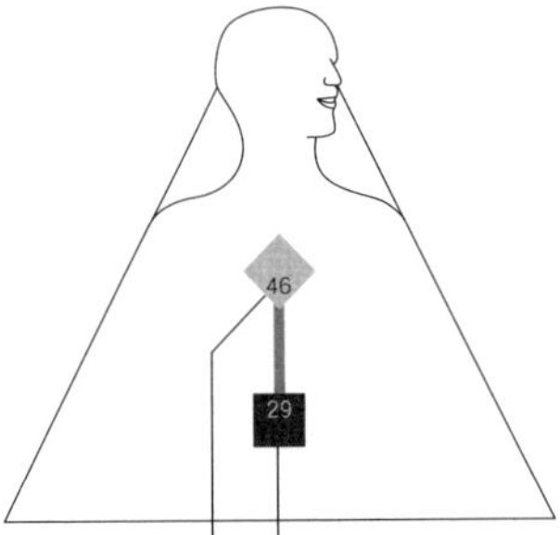

「我們正要經過狂暴的亂流，人生會變得刺激有趣，請扣緊安全帶，捉住帽子不要讓它飛掉。」如果有人這樣說，你可以確定他一定擁有29-46的通道，而且正努力在實現夢想。

你投注全部心力在探索人生，彷彿只有這件事值得你付出。現在的人都要先確保計畫會成功才願意努力，但是有這個通道的人，投注心力之前並不會考慮太多，而且能從經驗值中獲得幫助。然後神奇的事情就會發生，也就是成功會自然上門。彷彿宇宙聽到你為了經驗而努力的聲音，想要獎賞你似的。宇宙知道你與生俱有的潛能儲藏在你的薦骨能量中心，這股潛能是別人失敗，而你成功的原因。你可以將這句話貼在門上或書桌上：「別人失敗，我卻能成功！」

關鍵在於，你要將心力放在對的人事物上，你的前途就無可限量。活化的自我能量中心表示你對自己正在進行的事看得很清楚，而且有很強烈的熱情。對生命的力量和愛會產生一股很大的能量，幫助你專心致力，根本就不可能會失敗。當你感受到明確的直覺指示時，你會整個人投入到正在進行的事物中，完全忘記時間的流逝，一心只想實現夢想，完全沉湎於過程。沒有任何人事物可以干擾你，擁有發現通道的人注定會成功，因為強烈的生命力加上熱情，哪有不成功的道理。

你的另一半要學會欣賞你在努力的過程中，專注投入的特質。就像觀看神祕的伊斯蘭蘇菲舞者，剛開始旋轉的速度很慢，但是音樂和節拍會越來越快，最後快到只看得到一團旋轉的身影。

29-46也是四大「譚崔通道」之一，譚崔意指將能量由低轉高，促使人們改變，去相信與進入自己的生命之流。29-46通道讓你將平凡轉變成超凡，所以會有數不清的人希望你能加入他們，幫助他們的夢想起飛。讓直覺引導你，投注在正確的人事物上，而且要一個一個來，別一下子把所有的事情全攬在身上。這樣做，就能確保每次都能成功，而且達到發現的目的。

30-41 遠見的通道

30-41 Channel of Recognition

情緒能量中心——根能量中心

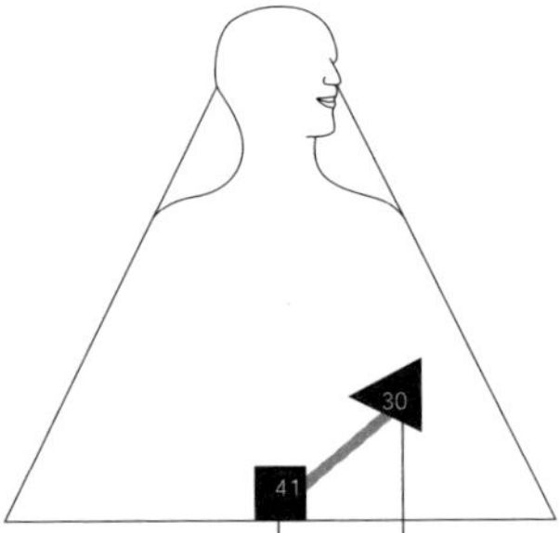

專注的想像力讓你成為有遠見的帶頭者，你有強烈的熱情，為了眾人的利益開創更美好的將來。思緒深遠的人看事情通常都比大家更有先見之明，你相信自己的夢想一定會成真，而且也願意找方法實現目標。你的人生充滿使命感，你知道事情應該如何進行。

通常在政治界或是社會服務、藝術和心靈領域的人會有這樣的眼界，知道要如何建構嶄新的未來，不管在當時看來是不是過於夢幻、遙不可及。你會讓旁人也能了解你的觀點、分享你的熱情，一起創造將來。若能得到認可，你會有更大的力量去實現夢想。

你沉浸在自己的世界裡，對其他事都漫不經心，要得到你的注意力實屬不易。人們難以理解你的心情，因為你的內心不斷在掙扎：到底杯子是半滿還是半空。你一邊對深遠的見識感到開心，一邊又經歷著劇烈的心情變化。因此有這個通道的人需要一個平穩的人在你身邊，幫助你安定心神。但是你知道人類的歷史尚未完成，你想再添上一章，你願意串連自己的幻想、夢想和遠見，熱情地為自己訂定任務。

你要用澄明的情緒來追求夢想，不要被期望絆住腳步，如此才能有所成就。凡事你都會盡力而為，所以放膽編織自己的夢想吧！為眾人尋求利益，你無法想像宇宙會帶來什麼驚喜。得到充分的支持，便可以等待夢想成真，學習和眾人一起相信你所描繪的未來，欣賞他們得到鼓舞的歡欣模樣。

美國總統歐巴馬就有這條通道，不過這一點也不令人意外，他宣揚自己的夢想，希望人人都能看到他規劃的藍圖。在二〇〇八年十一月的總統選舉上，支持他夢想而投票的選民，一定或多或少認同他的想法，願意和他走在同一條路上，幫助他繼續前進。

32-54 轉化的通道

32-54 Channel of Transformation

脾能量中心——根能量中心

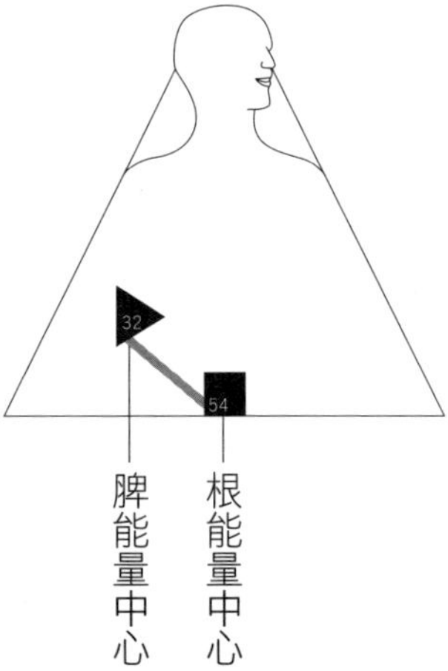

你有要成功的強烈決心，時刻實踐不鬆懈，還會尋找有力人士幫助你達到事業的頂峰。當你發現比自己強的人，便會督促自己要繼續往上超越。

你的座右銘一定是：「不論付出多少代價，我都要成為人上人！」物質或是心靈層次的成就對你來說很重要，你會尋求可以幫助你成功的盟友。擁有這樣熱切的抱負是因為你害怕失敗，這是32號閘門給你的影響，也就是說你很容易成為工作狂。你時常加班，常常是最後一個離開辦公室的人，希望能讓上司刮目相看，或是達成目標、獲取大筆訂單。

你的天性就是喜歡不斷擴展，以達到人生的顛峰狀態。對32-54通道的人來說，你身邊出現的人事物都是為了幫你達成自己的提升。你有強烈渴望成功的欲望；電話簿裡滿滿的聯絡人，都是你精挑出來要幫助自己獲得財富和權力的人選。你在事業上的權力鬥爭，以及私下與有力人士的會談，都是為了要在人生中快速成功、飛黃騰達。

因此，在社交圈和生意場合上，你經常自問：「這個人是否對我有利？」在這個方面，你要聽從脾能量中心的指示和自己的第六感。如果你能信任自己的直覺，就能朝著正確的方向前進。你會轉變與你相遇的每個人，而且發現自己很受歡迎。這是因為人們知道你工作勤勉，而且努力實踐目標。所以你要致力於雙贏的局面，不要單單追求自己的利益；一旦這樣做，就會發現人人都願意助你獲取成功。

34-57 力量的通道

34-57 Channel of Power

薦骨能量中心——脾能量中心

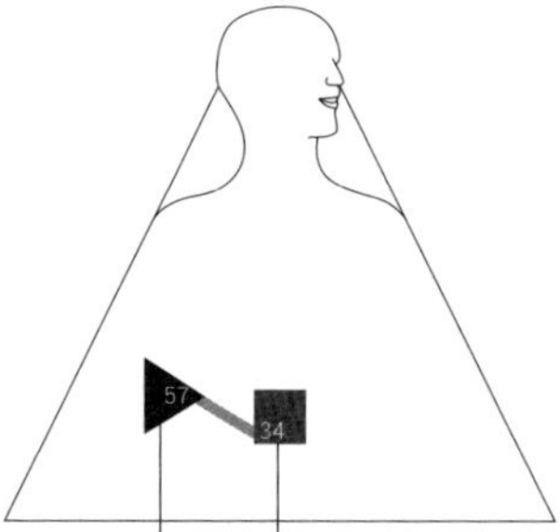

對擁有這個通道的人來說，最重要的就是利用當下的力量成為偉大人物，為環境帶來改變。你薦骨能量中心的能量和脾能量中心的生存本能互相連結，讓你天生精力充沛，而且有強烈的直覺力。當你能夠依照自己的感受正確行事時，你的動作快速又果決，深得旁人讚賞。

以危機處理能力來說，沒有人比得上34-57通道的人。這是因為脾能量中心有最強的直覺反應，在危機發生的當下，能即刻做出最好的處理，過程中還會促使他人一起參與。你會運用天賦的力量幫助悲痛的人，內建的警覺系統就像超人一樣，可以聽見別人發出的微弱呼救。直覺會為了讓自己和眾人生存下去，大聲呼救、請求協助。這樣的力量可以幫助弱勢的人重新振作，掌握自己的人生。任何人的目標和你產生共鳴的話，你就會賦與它們生命力。舉例來說，假設你今天早上九點才接下一個新工作，你會在九點零五分時，才剛了解職務內容不久就發動大改革。

巨大的力量加上溫和的第六感，這樣獨特的組合就像在強壯的手臂戴上絲絨手套。你的能量可以帶動每個人向前獲得大成就，而你會在一旁不斷為他們鼓舞：「你就要做到了！加油！加油！加油！」人們會尋求你的力量和才能，所以你要謹慎運用。你很自然就會為人們療傷止痛，為他人帶來幸福，而且你會樂在其中，但是要記得先照顧好自己的需求。

前英國首相柴契爾夫人就擁有這條通道，看看她在英國推動的「柴契爾革命」。這位「鐵娘子」在一九七九年當選為首相，不管你對她的執政看法如何，但她認為當時的英國頹靡不振，她的使命就是要讓英國重新奮發圖強。她放手去做，也成功地做到了。這是34-57通道的自然反應，你們為公眾所做的事有可能在歷史上寫下一筆。

35-36 求新求變的通道

35-36 Channel of Versatility

喉能量中心——情緒能量中心

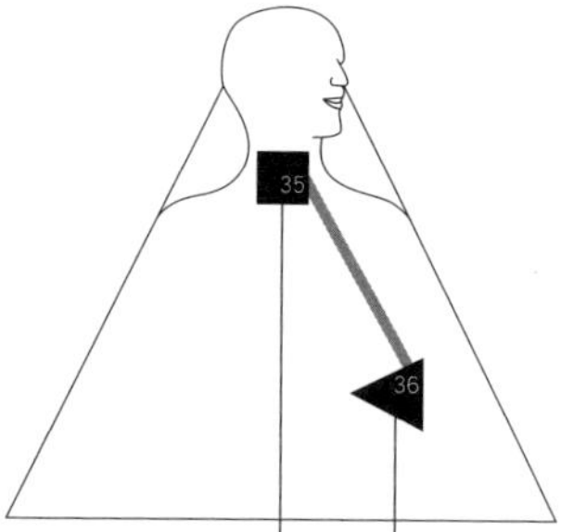

體驗多采多姿的人生吧！你想要親身體驗人生的一切，要是讓你印一件T恤，你一定會在衣服寫上：「要去每個地方，做過每件事！」你不會花費太長的時間在同一件事上，因為你急著想要感受更多的人生，所以你會不斷尋找下一個刺激。這樣不知足的心情涵蓋你人生的每個領域，包括：居住的地方、戀情、工作、旅行……以及性關係。

你應該是屬於「樣樣通、樣樣鬆」的類型，因為你一直想要尋求下一個新經驗的渴望，讓你成為一個超級善變的人。你精力旺盛、酷愛刺激，你會挑戰自己的能耐和社會的容忍度，去做自己想做的事。因此，你的心情常常在興奮和慌張不安之間變動。你從不事先考慮做的事是否有價值、是否重要，就已經縱身跳進水裡，直到從湖的另一邊爬上岸時，才會思考這樣做值不值得、有沒有意義。你在意的是過程而不是結果，所以你會過一天算一天，而且每天都要活得有變化。這樣才能讓你覺得自己活著！有時候，你甚至會故意製造麻煩，只是為了去感受戲劇性的人生。

你想要把每日行程安排得越滿越好，因為你極力渴望拓展、往前進。你害怕世界太精采，但人生太短暫，而無法體驗每一件事。跟你在一起非常好玩，但是對你的另一半來說卻很困擾也很痛苦，因為他不知道你下一秒鐘又會想出什麼新挑戰。你一定常常聽到情人這樣說：「我以為你喜歡這個工作。」或是「你不是也想住在這裡嗎？」不然就是「我以為你愛我……」在戀情中，你要誠實告知對方你不會安定下來，你的目標就是當個永遠的浪人。

你要學習：不要只為了想體驗新鮮感就去做某件事，要先等情況清明之後再做決定；因為期望越高，失望就會越大，尤其當新事物並不如你預期的好玩時，會讓你感到喪氣。

你有帶頭體驗人生的本領，想要體會生命各種型態的人只能跟在你後面模仿。但是你要有耐心，只有內心產生共鳴的人事物才會帶給你最大的智慧，想要不斷前進的渴望才會得到滿足。嗯……幾乎得到滿足啦。

37-40 群性的通道

37-40 Channel of Community

情緒能量中心——心能量中心

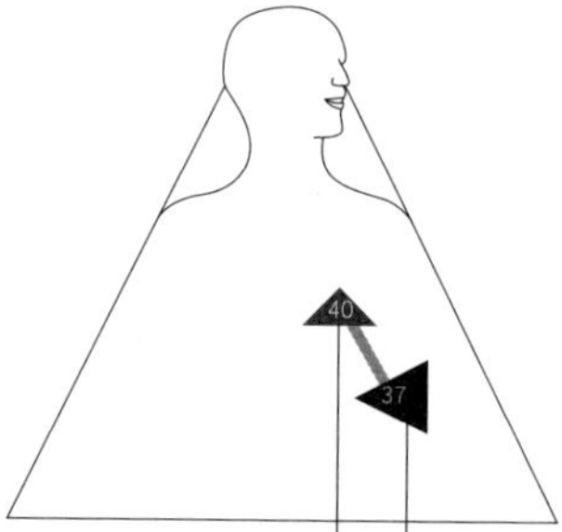

你是一個講話算話的人，希望能夠住在一個誠實公正的地球村裡，大家都是一家人。你希望找到生命的意義，你需要有同樣信念的朋友支持你達成目標。人們會因為你的誠信而加入你的行列，貢獻己力，做好份內工作。這樣的價值觀使你的人際關係更加鞏固。這也是條聯盟通道，你需要和正確的夥伴一起合作，才能成功，有所成就。

如果你的盟友人選錯誤，情勢可能會失控，變得很糟糕。你的任務就是要讓人人目標一致，擁有相同的價值觀和願景；有一樣高昂的鬥志，才能凝聚家人的情感，創造關係緊密的婚姻、事業和社群。家人同聚共用晚餐的快樂氣氛，會讓你這顆喜歡作大家長的心感到幸福滿溢；夫妻之間有共同的目標，互諒互讓也會讓你非常的感動。

也許有人會覺得你過於感性，因為你天生喜愛皮膚的觸感，舉凡像是和朋友家人牽手、擁抱等的接觸，都能讓你覺得零距離。你有融化人心、值得信賴的燦爛笑容；笑容為你贏得友誼，讓大家覺得有歸屬感，你能用笑容影響他人。

談生意簽合約之前，你喜歡握個手，和對方眼對眼，去感受他們心中的誠意，這是你決定對方是否值得信任的方式。比起嚴肅的會議，你寧願相約用餐，以輕鬆的方式達成共識；你會嘗試和共事的人做朋友，希望彼此成為永遠的盟友。

你無法忍受違背約定的人，有時候，你甚至會和對方拒絕往來。如果有人讓你失望，你會請他們走路，而且做到眼不見為淨的地步。你說話算話，也要求大家要達到這個標準。

你就像群體中的粘著劑，在教堂、里民中心或是運動俱樂部都看得到這樣的人物。當計畫像齒輪一樣有秩序地進行著，共事的人也都一派和諧時，你會開心得想大聲歌唱。你為大家帶來信任、正直和安定的力量，世界有了你會更加溫暖。

39-55 情感表達的通道

39-55 Channel of Emoting

根能量中心——情緒能量中心

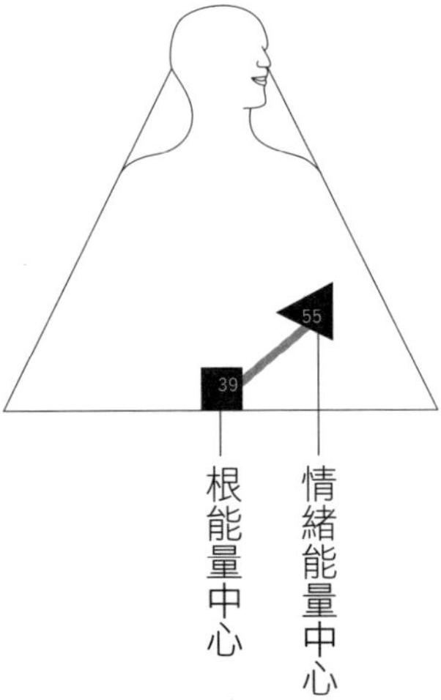

憂鬱的賈桂琳在莎士比亞《皆大歡喜》一劇中，以「世界就是一個大舞臺」當作開場白，她接著說：「像爐灶一樣嘆氣，寫了一首悲哀的歌謠，詠嘆他戀人的眉毛。」這段獨白不正也點出人生從嬰兒到老年，會歷經的不同感受嗎？莎翁在描寫這個角色時，應該是以39-55通道的思維下筆的。你的人生偶爾也會遇到狂悲或是狂喜，但你在扮演自己的角色時從不失熱情。

因為衝擊過大，使得心情高潮迭起，因而難以掌控情況。12-22通道的人可以透過喉能量中心來表達情緒，可是你卻沒有相同的宣洩管道，情緒上還得承受來自根能量中心的壓力。這樣的壓力在你體內不斷竄動，得不到紓解。情緒的強度已經無法用一波一波的海浪來形容，而是像地震儀上的指針快速地上下跳動。不過高漲的情緒也會讓你在做任何事時都充滿熱情和動力，毫無保留地燃燒自己。起伏的情緒就像硬幣的正反兩面，它讓你沉到最低的谷底，同時激發出最大的創作力。

你享受音樂帶來的快樂和慰藉，療傷系的音樂最適合你聆聽。你在低潮的時候，不管旁人再怎麼努力，都無法讓你開心起來。這對你的另一半來說是痛苦的折磨，他們很難體會你的心情。我會建議有此一通道的朋友，要有自己的空間，難過時可以獨自躲起來療傷。當你又聚集足夠的力量站起來時，心情就會自動好轉了。這就是你的性格，你得學會接受這樣的自己。

越快學會，你的人生就會越有深度，也會越平順。尊重自己的情緒變化，把它當成朋友。歡慶自己有這樣深刻的情緒吧！這是一項特別的禮物，讓你徹底體驗人生。當你難過到谷底時，就是要發揮大創意的時刻了，你的創作會如同高空中最閃耀的那顆星星。別忘記了，最美麗的鑽石一定來自最深層的礦坑。

42-53 循環的通道

42-53 Channel of Cycles

薦骨能量中心——根能量中心

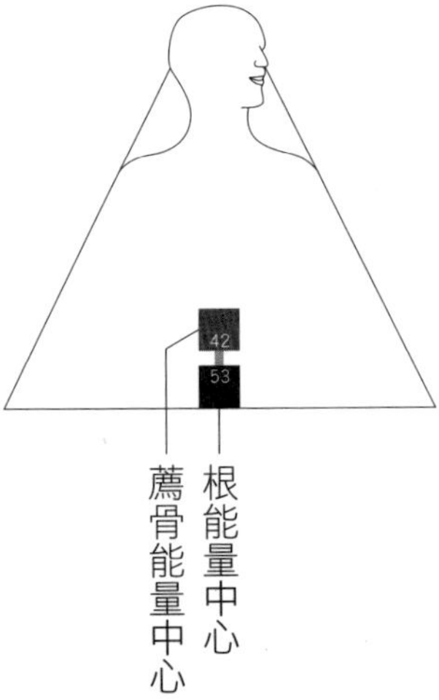

在你的生命中，智慧的累積和個人的成長就像月亮繞著地球一樣，有著規律的週期。工作、戀情和各種人生境遇，都會歷經開始、中間過程和結束的完整歷程。

這是第三條「格式通道」，它意味著你的人生中，每件事都會有其循環週期，不管是以日、週或是年來計算。有些甚至會長達五到七年的時間。回顧一下自己的人生，你會發現一連串的循環。我有一個朋友，他就有這條42-53通道，在解讀過人類圖之後，他赫然發現自己每五年就會轉換工作跑道、搬家、交新女友，彷彿「換季出清」一樣，架上的貨品都要全部更新。

了解自己的週期非常重要，這樣你才會知道該將心力投注在何處。當你作出承諾後，薦骨的能量會把你固定住，直到你經歷完整的週期為止；和輪子一樣，如果你在輪輻中插入木棒，就得回到原點，重新再來一次。這是因為你必須體驗完整的週期，一直到你有所領悟，更加提升為止。所以，把時間浪費在錯誤的週期裡面是最要不得的事，不過你的直覺會清楚地引導你找到正確的人事物和環境。

因為有這條通道的推動力，你知道如何促使他人展開新的計畫。你以不同的週期來累積人生，向前邁進，你會鼓勵人們尋求新的開始和突破。因此想要變換人生跑道的人，可以從你身上得到很大的力量。如果你做了錯誤的選擇，很可能將力氣都花費在幫助別人，自己卻在原地踏步。再一次提醒，你要聽從直覺的指引，才能確保自己能不斷的進步。

週期通道就好比是一本書，會有前言、本文和結語，只有在你想讀完整本書的當下，才值得將它從架上拿下來，讀一半就放棄是沒有意義的。你要讀的這本書包含你的職業生涯、伴侶、婚姻和居住地。承擔過多的事會給自己太多壓力，要懂得選擇和心靈產生共鳴的人事物就好。不要煩惱故事該如何收尾，只要享受過程。正確的選擇會帶給你許多的快樂、成就和滿足感。

47-64 抽象思考的通道

47-64 Channel of Abstract Thinking

腦能量中心——頭頂能量中心

如果森林中的一棵樹倒了，會因為沒有人聽見，就不發出聲響嗎？很多人也許會說：「誰會在乎這種事？」不過你就是那個會在乎的人，因為你那喜歡做抽象思考的腦能量中心，會度過一段開心的時光。

你的理智喜歡和抽象問題搏鬥，想剖析人生中的一切事物。你會認真思考形狀、顏色、觸感和無形的觀念，讓自己浸淫在歷史和哲學的思考之中，專心一意地研究新理論和舊文化。你想要得到解答，更新這個社會的秩序和信念。生命奧妙得難以理解，而你已下定決心要解開謎底。

24-61通道的使命是想找出每件事的原因，將它們合理化；但是47-64通道是想替深奧的問題找答案，像是「生命的意義為何」這類深奧的問題。你會很開心地沉浸在聖經、佛典或哲學書籍中，貪婪地閱讀每一頁，試圖從中找出真理的蛛絲馬跡；你可能得到深刻的領悟，感到心中一片清明，也有可能讓自己卡在牛角尖中，鑽不出來。

旁人可能無法理解，為什麼你想要解答這種莫名其妙又過於意識型態的問題，但是你相信有一天你的領悟會為人類點亮一盞明燈，指引出一條康莊大道；而且不論是否能夠獲得解答，你也能從思考當中得到很大的樂趣和慰藉。

安靜獨處時，最容易讓你進入這樣的抽象思考。有時候思考好久的問題，可能在上床之前或是睡到半夜得到頓悟，好像有人突然打開電燈，照亮你的心海一般。

你知道怎麼幫助別人解決問題，但是碰到自己有問題時，卻容易一籌莫展。不過，只要記住你有很棒的思維能力，持續思索，你很快就會得到解答。

獨特的你

這三十六條通道為我們連接身體內的能量，就像是電線傳導電能一般。有人的通道是一片空白，但也有人擁有高達十七條活化的通道。其實數量多寡不重要，重要的是這些變化讓每個人都成為最獨特的個體。

因為我們的人類圖會互相影響，不活化的通道會受到他人的活化通道影響，而起作用。你只要注意在自己的人類圖中，有哪些是始終不變的特質就好了。

你與身邊的人的人類圖會互相作用和配合，這機制很特別也很有趣，尤其是在通道只有一半顏色時，更容易顯現出這樣的互補作用和變化。所以接下來我們就要更深入探討六十四道「閘門」，來看看這些只有一半顏色的通道會如何發生作用。

6

構成獨特的你的性格密碼——

六十四道閘門

在解讀了人類圖後，我得到許多力量，好像催眠術一樣不可思議……

——瑞秋，澳洲布里斯本

讀者對六十四道閘門的這篇內容大概會有六千四百萬個問題吧，大都是想知道自己有哪些開啟的閘門，以及這一生會以什麼樣的個性、特質以及態度來待人處事。是的，現在就讓我們來探討你的本質和相關的一切細節吧。

這六十四道閘門是從《易經》的六十四卦延伸出來的，通道兩邊各有一個閘門，每一個閘門會指出你的特徵、情緒或是個性傾向，如果連接的是黑色通道，這是屬於有意識的特性，你很清楚自己有這樣的性質；而紅色通道則是屬於蘊藏於潛意識的性格，最後紅黑相間的通道，代表意識和潛意識兩者兼具。

有趣的是科學家早就發現六十四種基因密碼子與六十四卦是互相吻合的。德國醫學博士史瓊柏格（Martin Schonberger）在一九七三年的著作《易經與遺傳密碼——揭開生命的奧祕》（The Hidden Key to Life）中便畫出《易經》六爻和 DNA 排列之間的相似點。

史瓊柏格不是唯一提出這套突破性理論的人，另一位醫生范弗蘭絲（Marie-Louise Von Franz）早在他六年前，便指出《易經》和 DNA 的密碼是建構在相同系統上。

DNA的螺旋長鏈蘊藏著許多遺傳的訊息，即至今日，科學家仍舊無法完全解析其中的奧妙。不管是《易經》或是人類圖中的六十四道閘門都能正確的描述出人類的個性和特質。這正是科學與靈學的最佳見證。

在更深入探討六十四道閘門之前，要先告訴大家，人類圖中的數字代表第1到第六十四閘門。數字的位置都一樣，如果通道有一半的顏色，那連接顏色的那一頭便是開啟的閘門，表示你有這樣的特質。因此沒有發出顏色的閘門，就表示你沒有這樣的特質。只有一半的顏色是不活化的通道，但是連接的閘門是活化的，能夠和他人另一邊的通道互相連結。

人類圖可以指出每個人獨特的性質，還能說明什麼樣的元素區隔或是連繫彼此。當你知道自己有哪些開啟的閘門後，便能找出和其他人之間的共同點和興趣，還能了解彼此的個性合不合適，不管是愛人、朋友、家人、同事或是生意夥伴都行得通。我特別想要請你注意的一點是「電磁引力」（electromagnetics）和友誼。

電磁引力

有沒有曾經遇過讓你突然好像通了電一般的人，這兩個人就是在同一條通道上，一個是有右邊（或是上頭）的開啟的閘門，另一個是有左邊（或是下方）的開啟的閘門，碰在一起時就會產生觸電的感覺。例如說，你的59是開啟的閘門，而你的另一半有開啟的閘門6，你們在臥室會擦出很大的火花。

在人類圖中，我們稱之為「電磁引力」，因為就好像磁力的交互作用，沉睡的你被這股力量給喚醒，兩人之間有越多電磁引力，互相吸引的化學作用就會越大。但是太多也不行，容易過度承載，發生爆炸，戀情便無法長久維繫。冰淇淋再好吃，吃過頭還是會肚子痛。當然過多過少決定於你的人類圖，而且跟不同人談戀愛也會有不同的變化。

友誼關係

如果你和某人有一樣開啟的閘門或是相同的活化通道，那麼你們很容易成為好朋友，而且有許多共同點。在人生中，你們好似透過同一扇窗，看到同樣的景象。

同樣的開啟的閘門，就好像在友誼中塗上重要的膠水，在情況變得棘手時，將你們緊緊的黏在一起。因為相同的調性加上堅固的基礎，注定你們的情誼會歷久彌新。你可以自問：「我們有什麼樣的共同點？」就能得到清楚的答案了。我認為戀情要穩固，電磁引力和友誼都得兼備，立足點便不會受到動搖。

意識的特質與潛意識的特質

通道有一半的黑色，代表這樣的特質對你來說明顯易見，這是屬於意識的部分。紅色的話表示你不會發覺自己有這樣的特質，但是家人或朋友比較容易感受到。紅黑相間的條紋是意識和潛意識互相重疊，表示你只會注意到某些部分，但是透過觀察便容易了解自己全部的特質，而且能夠以意識去運用潛意識的特質。

無閘門開啟時的特質

如果一個中心沒有任何開啟的閘門，我們稱它為「開放」，表示它非常敏感，容易受人影響，會產生附加的特質，這時可以參考註記在最後面的「無閘門開啟時的特質」。我會在最後這段解釋「開放中心」會有的特質。

現在就拿出自己的人類圖，看看自己有哪些開啟的閘門，好好認識自己的每個層面吧。

本書中的註釋一定會和《易經》有雷同的地方，我們先從最小的數字開始講起，仔細研讀每一個閘門所代表的意義。就讓我們開始這奇妙的探索之旅吧。

The Crown

頭頂能量中心的閘門

閘門 61 內在真理的閘門

你一定得決定生命中哪些人事物對你來說是真的，你還要確保事事都得依照這樣的原則進行。頭頂能量中心會給你壓力，要求你真正去面對。存於內的真理有如羅盤上的指針，讓你知道什麼是正確且值得追求的事物。這個閘門會幫你過濾真假，告訴你哪些事是真的，哪些事又是子虛烏有，沒有人騙得了你。

內在的真理通常會在你心靜之時一閃而過，越熟悉這種感覺，你就會越來越正直、誠實。不管你面臨何種難題，這個閘門都會幫助你了解真假、對錯。

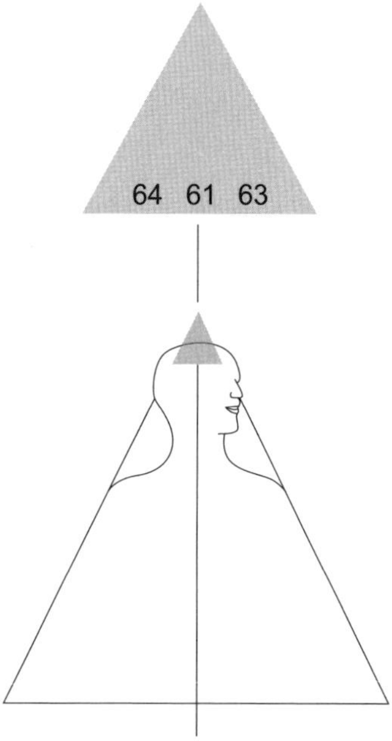

頭頂能量中心

透過閘門61所得到的領悟可能會帶給他人恆久的影響力，讓人們感受到神靈的顯現，你的認知會深入的撼動人心。要相信真理會在你思考和冥想自我和他人的利益時顯現，還會在任何的情況下安定你的心。

閘門63 懷疑的閘門

你會一再的檢視周遭的環境，試圖偵測不對勁的人事物，你天生就是個懷疑論者。「這對我好嗎？」「這件事會成功嗎？」「我這樣做對嗎？」頭頂能量中心會施加壓力，不斷地將疑慮灌入你的腦海，導致你一直分析、甚至懷疑自己正不正確、夠不夠有效率。在接受新理論或是進行新計畫時，你希望能預先知道會不會有暗藏的陷阱或是錯誤。你會再三確認，直到你不再懷疑，滿意為止。有時候，你會變得太過猶豫或是不敢確定。

這樣的態度在評估生意或是檢查安全設備時非常有利，可是吹毛求疵的習性卻會造成生活上的困擾。事事存疑，對大家都懷有戒心，實在是很討人厭。你要了解這個閘門的觀點是集聚眾人的經驗而成的，並不是你個人的看法，所以你提出的見解通常來自他人的經驗。

也不是每一個聽起來合理的答案都得採納，這樣才能看清楚未來可能發生的陷阱，幫助自己和旁人安全的走過人生。

閘門64 多樣可能性的閘門

位於這個中心的閘門都得承受頭頂能量中心施加的壓力，被逼地不斷審視人生，你會發現自己老是在鑽研、沉思各種無窮盡的可能性。像是想從夜空中伸手摘下星星，把它解剖成八大塊，試圖找出尚未被發現的祕密一樣。任何東西到了你手上，一定會被拆開來研究，因為你想要知道它的價值和重要性。

有這個閘門的人會思索各種可能性，老是在考慮「如果這樣……如果那樣……會怎麼樣」，試圖從中找出進步的地方。你會發現自己身不由己，每一件事都要仔細的審查，不管是宗教、歷史、哲學、信念、系統，以及往聖所留下來的真理或是經典，你想要突破或是更深入去了解，但是也有可能被人生的各種變化弄到快瘋掉，永遠在尋求生命的意義，往前不斷的探索。你的好奇心真的是沒有極限。

要知道生命的謎底是永遠無法解開，不要作繭自縛。雖然承受了這樣的精神壓力，但是你可以放下對永恆的執著，坦然活在未知與不可知的現在，如此你必定能找到自我，發現人生真是一段奇妙的旅程。

無閘門開啟時的特質

完全沒有開啟的閘門時，頭頂能量中心是開放且不填滿的中心，你會被別人的念頭和想法所影響，要小心別被牽著鼻子走。因為容易受影響，任何激勵人心的事物都能透過你來傳達，當你接觸到美妙的音樂、藝術、大自然，以及和積極的人相處時，都能受到激勵而精力充沛。在你相信且遵循做決定的權威中心時，就能知道當下是受到何種人事物所牽動了。

The Mind
腦能量中心的閘門

閘門 4　解決問題的閘門

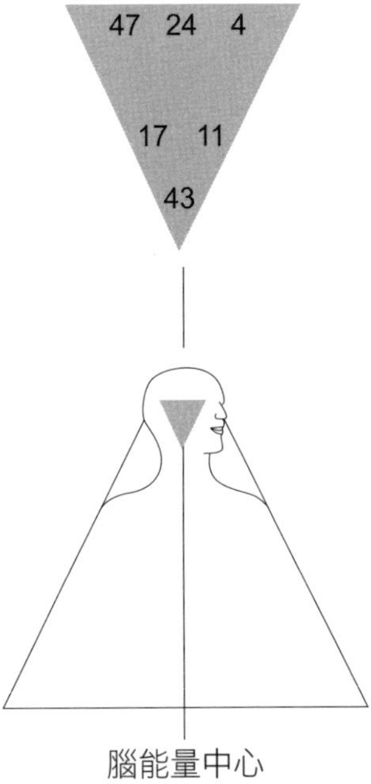

這個閘門會不擇手段，任何時候都會努力去解決一切事情，你甚至能解決「無法解決」的問題。有這個開啟的閘門的人，大腦總是不停運轉，時時都有事情等著你解決，不管是工作上的危機或是生活上的大小事件。你最喜歡有人請你幫忙解決問題，即使只是猜字謎的小遊戲！若是找不出解答，會讓你感到很焦慮。

來自腦能量中心的壓力，讓你十分欽佩自己有提出解決方案的能力。擁有聰明的腦袋是福氣，但有時候你太聰明了，這可不是讚美。人們會覺得什麼問題你都有答案，有時他們只是想要傾訴心裡話，並不是真的想得到答案。

不管問題真假，解決問題是你的動力來源。因此你要做的就是把稗子從麥子中挑掉，將心力投注在重要的事情上。你真正需要的是什麼解答呢？朝這個方向努力，才能獲得真實的滿足感。

閘門 11 和諧的閘門

這個閘門有豐富的想像力，能夠想出許多點子為社會帶來和諧，你的想法包括教育人們，增進彼此之間的和睦與互相體貼、關心的程度，你會一直找新方法幫助人們達到共識，不管是在家中、工作場合，或是人際關係和所處的環境都一樣。

你會想方設法來保持事情的新鮮度，而且可以一直進化。要淘汰過時或是不合宜的方法、觀念，對你來說一點也不困難。眾人同心的力量會比個人的力量大上許多，所以你的想法大都以眾人利益為優先，而不會只考慮自己。

你也會提醒人們要記得自己對其他人的責任，前美國副總統高爾（Al Gore）也有這個開啟的閘門，因此他會大力鼓吹人人都要保護地球，加強環保意識。你能看到大方向，也有能力讓世界更好。這個閘門的格言就是「改變為了更好。」

閘門

17 追隨的閘門

人與人常會意見不合，我們需要靈活應變，才能達成共識，維持社會和平，你有很好的外交手腕、絕佳的辯論口才，這樣的任務非你莫屬。擁有開啟的閘門17雖然會堅持己見，但也能接受不同的觀點。你喜歡自己的意見被測試，也鼓勵大家一起來場公平的辯論，傾聽兩邊不同的論點。這樣的邏輯思維可以化敵為友，讓原本水火不容的雙方達成協議，創造合作關係，不管是在自己的生活圈中或是更大的領域，你都會致力達成目標。任何情況下，你都會稟持著公平的態度，發揮說服力。

你可以接受多數人的看法，然後自行消化、思考，同時也會很小心不被他人的論點牽著鼻子走。這樣做的缺點就是容易過於武斷，固執己見。因此你要保持開放的心胸，不要太執著。

你公正、公平，喜歡不偏不倚，你在意的是生活的品質是否符合理想，如果有人能夠指點你提高生活品質的方法，你一定會很快採用。

閘門 24

回顧的閘門

這個閘門會翻出往事，確認每件事是否合理。它會不斷的回顧、重新探討，和錄音帶一樣，不斷的播放、審思，直到出現終極答案。你有絕佳的專注力、好辯、思想熱烈，幫助你一再地回到原點決定事情的價值，找出隱藏的線索或是理解關鍵的訊息。也許人們會抱怨：「難道你不能把它拋在一旁嗎？」答案當然是不行，因為你好似無法破案的偵探，一再重返案發現場，推敲各種可能性、刪除錯誤的情報，直到真相大白。

你會因為習慣而停滯不前，執著舊觀點。你要知道「理智」是處理想法的工廠，一定要持續進新貨，才會有生機，不然腦袋就會永遠停留在原地打轉。

當你又開始反覆思考，這個閘門其實會讓你得到極有深度的見解。它的原始設計就是要你不斷的回顧、審思以獲得高超的見解。唯有消除舊方法和舊思維，才能看到生命中新的轉折點。你要學會接受，把看事情的窗戶擦乾淨，一定會因此得到更多的新思維。

閘門43

突破的閘門

你的腦海中彷彿有一個聲音，不斷地宣達高超的見解，這樣做可以激發突破性的方案，改變職場成規，甚至是人們的生命。你會接收到很棒的領悟、想法，只可惜旁人無法體會。你比別人更能夠洞燭機先，但是卻無法清楚表達自己的想法。因此你的挑戰就是要將想法轉成適當的語言表達出來，在這個時候，你要相信自己的權威中心。只要你能遵從它，不用思考，就能辯才無礙的解釋自己的領悟，還能得到宇宙真理的大智慧，徹底地改變他人的看法。

你不喜歡當傻瓜，當你和不同的人事物打交道時，就會接收到宇宙的洞察力。如果能適時的傳達，便能得到宇宙的大智慧。擁有這個閘門的人很容易固持己見，一點也不關心別人的想法。你的觀點穩如磐石，絕對不會受到動搖，因此只好要求別人來了解你。堅定信心，耐心等待是順應本性最好的方式。

你的見解新奇，人們需要時間消化、理解。你的心裡彷彿有一對耳朵，能聽見別人聽不到的事情。

閘門 47

領悟的閘門

這個閘門會讓你不斷的思考、思考、再思考，試著解開生命中的難題，在心裡點亮一盞燈，得到新領悟。國王要偉大的思想家，同時也是數學家的阿基米德檢驗王冠是純金，還是便宜的合金。阿基米德很傷腦筋。有一天，他在泡澡時發現，澡盆裡的水因為他坐進水裡的體積而滿出來。於是他領悟到「滿出來的水的體積應該等於身體的體積」。那麼只要把與王冠等量的金子放到水裡，測出它的體積，就能知道是否與王冠的體積相符。如果王冠體積更大，便表示其中參了其他的金屬。阿基米德想到這裡，不禁高興得從浴盆跳了出來，光著身體就跑了出去，還一邊大喊：「尤里卡、尤里卡！」（希臘文，意為發現了。）

這樣靈光乍現的時刻就是你一心追求的目標，因為你天生便是解決問題的高手。你的思維模式抽象，在你朝空氣揮拳，大喊「我想到了」之前，另一半或是同事們一定常常覺得你未免也想太多了吧。學會放鬆才能得到靈感。學學阿基米德去泡個澡，暫時停下腦袋的運轉，讓心靈平靜一下。不然就好像拿著望遠鏡拚命找答案，結果看不到答案就在你眼前，一定要站遠一點才能發現答案。對你來說，放鬆就能發揮創造力。

無閘門開啟時的特質

完全沒有開啟的閘門時，腦能量中心會成為開放、不填滿的中心，讓你成為最沒有偏見的人。別人的想法有時會讓你不知所措，你常會接收到旁人的想法或點子，你要決定是否值得探討，不用事事都要追究到底。沒有成見的心胸讓你能夠從每個人的想法中得到卓越的見識。但是你要小心不要陷入他人的思維之中。求助自己的權威中心，便能決定哪些想法值得深入探究。

The Throat
喉能量中心的閘門

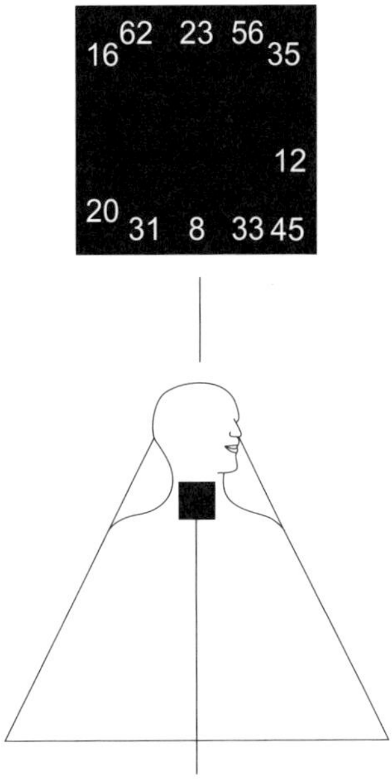

閘門 8 貢獻的閘門

這個閘門會讓你一直想做出有用的貢獻，不管是出人出力、出點子還是推廣銷售。因為你與生俱來的率直特性，總會習慣性地開口問：「我可以幫忙嗎？」或是「我可以做什麼嗎？」

你不喜歡沒事閒閒坐著，或是被雜事所干擾。你需要保持忙碌，希望自己投注的心力有所貢獻，而且還可以帶動他人一起加入。這就是擁有閘門8的人，可以掌控局面，指揮大家一起往新領域前進的原因。

奉獻心力和時間是一回事，但是和從頭到尾承擔責任可完全是兩碼子事。這個閘門不一定要你親力親為，只要為大家指出方向即可。所以要小心，不要以為義務幫忙是理所當然的事。有時候，別人還不一定能接受你那新穎又富創意的方法，你很可能會招人嫉妒而不自知。但是計畫要成功或是友誼、戀情要持久，大都是你的功勞，因為你會時常提醒大家別忘了共同的偉大目標，還會喚起他們的忠誠和重視的程度。

閘門12 暫停的閘門

你對人生中大多數的事情都很慎重，這個閘門讓你天性謹慎、甚至是到了懦弱的地步。常會聽到你說：「我覺得要小心這件事……」或是「我不太確定這樣做是不是……」你害怕需要在人生中大步向前。你時常會從混亂中抽離，仔細思考下一步該怎麼做。不要只把目光放在危險的地方，難道你要一輩子戰戰兢兢地度過嗎？為何不釋放自己，放膽去飛、勇敢去追求。不然你反而會因為太小心而犯錯，有時甚至會不確定自己有何感受。

你總是帶著堅決但是謹慎的語氣，有些人會被搞得很挫敗，因為你處在不斷向前轉動的世界，卻選擇停滯不前。當你感覺有事要發生了，但是眾人卻毫無警覺，這會讓你很擔心。不過這樣子反而會促使你去追求不平凡的夢想，閘門12讓你夢想一個更公平、更理想的世界，當然聽起來是有點不切實際。

你會從停滯不前到跳躍式地擴張你的能力，不斷進化，但是同時也可能猶豫不決、拖延，因為你不認為自己可以實現夢想。要知道你的話可以鼓舞群眾，帶來信心，因為他們知道你開口之前，就已經仔細的思考、分析過了。

閘門16 選擇力的閘門

你有很強的挑選能力和先見之明，可以發現人事物或計畫中的潛力和可能性。閘門16讓你預先看到事情發展的方向，靠著一股熱情來實現願望。喉能量中心會為你發聲，贏得支持和讚賞，但也會很快收回讚美，甚至批評你和其他人。閘門16表達的意見是集聚眾人的觀點而成，因此你會大聲評論任何值得追求的事情、目標和計畫。這樣做可以喚醒他人心中的熱誠，但是你期望他們向你看齊，投注同等的心力。

人們一定感受得到你的熱誠，注意到你總是能精準地找出值得追求的目標。得到好東西會讓你非常快樂，但是被迫處理不吸引人的事物或是幫助不懂得感恩的人是你痛苦的來源。

閘門16能讓你看出誰有好的想法或是瘋狂計畫，他們需要你的支持，你目光精準，挑中的人或目標一定會成功。你的熱情也會吸引同樣性質的人來幫助你，或是聯合眾力完成理想。

閘門20　當下的閘門

這個閘門的地位有如古代城市的進出城門，或是日式廟宇的正門，引領人們從暴亂的狀態進入聖地。擁有這樣的閘門，你既不是城市也不是廟宇，你活在當下，身心都在這裡。這個人類圖的閘門就有著「活在當下」的特性。

擁有這個閘門的人常常會問何謂「真實」。其實就是讓自己活在此時此刻，不要對過去感到後悔、怨恨或是讓往事像顆石頭壓在心上，同時也要放下對未來的期待和希望，讓自己活在當下。你要安靜地坐著、觀察和冥思。

過去的經驗形成了現在的思維和夢想，給你人生的意義。因此你心裡最可能產生的問題就是：「這件事對當下有意義嗎？」你的本性想要在現實生活中感到精力充沛。

靜坐冥思有三個階段，專注、靜思，然後進入無思無為的境界。所以當你活在此刻、活在當下時，你就會發現自我。

閘門

23 同化的閘門

你的言行會戲劇化的改變自己身處的世界。閘門23轉變你的人生，帶來嶄新的觀念。你常常天外飛來一筆，突然來一段宣言把大家嚇一跳，當然也成功地讓人們記得你說的話。山崩時，大量的土石會滑落山頭，把原本隱藏底下的土層顯露出來。有時候，你在講話時就有如山崩一樣，因為你是激進派的擁護者，希望大家都能接受新思維、新方法。問題是，你的言行恰當嗎？有得到眾人的感謝嗎？

這個閘門會不耐煩的去除無助益的觀念，你以令人信賴的態度，為世界帶來全新的視野。閘門23的人常常會以直率且清楚的音調說：「我知道有件事是這樣的……」熱心地想要改變現況，或是引爆新觀點的人就是你。雖然你博學多聞，說話感覺很有根據，但實際上，內容一點意義也沒有。

很多人會認為你講話過於直率不圓融，可能會因此造成不必要的誤會。所以在說話時，用詞要謹慎，時機要恰當。別人願意聽你發表評論時，才是你盡情發揮的正確時間。只要你說的話符合聽者的需求，你就能發揮所能、分享智慧，而且讓聽眾容易理解吸收。

這個閘門讓你在說話的同時也獲得獨特的見解。不管你是真知道還是假裝知道，你說話時總是愛用「我知道」當開頭。

閘門31 影響力的閘門

你很有影響力，講話又有權威感，讓人難以忽視你的存在。你有領袖的特質，加上講話內容合理又有啟發性，大家自然有信心聽從你的指示行事。你有當主管的天賦，領導群體和指揮他人，或是推動計畫以及統籌活動。因此你能鼓勵大家去達到個人或是全體的目標。

擁有閘門31的人能夠告訴大家未來會如何變化，你說的話大都是要引領眾人朝有益的方向前進。你在說話時就好像確切知道下一秒鐘會發生何事一樣，聽眾對你的言論也都毫無異議。人們一定會注意到你的影響力，以及你對他們產生的作用。

輪到你講話時再發表，遵照內心的提示，不逼迫事情變化的方式，這樣能給人最好的印象。要尊重別人是否願意聽你的指示。你要說出心真正的想法，也不用逼自己得言行一致，這一點很重要。

閘門

33 隱遁的閘門

「從前從前，人類圖裡有個擁有閘門33的人……。」歡迎來到天生說故事好手的閘門，喉能量中心一共有二個這樣的閘門。你的故事引人深思、認真嚴肅、沒有一點裝飾，一點也不像閘門56裡的故事。你講故事的方式簡潔有力，都是真實的人生經驗，而且你還會穿插古老寓言來闡述道德規範。

宇宙以你做範例，所以你的故事都是自身的經歷。經歷和挑戰來得如此密集和快速，讓你不得不時常遠離一切事物，閉關靜修。靜修給你力量，讓你從經驗中得到智慧。

獨處時你會仔細地思量自身的經驗，推斷出結論。為了以自身累積的經歷來引導他人，閘門33會促使你積極行動。

你的記憶力很好，腦袋像個資料庫，要是能將這些創意和資源攤開來看，肯定會讓出版商和電影製作人自慚形穢。你一天內發生的事，是大多數的人一週才能經歷完的分量！

不知何時應該從前線退下來是你要突破的難題，如果撤退的時間不對，你可能會得到慢性疲勞，甚至是到了累垮的地步。要記得，智者會為了健康著想，選擇時間休息。你可以做SPA、靜修，冥思或是到鄉下靜養，不然也可以做些溫和的娛樂來休養生息。恢復體力、充電後再出發很重要，你才有辦法應付生活的快節奏。

講故事是為了其他人能夠得到樂趣和智慧，但是你仍舊無法從中學到自信。除非你和閘門13的人有所接觸。要小心，因為他們非常善於傾聽，你會掏肝挖肺分享自己知道的一切，直到講完所有的祕密，不過在這麼做的同時，也會激發出深藏於內的自信。

閘門35 前進的閘門

你認為一定要善加利用每個機會，生命才會成長，這樣的信念導致你個性激烈、火爆，甚至會反覆無常。閘門35急躁的性質帶領你縱身投入未知的生活領域。你最愛說：「該是改變的時候了！」不然就是「也該嘗試新事物了！」你會因為生活沒有新視野，不按照期望進行，而感到煩躁。你對無聊的忍受度很低，會不顧一切尋求新的體驗；你熱中學習，害怕沒有活出精采的人生而懊悔，這樣的特質激發你將心力投注在自身的成長。

閘門35的人天生靜不下來，你沒辦法接受半空的杯子，生命這杯酒一定要注滿才行。如果需要達成目標才能有所體驗，會讓你感到厭煩和灰心氣餒。你慢慢會懂得分辨體驗是來自心靈成長或是自我意識的驅策，即使物質上得到滿足，你還是會自問：「這樣有什麼意義嗎？」

你一定要從經歷中學到東西，許多擁有閘門35的人在看盡人生之後，會感到筋疲力竭，不過也因此體認到今後應該把時間花在引導他人追求有益的經驗才是。

閘門45 聚集的閘門

我常會和這個閘門的人開玩笑，故意叫他們：「我的老佛爺。」這是因為你們會莊嚴地坐在王位上，判定財富和有錢之間的差別。你會看管家庭或社區的財富和福利，從各種投資中挑出最棒的選擇。企業集團的興衰取決於你所受的教育、金融智慧和經營方式。你和帝王一樣也有辦法聚集大量的財富，享受人生。閘門45的「聚集」特質表示你精明又懂得管理金錢。比爾．蓋茲有這個閘門一點也不讓人驚訝。

你常會用「我擁有……」或是「我沒有……」來做句子的開頭，「缺乏」會讓你感到貧困。你會提供良好的理財教育，幫助人們加快累積財富的速度。人生給你的挑戰就是在如何幫助他人，但是又不會困在他們的金錢和物質問題裡頭。因此本性才會要求你維持如帝王般的莊嚴，別弄亂了自己的羽毛。最好的領導者會高高坐在王位上，給人們好的建議，帶領子民們迎向豐收的財富。

閘門

56 流浪者的閘門

我至今還沒遇過閘門56的人不喜歡到處旅行、擴展視野、探索新鮮事。你以四海為家，不喜歡待在一個地方落腳生根，或是長時間處理同一件事。你不是因為想要達成夢想而旅行，而是喜歡享受旅程中的經歷。

這是喉能量中心裡另一個善於說故事的閘門，「這件事情是這樣的……」，這個閘門的人喜歡用這一句話當作故事的開頭，還有你在講述冒險故事時一定會很興奮的說：「你一定不相信，但是……」。你的故事鋪排緊湊、內容真切，一個接著一個講也講不完。你將累積的經驗編織成有趣迷人的故事，這樣做會讓你覺得自己的經驗很有意義。你喜歡聽眾回應你、挑戰你的信念。原因為何呢？因為有時候，你會覺得自己迷失在人生的洪流之中，希望能藉此安定自己的心，這是浪跡天涯的人都會有的習慣。

你還會加油添醋增加戲劇效果，讓聽眾透過故事體驗更多的人生。你的故事和電影一樣都會在開頭打上「根據真實故事改編」這一行字，因為你有很棒的編導能力，可以從別人平凡的故事中看到隱藏底下的好題材。

你希望能在生命中不斷的受到鼓舞激勵，你渴望收集更多新體驗，放到自己的人生故事裡面。

閘門62 表達細節的閘門

你很認真，總是將細節交代得清清楚楚，人們透過你的講述，就能明白複雜的觀念和故事情節。當他們還陷在過多的資訊，摸不著頭緒時，你早就搞清楚來龍去脈，經你一解釋，大家很快就懂了。

很難對你產生誤解，因為閘門62曉得所有的事情，不管是口述說明還是書寫的擬定計畫，統統非常確切、合理而且完整。因為注重細節的關係，你做事大家都放心。

小細節是最容易出差錯的地方，因此你的話讓人信服，有濃厚的權威感。你能清楚的闡述大方向或是鮮為人知的資訊，正因為如此，要你把科幻小說硬講成真實故事，或是黑的講成白的，人們還是會相信。但可別因為表達能力好，就得親力親為，完成所有的工作。觀察細節的特質讓你保持公正客觀的態度。

無閘門開啟時的特質

完全沒有開啟的閘門時，喉嚨會成為開放且空白的能量中心，你可以利用旁人的閘門，以各種方式來表達自己。因此，你會成為言語和行為的中間媒介。

另外，還要小心一件重要的事：因為你能反照出人們心中的話或是想法，結果他們只會聽到自己想聽的事，而不會認真聽你講。人們可能無法理解你的話，或是和你有共識，談話結果如何都得決定於聽眾的反應。

The Self

自我能量中心的閘門

閘門 1 創意的閘門

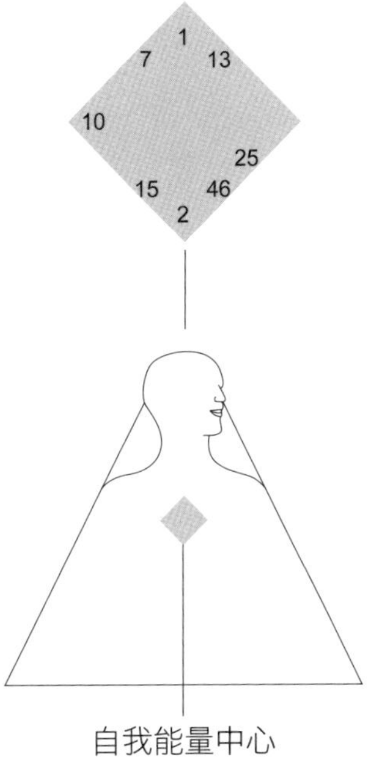

開啟的閘門表示你創意十足，數字「一」也有其特殊的意義，因為你喜歡自己一個人工作，不要受制於他人。你有決心毅力，催促自己往前邁進，當你將創意發揮在家庭、職業、夢想或是運動、藝術和音樂上時，一定會有很好的回報。

發揮創意能夠得到報酬當然很好，但如果只為了金錢，很可能會擾亂你的感受力。你的創意不只為了獎賞或是讚美，而是能從中得到樂趣。

你不怕超越極限，喜歡找出新的表達方式，讓你探索新的領域、得到突破。你的創意禁得起考驗。強烈的創造力和幹勁讓你成為非常有號召力的人物。

當你不按常理出牌，讓敏銳的感受力透過才華而得以自由表達時，就是絕佳創意出現的時候了。在做任何事情時，都不要低估你能發揮的創造力。

閘門 2 感知力的閘門

你知道人生的方向，不過要抵達目的地，難度可就高上許多。如同老一輩人常言：不要浪費時間在煩惱怎麼做，只要全神貫注，讓堅定的意志力引導你。鑽石形狀的自我能量中心就像是指引你的標誌，告訴你：「往這邊走。」不管路途中有何阻礙，你仍舊會朝正確的方向前進。你的方向感就像GPS（全球定位系統）一樣可靠，不管是自己迷失還是他人需要你的指引，你都有辦法找到方向。善於接受人生的變化，適應力、變通性強是你的大優勢，你好像從來不會有迷失方向的問題。

當你找到人生的方向，你會專心致志，而且對追求的目標堅定不移。這其實挺不尋常的，因為你通常會違背一般人的期望或是抗拒人們的想法，你能看見別人看不到的足跡。你真是指引方向的專家，人們可能在幾個月甚至幾年後回來跟你道謝，久到你都忘了原因何在。

這個閘門的優點取決於兩項因素：如果自我能量中心填滿，你會意志堅決、持續努力，直到做出一番成績。如果中心空白，你會發現你對別人的感知力比對自己還敏銳，或者是會拉長你達成目標的時間。要相信內心給你的引導，把地圖揉成一團，連同指南針一起丟掉吧。

閘門 7 統合的閘門

你有一定的威信，是天生的領導人物，你總是有辦法讓大家達到共識、目標一致。你大都是扮演軍師或是經理這樣管理階層的人物，而不是支配者的角色。你會嚴格訓練、控管自己，因為你曉得只要追隨的人願意遵守你的指示執行，一定會達到目標。你站在眾人的前方，也希望大家的眼界一樣寬闊。

因為你的自信，人們會詢求你的建議和開導。你在指引方向時，手上彷彿拿著地圖和指南針，保證方向正確，讓人安心地追隨你。你的個性果決但是仁慈，只有在達到共識後才會向前邁進。不過你若缺乏自我鍛鍊，就可能被潮流、民意調查、群眾心態和旁人的喜惡給牽著鼻子走。當然你也不需要死守著自己的觀點，毫無變通的空間，重點在於要認清自己的原則，立場堅定即可。如果這樣做會牴觸眾人，甚至失去領導地位，也是必要之惡，在這種情況下，立場和原則務必一致。

不論你的領導風格為何，要記住強迫人們服從是下下策；倒不如去激發眾人的熱情、贏得人心，才是最有智慧的作法。

閘門10 行為的閘門

因為自重、不在意他人的想法，因此你的表現方式獨特，個人風格濃厚。閘門10代表你熱愛人生這趟旅程，只做對自己有助益的事。

自我價值觀會影響你的表現，尤其是在承受壓力的時候，但是你討厭知道會因為自己的表現而遭受不公平的待遇，或是讓其他人失望。你希望自己獨特的表達方式和態度可以為眾人帶來正面的影響。

對生命的熱愛會支持你堅持自己的行為、舉止和個人風格。只要你的言行和生活樂趣能互相配合，那這樣做就對了。閘門10是四個「愛的閘門」之一，宇宙就是要你熱愛自我和生命。

擁有這個閘門讓你能夠承受人生的顛簸，以及迎面而來的無禮侮辱，但是你一定要堅持夢想，相信自己、相信生命。現實生活中的無情打擊，以及他人帶來的影響可能使你漸漸失去信任。但閘門10希望你能對自己的言行表現感到自在，不需要也不用努力去適應別人和環境。獨特的表達方式是你誠實傳達信念的方式。你會改變自己來面對挑戰、困難或是新方向，但是別管人們是否滿意，只有走出自己的路、相信權威中心，你才會快樂。

閘門13 傾聽者的閘門

你現在正舒服地坐著、拉長耳朵在聽我說話嗎？這是個蠢問題，你當然有在聽啊。傾聽就是你的天性，你是天生的傾聽者。

你聆聽著世界的故事，讓人淚濕肩膀，人們會對你傾訴內心最深層、最黑暗的祕密。你能挖出人們心中的故事，大家在講完自己的故事之後，常常會不可思議的說：「我不知道自己為什麼會跟你說這些！我跟你又不熟……。」

在與人交際或是工作時，你會希望管好自己的事就好，但是別傻了，這是不可能的。我不是說你愛管閒事，你不是這種人，而是聽太多故事讓你很累，可是人們看到你就想一吐為快。這是宇宙為你打造的特質！

順從天性的方法就是將同情心轉變成同理心，如此一來，你能深刻地感受人們的經歷，而不只是替他們感到難過，同理心會讓你生發憐憫心。

傾聽人們的故事，認同他們的努力和挑戰，你會幫助人們找到生命的目標和方向，很多治療師都有這個閘門。

閘門 15 博愛的閘門

你的個性謙虛、不主觀也不會愛出鋒頭，認為有緣同住地球村就是一家人。你是天生的慈善家，自願獻身於改善人們的生活。閘門15是四個「愛的閘門」之一，因為對眾生的愛，你致力促進人類的福祉。你的親切仁慈很容易贏得人們的尊敬、支持和景仰。平等和公正是這個閘門的主要特質，但是不保證不會發生負面的事情，澆息你對人類的熱情，但是你內心的慈善天性是永遠不會消失的。

你喜愛與人交集，有許多不同類型、階級的朋友，從乞丐到王子都有。在團體之中，你就像車軸上防止車輪滑落的插銷，將每個人緊密的串連在一起。受限於人會讓你覺得痛苦，因為你喜歡無拘無束，過著自在的人生。人們遇到困難時，第一個想找的人就是你，因為你是如此受人敬重的博愛主義者。

閘門 25 純真的閘門

你有孩子般的純真天性，和這個複雜、嚴苛的人生格格不入。逆境發生時，你的嘴角仍舊會帶著一抹微笑，因為你深深相信宇宙會照顧你，愛會克服一切困難。因此你能接受突如其來的意外，知道自己一定會通過困難。

閘門25是四個「愛的閘門」之一，你以無條件的愛面對混亂與困難，讓自己越來越有智慧。正直和真誠是你的處世原則。不管事情好壞，你通常會單純的直接反應，很少經過事先思考，有些人會因此占你的便宜。善良的你會選擇原諒，但不會因此忘記教訓。

你容易被粗野無禮的人影響，盡可能遠離這樣的人吧。人們把你的天真當作愚蠢，你不懂為什麼世界充滿了愛，人們卻還是有這樣的偏見。「他們到底有什麼問題？」你可能常常發現自己有這個疑問。你會告訴任何想回答的人：「我懂你的意思，但是你要相信生命啊。」這是發自你內心的標準答案。

你想以堅定的愛和信任來淨化這個世界，但別忘了克服困難之後，也要修復自己的心靈。

閘門46　鑑賞力的閘門

你很厲害，可以在對的時間看見對的事物，用「伯樂」來形容你是再恰當不過，你常常在尋找某事或某個人時，意外發現其他有價值的人事物。

很多人莫名其妙就成功了，但是好運不只是在對的時間去到對的地方，也要看你面對的態度！當你心存信任，準備好的時候，好運氣就會發生。當內心生發自信，能夠接受生命要給你的禮物時，人生就會出現進展。這個閘門會自動對準宇宙的頻率，帶給你現階段所需要的體驗，讓你得到認可或是學到人生中重要的功課。你要放下心中的期待，接受人生給你的體驗。

閘門46是四個「愛的閘門」之一，這樣的愛是對身體的愛。你要維持健康的身體、苗條的體態，注重穿著打扮，好的外表可以加強這個「善於發現珍寶」的特質。保持健康對你的人生很重要，也許時間條件不允許你去健身房或是SPA，但是你的心靈還是會感謝你對身體的照顧；要為身體健康負起責任，不然很容易感到頹喪消沉，沒有精神。因此打個電話去預約身體按摩吧，或是帶狗去跑步，別忘了順道做個手足修護。除了有固定的 SPA 保養時間，也要有健康的飲食。身體狀況良好，什麼事都難不倒你。

無閘門開啟時的特質

完全沒有開啟的閘門時，「自我」是開放、呈現空白的中心，這樣的你很難讓人理解，甚至連你都不懂得自己！你沒有明確的指標，因此得不斷面對「我是誰」或者是「我的人生方向在哪裡」這樣的問題。你很容易受人左右，不管是人生方向或是人格塑造都一樣。環境、朋友都會影響你，因此要聽從權威中心，慎選同伴。

如果你不覺得迷失的話，這樣的特質其實給你很大的自由，因為你的本性就是如此。其實，你常常會覺得自己沒有目標或是理想，可以偶爾獨處一下，對你會有極大的好處，可以讓你脫離別人不知不覺強加在你身上的影響。

The Heart

心能量中心的閘門

閘門 21 控制的閘門

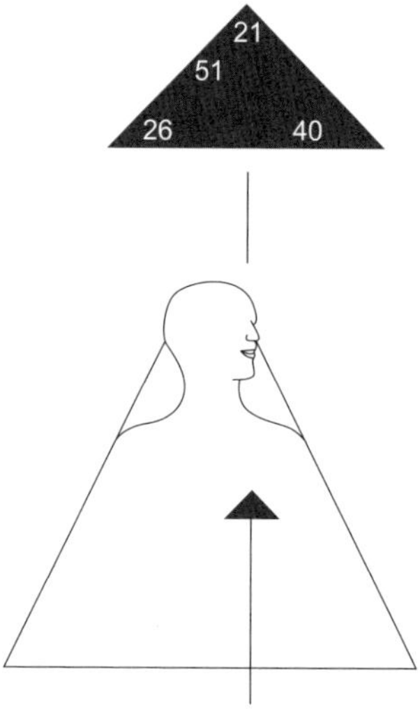

我會盡力忍住叫你「控制狂」的衝動，因為這樣講你並不公平。生命丟給你許多挑戰，當你能夠掌控情勢，一手握著韁繩，一手果決的採取行動，保護錢財、房產、生意或是戀情時，就是你成功的時候。

這個閘門帶有獵人的特質，經驗豐富的獵人知道要躲藏於何處，等待有利的情勢，在機會來臨時一舉而竟全功。你會決定獵物目標，宣誓地盤，這樣做才能讓心得到平衡。不然最低限度也要讓你能夠決定衣服的樣式、晚餐的內容和居住的地方等等。

你希望在人生的每個層面都是帶頭的領導者，能夠掌控全局，作個主導的大老闆或是總裁。你的配偶或是共事的夥伴要有大智慧才能接受你的心態和行事作風。如果你的另一半也有這個閘門，那麼你們之間會有數不盡的激烈競爭、權力拉鋸戰。想要感情維繫就得互相理讓，努力去了解對方的觀點。

當你處在主導的位置時，沒有人比你更可靠。如果這個中心空白、沒有顏色，你會覺得整個失控，希望由其他人來掌控局面。你要以智慧觀察，找出有能力可以做好領導角色的人選。在你想越權去控制非你主導的情勢時，就會發生問題。一旦自我意識抬頭，智慧就無法顯現，或是你不接受權威中心的指示時也會發生同樣的情況。

閘門26 累積的閘門

你想從人生中得到最大的成果，不管是累積聲望、物質財富，或是擁有權力和地位，你都會以聰明才智，努力去追求。你不會把精力浪費在無意義或是對你沒有利用價值的事物。真要這麼做，也一定要有回報來補償你的付出。

這個中心會不斷的協調履行心願和自我意識之間的權力拉鋸戰，但要達到平衡其實不容易。你的態度中有種自負的業務人員性質，雖然你渴望權力，但是能夠幫助他人看清楚人生的方向和夢想，也是很棒的事。你倒也不是要干涉別人的生活，只是想出些好點子，提升人們的生活層面，像是藝文、建築、飲食和衣著打扮，或是度假、哲學、音樂和旅行等等。

不管你是大聲宣揚還是從態度神情中暗暗流露，你都會不知不覺誇大自己的能力，製造出一種「我是最棒」或「我是最厲害」的氛圍。不過你還是很注重精神層面。你有很棒的推銷口才和說服能力，但你要用真心去服務大眾，而不是只求自己得到回報。

閘門

40 傳輸的閘門

你很搶手，因為你總是有辦法做到別人的要求，而且是任何要求。來自這個中心的意志力讓你為了大家的利益，認真有效率地四處奔走。因為擁有強烈的意志力，你很可能自傲地雙手插腰，向世界宣告：「謝了，我不需要你的幫忙。」要小心，可別把自己搞到孤立無援的地步。

除了達成目標會讓你得到滿足，你的心也需要放下牽掛，恢復平靜。人們常會忽視你本性中渴望獨處的時間，你要和大家解釋；你需要時間、空間，在不受到干擾的情況養精蓄銳，恢復元氣。你喜歡幫助人，也重視友誼；但是照顧別人的同時，可別忘了要找點時間獨處。

擁有這個閘門的人經常自問：「可以原諒自己和別人的錯誤嗎？」閘門的釋放能力可以釐清和解決生活中的困難，不過最終還是要靠你自己。如果你能夠原諒，放下過去的種種，你會覺得身心靈都被釋放了，阻礙彼此進步或是合作的問題也會迎刃而解。自我意識可能會障礙閘門40的特質，可是只要你能夠了解原諒的本義，你的心靈就能得到釋放，不再受到禁錮。不管你是否了解，原諒的能力一直都存在你的心中。

閘門51 喚起的閘門

就身體而論，這個閘門與膽囊互相連結，有些人渾身是膽，也有人膽小如鼠。如果擁有活化的閘門51，你在激勵人們採取行動的時候，大膽無畏的程度甚至超過厚臉皮的境界。

人生總是有許多挑戰，我們很容易被困在世俗和物質的問題之中。但是閘門51可以幫助你我去面對更誇張、競爭性更強以及無法預測的情況。你有本事創造出人意料的狀況，當然也有能力解決，而且為了引出人們正面積極的反應，你還暗藏著各種激怒他們的方法。

你善於處理生活中令人震驚的情況。閘門51能夠點燃導火線，嚇得人們認清事實，開始改變人生。你就像轟隆作響的雷聲，提醒人們該開始動作了！

要小心你那不顧一切的態度，你的言行就像閃電一樣會嚇到人。這是你的特質，開心地接受吧，也許你可以學著降伏它，懂得選擇恰當的時間點。雖然人們還是會嚇到，但不至於受到太大的驚嚇！當人們的下巴嚇得合不上來時，就是他們可以接受新見解的時刻了。

無閘門開啟時的特質

完全沒有開啟的閘門時，心會成為開放且空白的能量中心。你對錯誤的容忍度很高，人生中的每一件事你都不太重視，包括自我價值觀。開放的中心使你的心胸開闊、為人謙遜，因此你難以理解為什麼有人會一直讚揚自己很偉大。你會避免和這些自大狂有交集，寧願和聰明人在一起。

當你想評估事物的價值，像是你的付出或是想得到的東西，可以問問朋友、同事或是專家的意見，尤其是在談判或是簽合約的時候，更要確保你賦與適當的價值。

The Spleen

脾能量中心的閘門

閘門18 改進的閘門

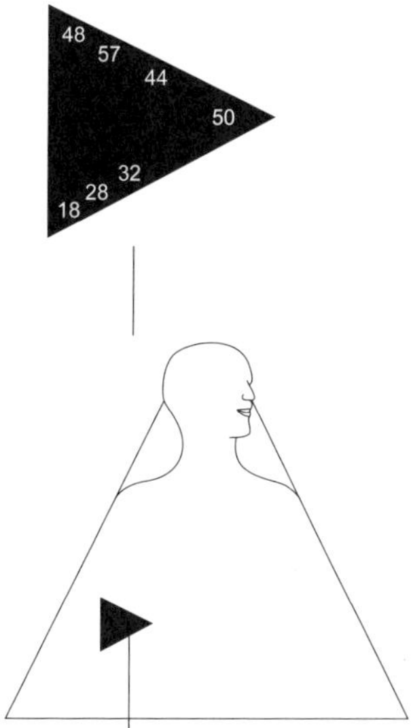

《易經》的蠱卦有言：「當知腐敗已經產生，若能盡快處理，重新規畫新的未來，則亡羊補牢，時猶未晚，蠱卦也有亨通之道。」這段話告訴我們，孩童時代養成的壞習慣是可以補救的。擁有這個閘門的人會願意，甚至是渴望修補自己內心中父母、親友、老師或是社會所造成的傷痛。

改變自己去接受別人的做事方法，可能會造成你內心的「腐壞」，而失去自己的影響力。腐壞可能來自你的原生家庭或是僵化的傳統習俗，但是對你現在的生活卻一點幫助也沒有。閘門18的目標就是要重新審視舊方法和舊傳統，為自己和社會帶來進步的新契機。

你會過於為難自己，譬如說責怪以前做錯的事情。雖然這樣做會產生痛苦，其實是給自己機會處理內心的情緒，當舊傷痛被撫平後，你會重獲自由，能夠再一次歡樂的歌唱。你會注意到自己有些不是與生俱來的特質，而是受到外在的影響。要分辨後天學來的行為還是先天性格，快樂與否就是關鍵。提振和更新社會制度，以及去協調父系和母系的模式是閘門18重要的工作。這會讓你重新思考舊傳統是否依然合適？

閘門18的人，很容易拿人生中的錯誤來責怪自己。罪惡感可能會讓你選擇墮落，因此要學會對自己仁慈一點。以決心和警覺性來改變這項特質，釋放自己和他人。

運用你內心的力量來接受自己的缺點，不要只是一味的責備。不要擔心，閘門18會給你需要的一切力量。

閘門 28 玩家的閘門

閘門28的人，內心總是對死亡感到隱憂，卻因而養成喜歡冒險，把人生當成遊戲的個性；你想要活出最精采的人生，所以凡事來者不拒。

有些文化會認為人生就是一場戲，你我皆是戲中的棋子，既然是遊戲，就會有結束的一天。因為有這樣的醒察，你想要將自己的角色演得淋漓盡致，拓展人生的寬度和高度，用心去感受生命，享受其中的樂趣。這樣的人生觀帶給你極大的勇氣，當然也有可能是有勇無謀，不管如何，你卻因此獲得許多不平凡的經歷。來自脾臟的力量，讓你隨時都準備好面對挑戰，與危險共存。

擁有這個閘門的人也可能一直籠罩在死亡的恐懼之中，因而心生氣餒，抗拒體驗人生。對死亡的恐懼也可能讓人變得逆來順受，甚至到了放棄生命的狀態，但是你的心靈會因為生命的樂趣而得到成就。

活出精采的人生需要很大的心力和勇氣，這就是你這個「玩家」可以發揮的地方了。即使有許多問題和麻煩困擾著你，你是否能夠揚著勇氣的帆，堅決地航向人生？做得到的話，你就是人生中最大的贏家。

閘門32 持久的閘門

農夫、水手和遠洋漁夫對氣候的任何變化都非常敏感，你對生活中的改變也有敏銳的感受。閘門32可以「嗅出」即將發生的動蕩不安或威脅。不管是在戀情、生意投資、經濟發展還是社會上的變化，你都能聞出不對勁的地方，因此在發生變化之前，你會感到煩躁不安，因為內心中，你其實是渴望走在安全穩定的人生道路，不喜變動的。你只做「長期投資」，能夠維持長久的戀情，也能在同一個工作崗位待上很長的時間，因為你只放眼長期的目標。

「走完全程」是這個閘門信奉的格言，只要能夠持續創造成功，穩定對你來說是最棒的狀態。東西是否耐用、事情是否符合一致性和永續發展對你來說很重要，因此在改變之前，要先確認新目標是否能達到標準。你和獵犬一般有著銳利的雙眼，任何新的人事物、計畫、環境都得通過你嚴厲的審查。不管遇到怎樣的情況，你的意志堅決，一定會通過任何風暴和挑戰。你會盡一切可能避開失敗，因為失敗是你最大的恐懼。要是你的脾能量中心空白，恐懼的程度就會越大。你的忍耐會慢慢的消除恐懼，別忘了要信任權威中心。

閘門 44 模式的閘門

你有一種天賦，能偵測出潛藏或是新發生的形態和趨勢。你可以將這種天賦運用在商場和經濟上，或是創意、流行與科技等生活上的各種領域。你利用對過去的深層記憶，去感受正在發生的事情，這麼一來，你的感官便會幫助你串連現在和未來的趨勢。你有發掘新人才的天生本能，就像是服裝設計師對下一季的流行趨勢有敏銳的嗅覺，或是經濟學家可以預知市場上正在醞釀的問題。你的嗅覺靈敏，不管是乳酪還是臭老鼠都逃不出你的掌握。

這樣的能力也可以運用在生活上，察覺他人反覆的行為模式，進而避免不必要的問題。閘門44害怕過去，你總是一直回頭看，再三確認是否了解已經發生的事情。花太多精力緬懷過往，反而可能在當下犯錯，尤其是脾能量中心空白時，更容易發生。不是人人都能了解你這個偵測模式的本領，也要知道脾臟無法給你無限量的精力，脾臟的角色比較像是內建的警報器，因此最好將本事用在引導他人，而不是親身去體驗探測出的每件事。

閘門48 井（深度）的閘門

你是個有深度的人，我甚至無法確定你是否能探得出自己的深度。有些人甚至會笑你未免也「太深了」。閘門48的人會為了個人的福祉，以及保持事情的新鮮感而去探索內心的深度。這樣做給你很好的觀點以及高度的覺察力，使你成為足智多謀、善於應變的人。

古文明都是來自豐沛水源的地方，一口乾淨的井可以維護村民的健康和安全。村民會不斷到井邊打水以維繫生命，閘門48也是這樣，人們會接近你，以獲取生命的智慧和機智的好點子。我想這就是你為什麼會強悍地保護內心水井的原因。生活的品質、和眾人的分享，以及能夠探索你內心深度的人，是決定你快樂與得到多少智慧的因素。你可能不希望自己活得這麼有深度，想和人人保持表面的交往就好。如果你是這樣想，那你要確保每件事都很新奇，但是要知道，當你越往內心深處探索，就能得到越深層的滿足感。

不管你現在正在從事何事，更新興趣和知識會持續地拓展你的視野。打個比方，光只會彈鋼琴是不夠的，你要持續練習新的曲目才行。

你會害怕懂得不夠多，害怕被自己的深度所束縛而產生恐懼，可能讓你在重要時刻突然停頓或是怯場。這時候務必要相信自己的權威中心。如果你對某些人事物產生興趣，可以讓他們一起分擔，如此一來，你也能從井中打些水洗把臉，提振精神而得到成功。

閘門 50 價值觀的閘門

這個閘門就像個用來煮湯的大鍋子，你把生命中重要的道德價值都放進來一起熬出味道。對這個閘門而言，沒有任何事比擁護、奉行維繫家庭、工作或是社會的價值觀重要。

道德價值觀通常是在家族中一代傳一代，或是在教堂、學校等地方學習。但是擁有這個閘門的人，天生就對道德良知有更強烈的認同感，任何時刻都希望事情是以公平、公正的原則進行。閘門50讓你看清楚道德價值和正確言行的重要性，幫助你身體力行，過著穩定、令人讚嘆的人生。有些價值觀永垂不朽，有些則需要適時做變更，這個閘門會不時地幫你辨別、確認。

你有幾個疑問：「哪些價值觀對社會最有幫助？」「是否能鼓勵人人為自己負責？」這些問題都是源自內心害怕擔起責任所生發的。社會上的人會因為你信奉崇高的道德價值，而要求你做好模範，讓你備感壓力，頓時也會覺得肩頭的責任更重大。若再加上空白的脾能量中心，就會產生強烈的恐懼。因此你要聽從權威中心給你的引導。要是你發覺道德價值正在敗壞，危及眾人的利益，你的反應會比任何人都還要強烈。

閘門 57 穩重的閘門

你像一陣溫柔但是沁涼入骨的風，穿透人們的光環以及周遭的環境，偵察一切事物是否協調。你的敏銳直覺會不斷地審視身旁的情況，保護你的福祉。

社交場合上和你有互動的人，會覺得你聽人說話時不認真，不然就是漫不經心。其實你早看清楚對方的想法，盼望能透過柔和的勸說，來改變他們。你的直覺會連結入耳的聲音，透過聲音的抑揚變化，然後決定它們的價值，或者你是否有興趣聽下去。突然發出的聲音或是刺耳的噪音都可能打斷心裡敏感的直覺。我們住在一個吵雜動亂的世界，但是你卻能以如此優雅柔和的方式悠遊人間，尋找自己喜愛的事物，面對緩慢而溫和的改變，你會以巧妙的溫和態度過日子，持續發揮你的影響力。

你的聽覺敏銳，喜歡協調的音樂，噪音會讓你不舒服。刺耳、抱怨的話讓你不自覺的關起耳朵，特別是在聽到弦外之音或是可能會引發問題的內容。

你天生對未來有敏銳的注意力，這能強化你的覺知，也可能讓你產生害怕的情緒。如果你被「可能」發生的恐懼控制，就會像隻小鹿在漆黑的夜晚，被車頭燈照到一樣驚恐，這種情況會顛覆你的世界，特別是在脾能量中心空白時。在這個情況下，最重要的就是要信任自己的權威中心，不要被生活中的困難拖住腳步。相信直覺，和緩地向挑戰前進，這就是你的本性。

無閘門開啟時的特質

完全沒有開啟的閘門時，脾臟是開放且不填滿的中心，你會比其他人看得更清楚環境的變化，這是因為你很少感到害怕，所以視野能夠更清晰。你要小心別被旁人的焦慮或是畏懼所影響，不然也會跟著害怕起來。你要從恐懼中抽離，告訴自己：我只是被影響而已，這不是我真正的情緒。脾能量中心開放的人，對超自然、心靈層面會特別敏銳。

The Sacral

薦骨能量中心的閘門

閘門 3　開端的閘門

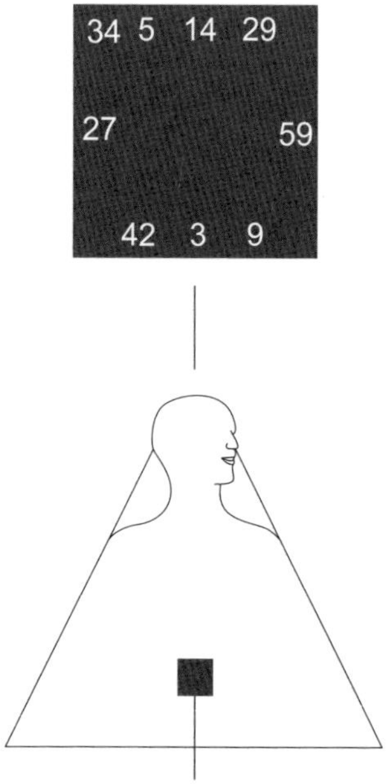

薦骨能量中心

閘門3就是要先接受新開端的磨煉，種子一播種到土裡後就是新生命的開始，但是等待植物發芽茁壯的過程需要無比的耐心。人們在接受新事物之前總會有些許的抗拒，你要找到讓人可以理解與接受變化的方法。

最基本的任務是要先清除舊紀錄，一切系統化、制定新計畫、做好基礎建設，並確保一切都準備好能接受你想推動的變革。只有穩固的地基才能有新建設，個人或是工作上的事務都一樣，畢竟工欲善其事，必先利其器是不變的道理。當一切準備妥當後，只消等待權威中心發出綠燈的訊號，你就可以往前衝囉。

你要了解來自閘門3的力量，會以自己的節奏自然形成，即使你急得在地毯上踩出洞也沒有用。

只有在你拋開舊的仇恨、失敗和沮喪情緒後，新事物才會逐漸成功。一旦各種條件都備齊之後，大鵬鳥便能扶搖直上九萬里，成就自然是不可言喻。這時擬定的計畫會開始推行，戀愛也會像剛發生一樣，總是讓人心情雀躍地想唱歌。

閘門5 等待的閘門

只要你有耐性，就能掌握正確的時機。閘門5會要求你輕鬆的消磨時間，等待恰當的時間點。你要學會信任權威中心，就能把自己和宇宙的時鐘調成一致，而隨時知道行動的正確時間。

等待讓你坐立不安，急得想馬上起身行動，心中忐忑不知事情是否能如預期般進行。你知道自己可以闖出一片天，實在無法等待鳴槍後才能開跑。「我受不了沒事坐著等待！不能先做點什麼嗎？」這是閘門5的共同心聲。但是等待是你的宿命，就放輕鬆，順從自己與生俱來的特質吧。

擁有閘門5的人對大自然的律動、季節的變化很靈敏，園藝是你可以發揮所長的領域。另外你還會發現自己有許多生活慣例，譬如說，早上一定要先來一杯濃茶，腦袋才能開始運轉，沒有這杯茶，就會渾身不對勁。日常的慣例讓你保持自然的節奏和律動。

你和宇宙一樣日復一日繞著同樣的軌道運行，我覺得這首日本的俳句很適合送給你：「兀然無事坐，春來草自生。」（靜靜的坐著就好，什麼都不用做；春天來了，綠草自然會一片如茵。）

因此，你就安靜地等候吧，信任內心對時間的律動感，設定你的想法和長期的目標，相信事情自然會按照時間表啟動的。

閘門9 確認細節的閘門

注意細節是你與生俱來的本領，即使丟給你厚厚一疊令人頭昏的技術性文件，你也能從密密麻麻的文字中理出頭緒，清楚簡明的傳達重要的訊息。生命中的小細節都逃不過你的法眼。

閘門9和閘門62（表達細節）有很明顯的差異；閘門9得從一開始就規劃好所有的細

節，每件事都要處理清楚，不然就可能因為一個小細項沒有發覺而犯錯。但是閘門62只注重為眾人表達和傳遞細節。

擁有開啟的閘門9，你很快就能發現許多細節，但是其他人可能要很久才能注意到，甚至還會低估它們的重要性。閘門9也會讓你不由自主地問一些別人沒興趣的小事。

你無時無刻都在確認事情對你的重要性，當細節都各就各位時，你就能發揮薦骨能量中心的能量。進步和成就是一點一滴累積的，就像你會確認每個小細節，直到整件事完成為止。你對複雜、需要注意許多細節的工作特別上手，你工作專注、認真又有效率。鉅細靡遺，不會遺漏任何事情。

閘門14 富足的閘門

這是人類圖中最幸運的閘門，要是你有的話，創造財富不是問題，關鍵在是否能將才華投注在你有興趣、而且對眾人也有助益的領域上。「實踐專長又能饒益眾生一定可以帶來成功。」可以當作這個閘門的格言。

成功有兩種方式，第一是累積自己的財富，或者是管理他人的財富。你懂得理財，不管是貨幣、房地產或是期貨都沒問題。不管是第一或第二個方式，這個閘門都表示你能夠擁有規模龐大的財產和非常有成就的人生。

綜合命運與造化的作用，財神爺可以把財富賞賜給他想賜的人，但不管是不是真的有錢，任何人都可以覺得富有，這個閘門的人會覺得財富取決於看事情的角度。毫無疑問你有能力，也有決心要努力直到成功為止，只要前進的方向正確，你的決心會在財富上得到很大的回饋。你對理財和管理資產方面很有自信，也很自在。你不怕擔當責任，一定能迎向成功。

閘門27 滋養的閘門

植物需要空氣、水和土壤才能成長，而食物、住所和關懷就是人類生存的基本需求。你願意這樣幫助每個人。你不只關心整個社會，只要人們有需要，你都不會吝惜給予幫助。盡心盡力的照料、關心他人對你很自然，你不會多想，但是你有可能因而忘記關懷自己。閘門27最基本的需求就是要先照顧自己！在照顧他人和自己之間要取得平衡，你也需要良好的飲食，親友的支持以及穩定的經濟來源。你很容易為了照顧別人，滿足他們的需求而忘了自己。英國有句古諺語：「大夫，您先醫治自己吧！」就是這個意思。

互相照顧能夠創造雙贏，你關心別人，別人也會關心你。用心照顧自己，你會很健康，做事也有效率。你有熱切的愛心願意去保護、關懷和照料大家。

閘門 29 承諾的閘門

美國影星金凱瑞（Jim Carrey）在二〇〇八年演出一部電影《沒問題先生》（Yes Man），他要求自己一整年對各種大小挑戰都得說「Yes」。閘門29的人就有這種特質！凡事說「好」，可能會有許多不可思議的事情發生，但是現實人生和好萊塢電影還是有差距，任何事都答應可能會讓你無法負荷，而且被人視為理所當然，造成內心空虛，毫無成就感。

這個閘門的人不管結果好壞，都很難控制自己不要隨便說「Yes」。「可以借我錢嗎？」「Yes！」「我看電視的時候，你可以過來幫我除草嗎？」「Yes！」「那你除完草，可以順便一整天都幫我做事嗎？」「Yes，Yes，當然沒問題！」

你在答應別人時，很少考慮到手頭上正在忙的事。我認識擁有這個閘門的人，他們總是把自己操得很累，追逐每個異想天開的點子，最後弄得自己筋疲力盡，心灰意冷。這種混合著好意但是令人沮喪的模式就像運轉的馬達，不斷的重複……重複……。

將心力投注在正確的事情很好，但是搞不清楚狀況，一頭栽進去，可能會引來惡運。要記得，每一聲「Yes」都要得到自性的認可。

閘門

34 權力的閘門

你天生就懂得如何支配權力，最好趕緊習慣它。薦骨能量中心有九個閘門，閘門34是唯一沒有被賦與性慾的閘門，因為薦骨只有給你力量，而沒有性慾。你的成功不靠他人，完全靠自己。你不會強迫自己和他人接觸。你天生獨立自主，大部分的時間都能單打獨鬥，一個人去追求成就和權力。

你有時候會一副不講理、冷淡的樣子，但是你能完成目標的能力令人刮目相看。你的專注力百分之百，但是只注意自己的目標和成就。有了你的加入，不管是聚會還是工作團隊的氣氛都會瞬間升高，因為你就像提神飲料一樣充滿活力。

你需要檢視自己面對的人和情況，衡量你需要使用的力氣。殺雞焉用牛刀，要敲開堅硬的核桃也要選用適當的工具，拿一把大鐵鎚或是一支小鑷子都不恰當！你就像一台動力火車，拉著大家往終點站前進，可別把力氣浪費在無意義或是沒有回報的追求上面。你有強烈的幹勁，但是辨別能力較弱，要小心，多練習來提高自己敏銳的洞察力。

閘門 42 增加的閘門

閘門42希望能完全地實踐心中的道德標準，你期盼自己的付出和收穫能成正比，這樣的思維模式來自「種瓜得瓜、種豆得豆」的觀念，和你的性格剛好不謀而和。

在你幫助他人，努力為眾謀取福利時，便能得到幸運之神的眷顧。如果你自私自利，那麼這個帶有「增加」特質的閘門就會受阻。當你是唯一受益的人，你不會感到有所成就。假若能大方的和眾人分享，體驗就會越加豐富。

這個閘門不局限在自我利益的追求。他知道宇宙是如此寬厚，賜予我們豐富的資源，一切不虞匱乏。你有能力運用豐富的資源，幫助人們投入更多的努力，迎向成功。你可能無法理解為什麼自己要這麼辛苦，為大家付出這麼多，但是你的天賦和豐沛的能量會讓你心想事成，這是大自然運行的法則，也是你應得的回報。就像辛勤的園丁，他的花園一定會欣欣向榮，這就是閘門42「增加」的真諦。

如果你發現自己的努力會得到更大的回饋，且放慢腳步不要過度擴張，超過自己能負荷的程度，遵從權威中心的指示，一次完成一件事，就會做到最好。

閘門 59 親密的閘門

閘門59是你的雷達訊號台，繞著自己的環境慢慢地旋轉，發出強烈的親密訊號，看看誰會受到吸引。它會將你和性愛伴侶作連結，也就是說你的生育力很強盛——要小心啊，別忘記我已經提出警告了！

你會習慣性地去開拓通路，分享不同程度的親密關係，熱切的想要「製造」各種創意方案。你四處散播與生俱來的生命力，拋出私人和工作上的信號。

互動有很多方式，可以是大膽或害羞、也可能是混亂、友善與主導，甚至是冷淡都是互動的方式。為了達到目標，要遵從權威中心，也要維持清楚的互動關係。

閘門59還有一個必須履行的生物責任，也就是生育子女，因此累積的性能量需要尋求出口。我常會提醒擁有這個閘門的朋友，一定要小心：快樂的性行為很容易產生愛的結晶。這個閘門的人有強盛的性能力，基因的遺傳會刺激性交的欲望，但只要轉變心念，來自薦骨的欲望可以很容易地轉換成宗教上的追求。只要你認真分辨，對的人事物終究會出現在你的人生中。

無閘門開啟時的特質

完全沒有開啟的閘門時，薦骨會成為開放且空白的能量中心，你容易受到旁人的能量所支配。你要特別小心，尤其是需要你付出心力的人或計畫，慎選加入的團體對你來說很重要。擁有開放薦骨能量中心的人要儘量讓人為你代勞，因為你們的能量不持久！

性愛對你們來說是個無解的謎，因為你對性愛一無所知，因此一旦有所接觸，你對各種方式都願意接受。你會不斷的研究性愛，也就是說你可能很有冒險精神或是被嚇得心生氣餒。然而，試著去接受事實，讓伴侶引領你進入性愛的殿堂

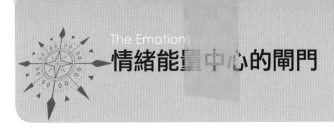

The Emotions 情緒能量中心的閘門

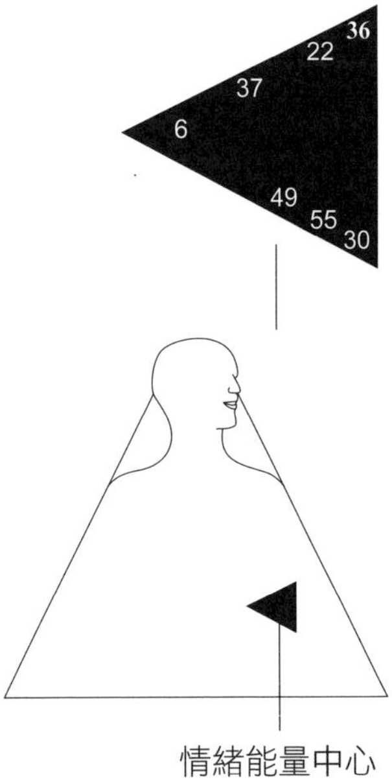

閘門6 衝突解決的閘門

你就像一座大天平，在高亢的情緒和決心之間尋求平衡。你的存在可能會造成火上添油，但也能把火勢撲滅，結局的不同取決於身為首席外交官的你，是否有清楚的見地來衡量情況與事物的價值。有些時候，你能接受過程中可以生發創意和與人結盟，也了解阻礙的發生是必然的。至於其他時候，你需要做個和平使者。

人生中有許多事物是受到情緒而非理性的驅使，第6閘門有義務為這些情況帶來清楚的見地。你會發現走在鋼索上很難做到兩邊平衡，有時你希望遠離現況，有時又想奮力一搏，導致你一直在兩種極端境遇中打轉。但是你願意妥協以求事情獲得解決；以創意、公平且正直的態度來處理問題。你總是扮演著工作或是人際關係中的仲裁者。

第6閘門扎根於情緒的田地之中，各種情緒的種子在此發芽生長，讓情緒閘門會越趨成熟。以生理來講，矛盾的解決之道會調節身體的pH值，決定健康的酸鹼平衡。如果你過於沉溺於某一區塊，就會失去平衡。過度沉溺有許多種型式，從貪婪、怒火或是對任何事物成癮；放縱口慾或性慾也都是其中的一種。矛盾的解答能促進內在的平衡，它是情緒的覺知，也有責任為生命帶來平衡。這是強而有力的情緒閘門，也就是說你的情緒會支配身處的環境。大家的感受取決於你的感受：感受清楚則能成就無障礙的環境，感受含糊不明則麻煩就會臨頭！

閘門 22 優雅的閘門

英文「Grace」一字有神的恩典或是優美、優雅之意。不管是哪一個意思，都能提升生活的各個層面。你在做任何事時，都會很優雅的完成。旁人能夠從你的為人處事中真切地感受到你的獨特魅力。你有許多方式來展現自己的優雅作風，像是穿著風格、得體的行誼，待人接物也都能展現良好的教養。你經常受到上帝的眷顧，一生順利平安，即使是最難熬的時刻，也能安全度過。閘門22表示神的恩典會常與你同在。

當然也不是說你的人生一帆風順，黑暗過後光明就會出現，就像童話故事中的仙度瑞拉被三個醜陋的姊姊惡整，但是善良的仙女就會來拯救她。所以面臨挑戰時不要害怕，但是要小心控制情緒，不然人生的考驗可能讓你失去優雅。

你看世界的角度很浪漫，和你一樣有魅力，動物也都喜歡親近你，牠們能感受到你的神祕磁場，雖然可能會讓你有點過敏。偉大的國王和王后不是因為智慧或是權力來獲得聲望，而是靠著他們展現的優雅風範——而你也是。

閘門30 欲望的閘門

相應於《易經》第三十卦「離為火」，想要體驗生命的慾火在你的體內熊熊燃燒。你在進入一段感情或是追求理想、經歷之前，要先放下心中的設想，不然結果只會讓你感到失望。如果你對心裡的感受或是外在的經歷都能保持開放、接納的態度，一定會有很大的滿足和成就感。在生命的歷程中，你的欲望會驅使你去嘗試新鮮事物，讓你苦樂參半、有收穫也有損失。到最後，你會懂得不再任性，放縱自己隨意嘗試。控制心火是一門重要也很適切的功課，可以培養你的智慧。

我們常認為人生就像是學校，學習的過程一定會經歷許多困難，才能更上一層樓。我們忘了地球其實是個遊樂園，體驗生命也可以很好玩。體驗人生有兩種方式：第一，你覺得這樣做很值得，但是不確定自己可不可以這樣做，所以你踮著腳小心翼翼，深怕犯錯，卻也因此沒從經驗中學到東西；第二，你先找到清晰的理路，讓感覺引領你，全心全意去領略寶貴的經驗，最後，你一定會驚呼：「哇，真是太棒了！」

這是一個關乎性、毒品和搖滾樂的閘門，你心中有熊熊欲火在燃燒。你的功課就是在產生欲望時，分辨它是否與本性相符——或純粹只求得到滿足。選擇時，要清楚自己的心。

閘門

36 危機處理的閘門

以情緒的角度來看，你可能會覺得自己老是處在災難的邊緣。就像閘門的名稱，你很容易發生情緒上的危機，讓你感到極度不穩定。這些危機會以黑暗召喚光明的方式來尋求解決之道。別人甚至會以為你是故意製造災難。但是你會不服氣的反駁：「我不用刻意製造，災難總是會自己找上門來！」

新的經驗讓你感到陌生，因而心生焦慮，就好像推你走進一片漆黑的森林。其實你只要先沉澱思緒，就能立即驅散這樣的感受。你要學習放下焦慮，和各種負面、騷亂的情緒相處，那麼一定可以度過種種難關。

只要你能儘量去接受要測試你如何解決，而且是無法避免的難題，自性就會感到一片祥和，越來越協調。你要記得內心擁有的光明和優雅的態度，以客觀的情緒來看待事情，就會越來越清楚如何預測困難，以及如何面對解決。擁抱自己，做個深呼吸，跟著權威中心的指引，情緒不再是你害怕的敵人，反而會搖身變成人生的導師，帶給你大智慧。

閘門
37 家庭觀念的閘門

你有強烈的家庭觀念，和親愛的家人共用晚餐是你最享受的時刻，這同時也解釋了為什麼你熱愛飲食！家人是你的一切，是生命中不可撼動的基石。你對家庭和社會有天生的責任感，會致力於連繫社群，家人同聚帶給你最大的喜悅。你是凝聚家人的主力，教導大家要合作、互敬和溝通。你覺得家務事很重要，會在家庭中扮演維護傳統的角色。

人們覺得你容易親近，也許是你喜歡觸摸別人，有時候會做得過頭，但是透過你的碰觸，會讓人覺得受歡迎，不管是一個溫暖的握手、擁抱或是拍拍肩膀。這是建立信任和聯繫的重要過程。出賣或是欺騙你的人會得到報應，你會將他們排除在外，不再邀請他們吃飯或是參加家庭聚會。

閘門 49 改革的閘門

你的內心有一股「要將生命活得正確」的渴求，因此你知道何時需要改變、更新，甚至是造反。你跟著時代的腳步前進，打破舊方法，徹底改革人生，有時候會顯得過於魯莽。當你忍耐到極限時，便會開始轉變，內心會生發「我受夠了」、「我要繼續前進」的情緒。你在人生中摸索，找尋自己的路。只要一有事情行不通，你都能快速發現。

閘門29對任何事情總是說：「好。」而閘門49剛好相反，「不行」是他們一貫的回答。「我覺得這個建議不行。」或是「你不能漠視我的感受！」都是經常出現的答案。

在面對大家的不滿時，改革是最有效率的處理方式，以開放的態度來獲得實際的改善。百姓因為無飯可吃，飢餓難耐而推動法國革命，你要改革的原因也一樣，當你感到人生有所欠缺、匱乏和不受重視時，便會快速地、以實際的方式著手進行改善。

在人生的岔路上，你經常會和同伴分道揚鑣，這樣做可以讓你的情緒起改革的作用。你對人很挑剔，不輕易讓人進入你的世界。你有敏銳的眼光，可以清楚的分辨血統和家世。

你需要克服每件事都要求自己做到正確的原則，轉變是你人生中自然的一部分。需要勇氣才做得到，但是你會獲得很棒的獎賞。

閘門 55 豐盛的閘門

不管口袋裡只有五塊錢還是有五百萬，你都會覺得自己很富有。富不富有不是以金錢多寡來衡量，而是心裡的感受。生活好壞端看心中的想法，你有可能懷抱著崇高理想，也有可能心存一天過一天的念頭。當你精神高昂時，會過度的傻氣和熱情，高興地大聲歡呼，擁抱生命的每一刻。但是精神低落時，人們可能會看到你捶打著自己的胸膛，胡亂發脾氣、情緒化。

這個豐盛的閘門可能讓你一直處在情緒很滿的狀態，你會感到難以駕馭情緒，或是壓抑不發作。你寧願釋放情緒也不願放在心中，有些人可能會覺得你太過小題大作！因為擁有表達情緒的特質，你會慎選夥伴。找到同樣性質、觀念的朋友很重要，也不要期望有人能夠幫你跳脫壞心情。最好的方法就是自己一個人獨處，播放喜愛的音樂，因為聲音能夠舒緩你的情緒。

你要尊重自己的情緒，低落、黑暗的心情反而能激發出無窮的創作力。「花開堪折直需折，莫待無花空折枝」、「把握時機」、「打鐵趁熱」，把這幾句話寫在卡片上，貼在牆上天天提醒自己，就這樣照著做吧！

無閘門開啟時的特質

當「情緒」完全沒有開啟的閘門時，就會成為開放且不填滿的中心，你會很驚訝人們選擇人生的方式。你總是以超然的心態觀察人們的情緒，別人可能會覺得你有些冷淡、事不關己，但也表示你可以承受旁人的情緒。很多好萊塢的大明星都有空白的情緒能量中心，讓他們可以去充分感受作家、導演或是其他演員想要表達的情緒。

開放的情緒能量中心不代表你就沒有感覺，只是你寧願將情感放在心中，自己知道就好。

根能量中心的閘門

閘門19 連繫的閘門

擁有閘門19的人都想要被需要，也需要被需要。因此你們在人生中會不斷的連繫大家，建立良好關係。同心協力和情誼是你成功的跳板，你不會變得需索無度，但是只有情緒、性愛和受人讚賞的需求被滿足時，才能和自己和諧共處。因此擁有這個閘門的人會不斷的放電、調情，直到找到另一半為止。

這個中心會施加壓力，迫使你尋求家人、團體或是社群的接受和肯定。分離會讓你感到不安，你希望這個世界不再有任何分裂，大家都能如家人一般相親相愛。你會盡一切可能讓人人團結一心。當你感到孤立或是局外人，都會讓你的內心感到不快樂。

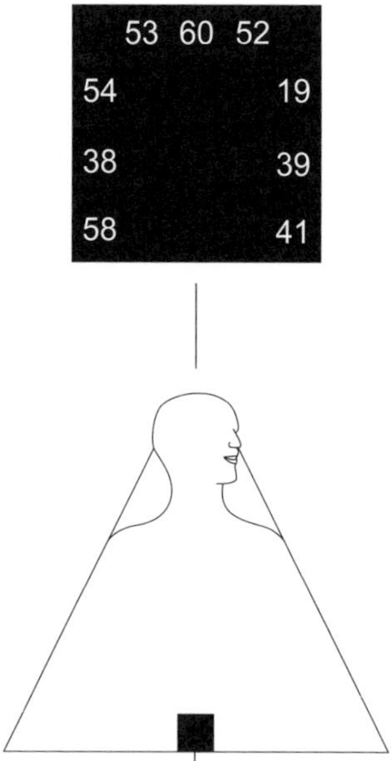

需要歸屬感並不件壞事，因為它促使彼此同心協力，讓你在人們感受到需求和期望之前就能預先察覺。你常常會比別人更了解他們自己，這個閘門讓你看到人們的內心，知道他們需要什麼才能提升自我。

要區分是自己或他人的需求讓你感到很困難。幫助人們在心靈和塵世之間更加協調，是你的天賦；也要小心你容易犧牲自我的性格。

閘門 38 反對的閘門

你會咬著牙，以鋼鐵般的意志和不可小覷的戰鬥力來拯救世界。你特別喜歡挑戰公權力，來自根能量中心的壓力，讓你為了大眾的利益對抗強權，也就是說任何有組織性的系統都會讓你感到威脅。你好辯、愛爭論又心存敵意，有時候就會為了爭吵而爭吵，隨時都準備好要吵架似的，這樣的態度會令有些人厭惡。大部分的人都會避免和人正面起衝突，因此就要靠你帶來一點改變。

閘門38的人只聽他們想聽的話，但你應該要多聽取同伴的想法。看看自己在抗爭的事情是否對你有益，不然可能會窮其一生都在做無意義的追求。到最後你會發現自己這麼努力反抗，其實只是想得到感謝。

閘門39 挑釁的閘門

挑釁其實是兩面刃，可能會讓火燒得很旺，也可能讓自己容易動怒。根能量中心會逼迫你去摸索，甚至是嘲弄人生，這樣做會引來有害的麻煩事，當然也可能是有趣的體驗，甚至可能會激起他人的性慾。你會故意刺激別人，像是用棍子去戳人們心中的睡獅，看看可以引發出什麼樣的反應。即使不這樣做，你還是有辦法刺激別人，譬如說和每個人打招呼，卻故意忽略某人。這是因為不管你到哪裡，總是帶著挑撥的能量。

閘門39天生愛調情，會在社交圈中逗弄或是勾引人，就像是把魚餌丟到水中，看誰會上勾。這個閘門的人會不斷的吸引別人的注意力，他們喜歡人們的認可和欣賞。你容易感到憂鬱，一段戀情接著一段。如果有人不接受你的挑逗，不關注你，你也不會浪費太多時間，很快就會轉換目標。

要知道，如果你太過努力要獲取他人的關注，人們很容易迷失在你的陪伴之中。我會建議你要儘量以客觀的角度來觀察，做個深吸呼，可以的話，離開現場也是不錯的方法。

這樣做可能會讓對方難過，但是你沒有義務要取悅他人。奇怪的是，有些人反而喜歡活在痛苦的情緒之中，如果你想幫他們跳離負面情感，反而會讓他們更狂亂！很多人忘記自己也可以充滿精力，和你在一起，可以喚回活力，彷彿你為他們做了「心靈」的心肺復甦術一般。

閘門41 想像力的閘門

你有豐富的想像力，帶給你各種不可思議的體驗，不過你可得分清楚真實和幻想之間的差別。你的幻想非常真實，人們總是情不自禁的相信。不管幻想是否實際，根能量中心都會讓你感到非得實現它們不可。你把人生活得像是一部精采的電影，而你就是讓這部電影發光發熱的主角。你有敏銳的眼光和嗅覺，能注意到樹叢間不起眼的玫瑰花。

閘門41是生命中所有經歷的起跑點，有點像是心靈之眼，在各個角度之中尋找機會，讓你的人生更加完整。要擔心的是，這個閘門可能讓你沉浸在幻想之中而無法自拔。你會幻想和同伴一起拯救世界，或是穿著閃亮盔甲的騎士，抑或是和不存在的人對話。把你的想像力放在可以達到的目標會是比較好的做法。

想像力代表在施與受之間找到平衡點，即使你可以想出各種觀點，「少即是多」的這句諺語仍舊可以讓你非常受用。感謝自己的想像力，它會照亮前方的道路，讓你感到無比的自由。

閘門

52 山（安定）的閘門

當你仰望著高山，像是喜馬拉雅山的聖母峰、非洲的吉力馬扎羅山（Kilimanjaro）或歐洲的白朗峰，在你感到敬畏的同時，你會發現這些高山彷彿靜止在時間中，不受歲月的影響。不管是黑雲罩頂，還是晴空萬里，有沒有人造訪……，山峰依舊如如不動。

擁有閘門52的人也有著如高山般的安定感，人們欽佩你淡定的工夫。當你面臨壓力或是有棘手事要處理時，別害怕，要記得自己擁有高山般的寬闊視野，你能提出無與倫比的觀點。

擁有這樣特質的你，有時容易過於固執、不為所動，但是最要緊的是你擁有清晰的觀點。你深思熟慮，你知道何時該行動，何時又該保持靜止、向內省思。

根能量中心會不斷釋放壓力，直到你起身行動為止。你從高處向下看，可以清楚知道未來要怎麼走才會更好，你的努力也會讓事情越來越好。即使世界再怎麼混亂，你還是能夠保持一貫的舒泰安定，提醒大家：「這一切都會過去的。」

閘門 53 新的開始的閘門

每個故事都有開頭、過程和結局，但是閘門53不一樣，你會不斷的尋求新的開端，但是很少會維持下去，更別談是撐到結局。

閘門53在面對新的經驗時，總是抱持著開放的態度，這是你與生俱來的特質。你無法忍受無聊，因此會嘗試任何新奇的事物，甚至會故意製造機會來體驗新事物。有點像是皮膚癢不得不抓一樣，你被迫去嘗試、去體驗。你經常會發現自己又加入新的計畫與活動或是有新的夥伴，即使你一開始就知道不會完成或是個性不適合，還是無法阻止自己。

我還發現這個閘門的人，書老是讀不完，桌上總是有一堆讀到第二十八頁的新書。花園的植物不知道何時才能種好，還有一堆處在剛開始計畫階段的雜務也不知何時才能完成。這是你的處世態度，沒有對或錯，你天生就很會起頭，像個飛機起飛坪一樣。因此你會覺得幫助別人起頭是很簡單的任務，人們也經常需要你推一把。

人生中有許多新的開始，起床也是一天的開端；新的開始就有新機會，你總是能夠在當下處理人生丟過來的挑戰。起床後喝杯茶很舒服，外出散步或是寫 e-mail 給朋友，對你來說也是一天的好開始。當你允許自己放鬆地開始一件事時，你會發現人生的每一天都充滿了成功與令人愉快的行動。

閘門 54 企圖心的閘門

輕率的訂定目標，可能讓你一頭熱的朝難以達成的目標邁進，你在事業中費力地往上爬，在社交場合中努力攀關係，在每個領域中都要成為優勝者……，問題是這一切都是同時進行！

雄心抱負驅使你突破自己的極限達到成功，不管是在社會地位、物質還是心靈持修的領域都一樣。你會給自己壓力，把握任何可以攀關係、建立同盟的機會。你清楚自己有時候會接下超過自己能負荷的目標，像是在嘴巴塞滿食物咬不動的樣子。這樣做會感覺自己像是沉到深海，雙手雙腳拚命地踢水，希望能趕緊探出水面吸一口氣，救自己一命的絕望心情。

當你終於如願吸到空氣之後，你會更加猛烈的往岸邊游，滿心期望最好有一艘船能快出現，載你更快速地回到岸上。你會拉住任何能夠推你前進的人或事物，你幾乎不在乎自己朝哪個方向前進，只希望趕快游上岸休息。輕率的目標會促使你行動，但是卻讓你得不到任何援助。你不會讓任何事阻擋你，一定會無所不用其極達到目標，得到自由。

擁有這個閘門的你會挑戰命運，清楚自己的欲望是動力的來源，如此一來，成功自然指日可待。

閘門 58 歡樂活力的閘門

小嬰兒只要一看到大人的臉就會手舞足蹈或是開心地咯咯笑。年輕的時候，我們充滿純淨、自然的活力，這是宇宙賦與我們的禮物，因為我們單純，不懂得分別。只是很多人在年紀漸長之後，就會失去這個禮物。但是閘門58的人不會，你總是充滿活力，分享越多，收穫也會越大。

你相信人生，這樣的信念是有傳染力的，旁人都能得到正面的鼓舞。你相信冥冥之中，一切都有宇宙的美意，不管是挑戰還是意外的收穫都有正面的意義，你的信心會改變世界。

你對一切事物總是來者不拒，站在雨中淋雨還是在陽光下做日光浴都可以，但是你要小心，這樣的態度容易讓你被人生牽著鼻子走。

因此，你要學習的課程就是：保持歡樂、正面態度的同時，也要謹慎選擇你要投注心力的目標。這滿能量的情況，可能會迫使你敞開雙臂，體驗人生，不過你要以智慧分辨什麼樣的經驗能夠帶來歡樂。舉例來說，愛參加派對不表示需要場場出席，除非每個派對你都很樂意前往。

在人生中，施與受之間要達到協調對你來說很重要。你是這場人生派對的首選主持人，開心地享受每一支舞吧！

閘門

60 限制的閘門

你是個奉公守法的人，生命發給你什麼樣的牌，你就會安分守己地照著打。總是會盡力做到最好，把手中的酸檸檬做成好喝的檸檬汁吧。規則對你來說是堅固牢靠的人生平台，沒有人會像你如此顧及現實狀況的限制因素。你懂得分辨什麼是難以跨越的障礙，而什麼又是實際可行的機會，這思維幫助你把握當下，站穩立場，也給你足夠的動力通過考驗。

「限制」會以不同的型式出現在健康、雄心抱負，或是經濟、人際關係與家庭之中，對於自己無法完成或是得不到的事物要學會不執著。

根能量中心的每個閘門都要承受不斷擴張和進化的壓力，閘門60會逼迫你接受無法達成的「限制」。別再和這些局限做無謂的抗爭了，就從眼前的計畫開始著手做起。這個方式是你的新跳板，因為你不用努力要擊倒圍繞在你身邊的限制。當你心平氣和的接受自己所擁有的一切時，就能開始進化。

無閘門開啟時的特質

完全沒有開啟的閘門時，你有一個開放且空白的根能量中心，你會覺得很難處理壓力，尤其別人附加的壓力。對於強迫性的截止期限與目標會讓你喘不過氣，所以你要先找到權威中心給的指示，不要讓別人逼迫你完成目標或是做出決定。你的人生功課就是不要讓外在的壓力擊倒自己。開放的根能量中心有一個優點，可以讓你沉穩地面對充滿壓力的人生，因為你有著超然、不受影響的思維。

六爻的解釋

我們可以用《易經》的「六爻」來總結這64道閘門。因為很多事物都有更深層的意義，不能光看表面。每個閘門都帶著六種不同的層次，更添閘門的影響力。要深入了解內藏的意義，我們需要逐一解釋這六爻的代表意義。

每個人類圖的閘門都有其他隱藏的層面，包含這六爻的元素，透過它們就能更加明白自己的特質。現在你已經知道每個閘門都和《易經》一樣有相對應的爻，熟悉這項中國古老智慧的人便知道每一卦都是由六條橫線所組成的，這六條橫線從下往上數，由陽爻（實線）和陰爻（中斷的線）相疊而成。因此每個閘門便有六個不同層級的架構，在人類圖中，我們姑且亦稱之為「六爻線」（the six lines）。

從以下這個範例中，我們可以看到左邊有一行數字會顯示閘門的號碼，位於右邊的黑色數字，是屬於有自覺的意識部分；紅色則標註在左邊，是屬於不自覺的潛意識。在閘門數字的右上角會看到更小的數字，這就是人類圖的六條爻線。

範例：英國哈利王子的
閘門與其六爻線

潛意識	意識
1984 年 6 月 16 日	1984 年 9 月 15 日
00:02:41	18:20:00
GMT（0.00hE）	WET/S（1.00hE）

	潛意識		意識	
閘門 12，3 號爻線 =	12^{3}	☉	6^{1}	= 閘門 6，1 號爻線
	11^{3}	⊕	36^{1}	
	61^{4}	☾	23^{4}	
	16^{1}	☊	8^{6}	= 閘門 8，6 號爻線
	9^{1}	☋	14^{6}	
	35^{6}	☿	59^{6}	
閘門 12，3 號爻線 =	12^{3}	♀	57^{3}	
閘門 44，5 號爻線 =	44^{5}	♂	26^{1}	
	38^{1}	♃	10^{6}	
閘門 44，3 號爻線 =	44^{3}	♄	44^{6}	= 閘門 44，6 號爻線
	9^{6}	♅	9^{5}	
	10^{3}	♆	10^{1}	
	50^{4}	♇	50^{5}	

（以上淺灰色字體代表紅色部分）

以哈利王子的人類圖為例，你會看到12^{3}——表示他擁有閘門12和3號爻線；而對面黑色的部分為6^{1}——表示在意識部分，他擁有閘門6和1號爻線。下面的數字以此類推，這樣就能很清楚地看出你擁有哪些閘門和爻線。這些爻線可以讓我們更清楚哈利王子真正的個性與特質。

我會在下一本書中，逐一解釋每個閘門和這六條爻線所代表的特質，因為六十四道閘門乘以六，會有三百八十四種不同的排列組合，不是幾頁便能解釋完整。現在也還不需要了解如此詳細的註釋，但是我們可以簡略地先知道每一條爻線的意義，因為這六條爻線都有各自的主題將它們連結在一起。

在你解讀人類圖時，可以先計算兩邊閘門上的數字，確認哪一條爻線出現最多次，便可以得知你的主導線。譬如說6號爻線占最大多數，表示你有最明顯的6號爻線特質。之後請你閱讀6號爻線的解釋，看看自己有哪些特性，就能更深入的了解自己，同時也能領會其他條線在你的人類圖中的意義。

1號爻線

1號爻線是閘門的地基，建立起穩固的基礎。1號爻線的人需要知道自己很安全。你喜歡清楚明確，討厭模糊不清。缺乏安全感與穩固的地基，會讓你產生強烈的不安。1號爻線的人需要信任當基礎，不然的話，不安全感會扼止某些特質或是潛能。

1號爻線是位在最下方，隱而不顯，不確定是否要讓事情攤在陽光下。但是它們會帶來內在的紀律，讓你完整地擁抱生命。1號爻線在展現努力和自信的同時，心裡正深深地向內省思。1號爻線帶有自私的特質，認為「一切都是為了我」，你需要獨自工作或是單打獨鬥、靠自己。1號爻線和其他人有交集或是開始新計畫時，身體會出現流汗、難為情、急躁或是發抖的情形。在個人生活和工作領域時出現這樣的狀況時都要注意。1號爻線類型的人需要深入了解事情的本質。

2號爻線

2號爻線讓閘門擁有自然輕鬆和無憂無慮的特質，你們對自我的認知不多，但又有強烈的自我意識，因此一定會再三確認他人是否認可和感謝自己的貢獻。2號爻線的人做什麼都需要得到回應和保證，因此不難理解為什麼「你和我」以及「一對一的交流」會成為你們的中心思想。你們會集合眾人的回應，從中獲得認同感。除了認同感以外，還會讓你們擁有溫和、善與人同以及團結合作的特質，不過有時候會讓你出現過於順從的態度。

反常的是，2號爻線也可能有超然、內向與沉默寡言的特質，甚至會到了希望不受打擾的地步。如果你受到干擾或是感到心煩意亂，可能會爆發情緒，絕對會讓大家知道你的心情！人們通常會用害羞來掩飾內心的熱情，但如果大家能看到2號爻線心中的熱情，他們就會大方的展現富創造力以及隨和的態度。

3號爻線

3號爻線的人都會擁有創新和敏銳的鑑察力，但同時也會帶著不輕易承諾、避重就輕、優柔寡斷以及客觀的特質。變動、突變和不可預測性總是如影隨形的跟著3號爻線。你們多才多藝，適應力強，因此行事作風就又更加善變。

看到3號爻線就知道你會有突破極限、開拓新領域的性格，而且不會考慮結果。3號爻線的人都會把「不經一翻寒徹骨，哪得梅花撲鼻香」當作砥礪自己的格言。即使做錯了，你還是會提振精神，繼續前進。創新與困難就像兄弟一樣，老是手牽手一起出現，但是你不怕實驗，也不怕改變，你不會被這些事情嚇倒。

失敗為成功之母，你會從中學習，持續提升成長。因此你會帶著「試試看就知道」的強烈特質，有你的存在，人生的許多層面，戀情和新計畫都會更增添趣味、刺激，甚至是賭注和危險。

4號爻線

你們無私又真誠，心存著「我為人人，人人為我」的偉大胸襟。講話時總是以「我們」為開頭，仁慈寬厚，待人親暱熱切。然而你們會不由自主的擔心遭到拒絕，不被他人接受和賞識，這是你們的一大弱點。

4號爻線的人會建立友好的人際網絡，以吸引更多機會。但是這樣做可能會產生不知變通的問題，你容易單純地以為這就是唯一的方法。你們會以眾人的利益為前提來計畫前進的方向，但還是會照自己的方式進行。不懂得靈活變通，結果就可能會帶來挑戰，使得計畫受到阻撓、否定。因此會更加深你們害怕被拒絕的心理。

只要4號爻線感覺受到挑戰或是不被賞識，就會退縮躲避。這時候，你連呼吸都會覺得寒冷，雙臂緊抱在胸前，也把心關起來了。這是你在遇到困難和他人惡意的行為時，會啟動的自我保護機制。

5號爻線

5號爻線的人可以擔當領導者或是管理階層，因為你們擁有老師或是指引者的特質。你的閘門帶有教育性、激勵性甚至是戰士的影響力，因此你的性格自然迷人、機靈、有魅力、有說服力。

但事實並非如此。也許你有良好的表現，但是內心卻有問題正在伺機而動。我會這樣說是因為5號爻線的人經常脫離現實世界。你們追求響亮的名聲，不怕許下重大的承諾。成功時會大肆慶祝屬於你的榮耀，失敗時，也會產生同樣強烈的情緒，自哀自憐。

5號爻線的人寧願將情感發洩出來，也不要壓抑在心裡，這樣做可以避免性格上的弱點出來攪局，也能減少問題、和複雜的情況。如果你有很多條5號爻線，可能會覺得難以接受現實，而且會在這個物質世界中感到非常迷失。

6號爻線

6號爻線會讓閘門帶有慈悲、博愛的特質，這一條線是閘門的最高層級。1號爻線需要穩固的地基，而6號爻線則是用它至高的視野俯瞰一切，因此眼光長遠，能看清楚事情的全貌。這也是為什麼6號爻線的人在處理事情時，都值得人們的信賴。

6號爻線的人擁有超然和客觀的特質，以及對一切了然於心的大智慧。因為地位崇高，看遠不看近的關係，你對無耐的忍受度很低。

6號爻線的人有著崇高的理想，會向每個人傳達將來的願景，希望大家都能相信你的夢想。你容易帶著浪漫的玫瑰色眼鏡看世界，會把事情想得太過夢幻，不切實際。但是你們也擁有實現理想的能力，會熟練的掌控整個局面。你和3號爻線的人不一樣，你會投注全部的心力來承擔責任，引領每個人完成使命。

7

找到你的人生使命——十二種人生角色

人類圖給我清新的思緒，讓我感到內心祥和。這種感覺很像憋很久的呼吸後，終於可以長長吐一口氣的解放心情。

——KS，美國德州

人類圖的解說已經來到尾聲，我們可以停下車來，評估現況、深深地呼一口氣，享受美麗的風景了。好好看看四周，用心觀察這個世界。你要重視自己的看法，不要靠別人，而是以自己的感受，來見證生命。

你對世界有特殊的貢獻，可以和完美體制中的萬物共處。沒有任何系統比得上人類圖中的「人生角色」（profiles）更清楚地描繪出你的特質。

「人生角色」幾乎可以說是行為模式和生命方針的最佳寫照。之前談到的五種類型與做決定的權威中心是開啟內心的兩把鑰匙，而「人生角色」就是啟開內在本質的第三把鑰匙。這份「人生角色」會讓你的人生更加完整，它就像是蛋糕上的糖衣，描繪出你和其他人互動的情況。如果有人問：「要怎麼形容一個人？」我會說，透過「人生角色」就能得到最棒、最清楚的答案了。

「人生角色」被廣泛地當作評估的工具，從中可以揭示人們的特有的行為、脾氣、溝通方式和態度。因此行銷團隊會使用這個工具來鎖定潛在的客群；公司也會靠「人生角色」來評估員工，使其可以有最佳表現，達到最好的業績標準。透過心理分析可以更清楚客戶的需要，在犯罪分析上也可以幫助警察縮小嫌疑犯的範圍。沒有其他事物比準確的「人生角色」可以更清楚的了解一個人，滿足你的好奇心。

人類圖不單只是顯露個人的內在部分，還涵蓋人與人之間的互動情況。人生角色加上之前的五種類型與權威中心，就能對一個人有相當程度的了解，因此在人類圖的領域之中，會聽到有人這樣介紹自己：「我是發起型執行者、3/5型的人，情緒是我的權威中心。」或是「我是5/1型的人，投射者，權威中心在脾臟。」只要簡單一句話，就能立即對你有初步的認識，因此我常喜歡說：「別談星座了吧，你是哪種類型的人啊？」

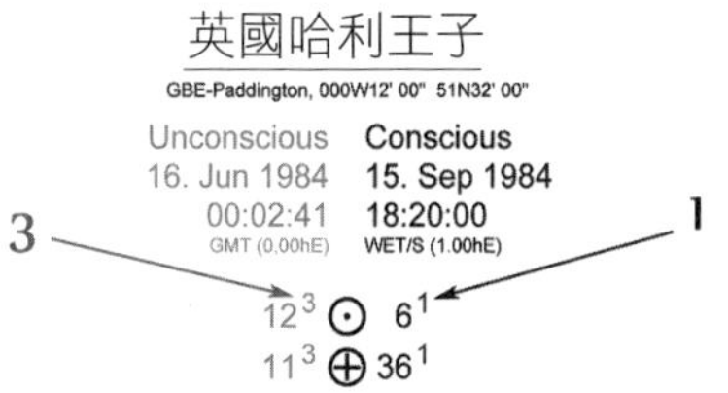

（以上淺灰色字體代表紅色部分）

「人生角色」是由六爻線所組成，互相配對而產生十二種「角色」。這十二種角色是如何成為人類圖的一部分，會在更進階的課程中解釋。現在我們只要知道自己是哪種「角色」，以及這個角色對我有什麼樣的意義。

你可以在人類圖中看到屬於自己的「角色」，也就是左上角的數字。基本上是由太陽符號上的兩個數字決定的。

在你的人類圖上，你會發現兩個字體較大的鬧門數字，但是「人生角色」是由旁邊的小數字所決定的。當這些數字配對後，就成為你的「人生角色」。在人類圖之中，黑色數字會擺在前面，然後才是紅色的數字，這是因為黑色代表有自覺的意識，而紅色是深藏於內心的潛意識。如此一來，我們知道哈利王子是1/3人，安潔莉娜．裘莉是3/5型的人。

人類圖和易經相似，不同的爻會組成不同的人生角色。認識人生角色可以發現和別人的共同點，以及在友情、職場和戀愛中的協調性。就像占星學會告訴我們哪些星座能夠和諧相處，人類圖也可以學到相同的知識。這是陰陽調和的原則，因此你會發現自己特別能夠和特定的類型和平共處，但是和某些類型的人卻容易水火不容。

在我的人生中，我都是靠著「人生角色」的相吸相斥原則，便可以知道自己能不能和這些人做朋友。我可以馬上知道自己和他人有什麼樣的共同點，有沒有辦法快速建立起友誼，或是得特別小心和對方相處。

「人生角色」的調和與共鳴

如同之前所提到的，人類圖的64道閘門和《易經》的六十四卦相對應，每個閘門有六條橫線，而這六個層級就形成了每個閘門的結構。所有的1號爻線都和其他的1號爻線互相調和，2號爻線和其他的2號爻線互相調和……以此類推。

此外，共鳴或是相同的頻率就像是交響樂中的音階，存在於1號爻線與4號爻線之間、2號爻線與5號爻線之間、3號爻線與6號爻線之間。相對於1號爻線是人格化的基礎頻率，4號爻線是外向、真誠的頻率；相對於2號爻線是內向、不做作的頻率，5號爻線則顯得複雜、難懂；相對於3號爻線的缺乏經驗，但是更勇於冒險的頻率，6號爻線天生就擁有管理人和權威的頻率。在這十二種人生角色之中，一半的角色是由協調的橫線所組成，像是1/4或是6/3的人，這象徵著他們以獨特、自我包容的方式和這個世界互動。

當你在運用這些資訊時，可以參考人生角色後面協調性的註記。但請千萬不要完全按照字面上的意思，硬性規定自己應該如何選擇男女朋友，或是評估現有的戀情是否可以繼續下去。畢竟，人類圖中有太多因素要考慮，我可得再寫一本書，才能完整地解釋清楚！

就請你享受下面這篇「人生角色」的內容，把這些資訊當成嚮導，更深入地認識這方面的自己。

The 1/3 Profiles
1/3 型人的人生角色

你有著靜不下來的靈魂，所以我會盡力讓這篇內容夠精采，讓你有興趣讀完，不然你一定會往前追求下一段刺激，無止盡的在這無常世間尋求平穩和安全感。

從內省的方面來看，你是個有魅力而又實際的人，和這個世界有著深厚的連結。下意識中會渴求生命的汁液，對學習抱持著熱切的態度，總是在尋找「最新、最棒、最熱門」的事物。因此，你會以開放、好奇的心理開始新戀情或是計畫。在過程中，你會一直評量它們是否值得你全心投入。1號爻線有著深沉的不安全感：總是擔心腳下的地毯隨時會被抽掉。當這樣的情況與潛意識、不作承諾的天性（3號爻線）結合時，就會讓你像隻貓咪，在炙熱的鐵皮屋頂上急跳腳。但是你內心裡渴求一個讓你能夠安全抱住的穩固基石。

倘若有人事物讓你感到不安，你會從中找缺點，表現出一副不再有興趣的模樣，或是找理由退出、放棄等，這樣的情況有時發生得很突然。你不喜歡受到束縛，也有一套針對人事物行不行得通的辨別原則。

和1/3的人對話，就會發現你們講話很直，而且急著要切入重點。這是你特有的天性：追根究柢、吸收、學習、獲取……往下個目標前進。

在進入新的集會時，你的1號爻線會和人有直接的接觸，決定互動的基礎，在這個同時，3號爻線會開始探索是要投入還是脫身。你渴望結交新朋友、體驗新事物。你像隻愛社交的花蝴蝶，飛來飛去與人互動，但是下一秒鐘，可能就會咻地一聲飛得不見人影！你對新事物和新朋友的熱情，使得你很容易想都不想就一古腦地栽進新的計畫或是新戀情。這樣有點自私、埋頭苦幹、努力往前衝的個性可能會讓人覺得過於衝擊。你要特別注意自己會因為失去興趣，就要和人斬斷關係的毛病。

你能力很強，但是3號爻線有著「試試看再說」的特性，因此你的性格中會帶著漫不經心的態度。在工作上，你有實驗的精神，一切順利時，你很興奮，做什麼事都會很成功，因而心存敬畏、感恩和喜悅。你會親自去體驗、實踐，一直到情況改變，讓你感到不安，你才會被逼著繼續前進。你會建構生命的層次，在穩固的地基上，一層一層的往上爬，努力提升自己，讓未來更美好。

慢慢的你會發現在生活方式中，有些事會一再重複發生。也許你走的每一步路都很正確，而且你活得非常充實，但這樣的話，你不會有什麼突破，或是獲得持久的成功。

到最後還是得面對心中的不安全感，也得滿足你對穩定的渴望。能夠安心、獲得信任是你的底線，也是你做人的根本。如果有某個人或是計畫重要到你不願失去的話，你一定會不甘示弱的在地上釘下樁木，宣示領土主權，然後在這裡落地生根，蓋起房子、建立事業和組織家庭。當你找到值得付出的地方，就會百分之百的投入。在你建立自信，支持自己的時候，就能獲取成就、找到人生的意義，而且還會發現展現真實的自己時，大家都很歡迎你。

與1/3人的相處模式

如果你的另一半是1/3人，你要知道他們有神祕、懂得向內反省的特質，喜歡和自己對話，老愛問一些像是：「我要怎麼擺脫這件事？」或是「這有足夠的利益，給我一個安全的未來嗎？」注意喔，這類的問題可是和你要「怎麼擺脫這件事」一點關係也沒有。1/3人需要別人不斷的對他付出，他才能學會信任與付出。了解這點，你就比較能夠接受1/3人的任性，並且更進一步發現，這樣的特質其實都是因為他們心裡藏著深深的不安全感。

他們要信任你，才可能做出完全的承諾，因此你要小心，不要故意像個調查員一樣去刺激、挑撥他。更應該把他們抱入懷中，讓他們安心。在他們百分之百確定你的心意之前，他們會採取逃避或是猶豫不決的態度，因此會讓人覺得冷淡或是不帶感情。沒錯，1/3型人隨時可能會奪門而出，不說一聲讓人摸不著頭緒，使得被拋下的人感到痛苦和滿腦子的困惑。但這就是1/3型人的天性。

我覺得1/3型人的另一半一定得做個精神支柱，給他滿滿的安全感。當他感受到愛與安全感後，這些不愛表態、做承諾的1/3型人就會成為你身邊最牢靠、忠實的夥伴了。

誰和我最速配？

和1/3型人最速配的是1/3和4/6型人，第二適合的為3/5、3/6、5/1和6/3型的人。

1/3型的名人

英國詩人威廉・布雷克（William Blake）、流行歌手邦喬飛（Jon Bon Jovi）、英國影星米高・肯恩（Michael Caine）、默片演員卓別林（Charlie Chaplin）、英國歌手艾瑞克・克萊普頓（Eric Clapton）、美國前國務卿希拉蕊（Hillary Clinton）、英國黛安娜王妃（Princess Diana of Wales）、美國影星莎莉・菲爾德（Sally Field）、美國非裔民權領袖傑西・傑克森（Jesse Jackson）、美國影星蜜雪兒・菲佛（Michelle Pfeiffer）、畢卡索（Pablo Picasso）、美國歌手黎安・萊姆絲（Leann Rimes）和法國前總統薩克齊（Nicolas Sarkozy）。

The 1/4 Profiles

1/4 型人的人生角色

電影《不速之客》的男主角羅賓．威廉斯飾演一名快照店的店員，他在電影中說了這麼一句話：「人生中最令我們害怕的事已然發生。」我覺得很多1/4型人一定感到心有戚戚焉，你們膽大心細，追求機會時總會小心翼翼。

1/4型人是機會主義者，但是力守紀律，態度謹慎小心，因為你會要求做任何事一定要打好基礎，做好安全措施。這之中形成了如拉鋸戰般的矛盾，1號爻線外向但是會仔細挑選，而4號爻線善於社交卻小心謹慎，1/4型人需要在這兩種截然不同的特性間取得平衡。不管是個人或是職場上的機會，你一定得要看到事情的全貌，了解每個層面，因為你要確定自己能夠安安穩穩、不被突如其來的意外所驚嚇。

你有一顆直率的心，熱切的想要迎接人生丟來的每一顆球，但前提是你要感到安心、沒有危險。1號爻線感到不安的特質，以及4號爻線害怕被拒絕的心理，可能讓你專橫的想要控制一切，尤其是牽扯到個人生活的議題。在你那烏托邦的理想主義當中，不認識的人會敞開雙臂，傳送溫暖和擁抱彼此。你認為只要有「良善的心」就能建立成功與發展的穩固基礎，難怪志趣相投的人會成為你追求安全感的目標。

大抵來說，你會謹慎地選擇親密的人際關係，甚至會認為最安全的關係就是和自己相處。我會這樣說是因為你的不安全感，讓你把任何事都往心裡藏，只關注自己的需求，有時甚至會忽略周遭的人。當你感受到危機或是有所疑惑，你的世界會停止尋求安定，在這種情況下，你會變得畏懼，退縮，讓人無法親近。

但是1/4型人也有另外一面，像這樣強烈以自我為中心的情緒會讓你成為一個急切、直率的機會主義者，你擁有企業家的才能，也有堅決的意志去獲取利益。你會投注心力去贏得成功，不會逃避風險，因為你渴望讓主管和同事們刮目相看。當你全心全意處理正在進行的計畫時，能夠有你的加入真是大家的福氣。你是開路先鋒，奮力帶來創新的契機。沒有任何事比大家的認可和感謝更讓你醉心。事實上，你有能力、有熱情，具憐憫心和慈悲的胸懷早就為你引來一長串的仰慕者，只是你不知道而已。

和1/4型人對談會很清楚的發現，他們是一群敏感、正直、坦率，言談懇切的人，你會感受到他們所擁有的力量和潛能。雖然內心非常脆弱，但是你帶來的溫暖足以融化人心。如果人們過於刺探或是態度粗魯的話，你會退縮離開，直到確定這些人不會傷害你為止。一旦你受到傷害，就不會再張開雙臂，而且會劃清界限，不讓人親近。

在走進任何聚會時，1號爻線的特性會讓1/4型人和其他人直接接觸，而4號爻線會環顧全場，決定當下的情況，看看有誰是願意真心交朋友，給予承諾。誠實對你來說比什麼都重要。

我會告訴1/4型人要看清楚自己想要什麼樣的夥伴和目標，因為你的性格中有一個特質，就是如果被逼過頭了，就可能精神崩潰。你要尋求能夠給你安定，而且努力能得到回報的目標。在個人生活和工作的領域之中，施與受之間要有穩健的協調性。每一種人際關係都要能夠互惠，這樣真的本性才能散發光采。只要找到信任的基礎，1/4型人就能充分地展現自我。

與1/4人的相處模式

如果你的另一半是1/4型人，你要知道他擁有一顆慈悲心腸，但是1號爻線的特性會讓他在敞開心懷時格外謹慎。因此有可能會覺得1/4型人太過於敏感、封閉。1/4型人渴望溫暖的擁抱卻又超難親近，你需要很大的耐心和力氣，慢慢打開他們的心懷，讓他們從封閉的世界中走出來。

1/4型人的腦袋裡有太多事物在運轉，因此要了解他們並不容易。你需要溫柔的哄哄1/4型人，給他安心的保證，還要懂得如何重視他們，感謝他們。1/4型人喜歡情人的撫觸，記得要常互相擁抱、牽手。肢體的接觸非常重要，這也是讓他們安心的來源之一。看到你退後一吋，可會讓他們馬上跳離你一呎之遠。當他們聽到情人說出：「我們一起面對」或是「只有你和我，沒有其他人」等等話語，會讓他們覺得世界變得更穩定，只要一建立起信任，阻隔情感的牆就會瓦解，你會得到1/4型人給你無限的愛、忠誠和熱情。

誰和我最速配？

和1/4型人最速配的人絕對是1/4型人，因為沒有其他人可以和你們如此心靈相通。除此之外，第二速配的為2/4、4/1與及4/6型人。

1/4型的名人

拳王阿里（Muhammad Ali）、前古巴共產黨中央委員會第一書記菲爾德・卡斯楚（Fidel Castro）、愛因斯坦（Albert Einstein）、美國第34任總統艾森豪（Dwight Eisenhower）、影星伊旺・麥奎德（Ewan McGregor）、英國樂團貝斯手席德・維瑟斯（Sid Vicious）和賽車手舒馬克（Willie Shoemaker）。

The 2/4 Profiles

2/4 型人的人生角色

我得要輕手躡腳的走過去，才不會吵到你。2/4型人喜歡一個人待在自己的殿堂中，討厭被人打斷你的專注力，即使是看電視也一樣，所以門口老是掛著「請勿打擾」的牌子。如果有謎題需要解開的話，第一個要解的人就是2/4型人，因為你本身就是個神祕難解的謎。

你很神祕，連你也覺得自己很難懂，你看不清楚自己，也很難和人分享心中的想法。2/4型人可能在這一刻非常害羞靦腆，但是下一秒卻又變得英勇無懼、言談直率。你以輕鬆愉快的方式和這個世界互動，但也會突然關上門來，躲進自己的洞穴。

2/4型人很難維持平穩的心情，情緒總是變化莫測。但是旁觀者卻比2/4型人更容易看清楚自己，也許這就是你為什麼喜歡去探求從別人身上反射出的自己，還會記錄他人對你的反應，不這樣做會讓你忘記自己是誰。你需要旁人的陪伴，讓你找到支持，力量和決心。因此造成你培養出付出太多的性格，彷彿你天性柔順、善於與人合作。

和2/4型人對話，會發現他們的個性自然、隨和、親切而且心胸寬大。也會專心聆聽對方說話，這倒也不是因為談話內容多有趣，而是他們想從別人的觀察中知道更多「關於自己」的事情。人生是一所可以讓你終生學習的大學，所有的互動都決定於你所受的教育、得到的引導和啟發。你會從他人身上找出自己的定位，要是你敬佩的人做了什麼可以提升生活品質的事情，你也會照著做。如果你在電視上看到激勵人心的建議，也會虛心採納。你會深入研究任何可以發現自己的事物，這就是2/4型人，因此可別被神祕的謎題給打敗了。

你可能會發現（也可能沒有察覺，因為這屬於潛意識的部分）自己害怕被拒絕。遭受拒絕會讓你感到受傷。你是一個真誠的人，擁有豐富的愛，願意付出，同時在展現自我時會顯得小心翼翼，因為你害怕受到誤解，被眾人排擠。也許這就是2/4型人為什麼偏好一對一的互動，而不喜歡和一大群人相處的原因。當你走進一個房間時，會先站在旁邊，等待別人主動接近。這有點像在釣魚，先拋出無形的魚線，像是故意看人一眼或是講出奇特的見解來引誘人們和你做一對一的互動。

當你感到煩躁或是難過時，你會無意識的做出惡意的行為。2/4型人心中藏著急躁的性格以及容易爆發的怒氣。有時候，這樣的怒氣可能會一發不可收拾。當你專心做事卻被打擾時，原本順從的性格就有可能轉變成恐怖的暴怒。

2/4型人很難察覺自己也深具創意，這個特質可能連別人也無法完全發覺。創造力會在你追求某個目標或是在工作時自然的發揮出來，只要你用心，就會有出色的表現，也能將創造力發揮得淋漓盡致。你會投注極大的精力和專注力在自己有興趣的事物上，越常得到成功，你就會越加茁壯成長。

2/4型人的人生終極目標就是展現自己的本性，當你順從本性，不受人心意識干擾時，就能展翅翱翔。言行順從天性就能讓你過得自在，你能因此一展長才，發光發熱。活得越接近本質，憂慮就會越少。太多人與人之間的互動可能會讓你感到卻步，不妨就讓心中的自然機制引領你去冒險吧！學著多信任人生——和你自己。

只要你能自在地給予人們建議，你就當個最偉大的父母、最有智慧的老師、教練，甚至是賢明的聖哲。因此千萬不要限制自己去體驗生命中的每一個機會。你的存在就像是為這混亂的現代社會中吹進一縷清風。

與2/4型人的相處模式

你會情不自禁地愛著2/4型的另一半，因為他們是地球上最可人，最溫柔的生物，而且有著一顆寬厚的心，不過也是容易受傷和急躁的情人。你千萬不可以占2/4型人的便宜，對他們需索無度，不管2/4型人是多麼順從、聽話，也別把他們的好當作理所當然，要記得，他們也有需求，也需要被滿足。當2/4型人被逼到臨界點，原本平和的性格就會轉變成憤怒！潛意識的4號爻線很脆弱，他們需要受到重視，不然就會把怨氣一直往心中埋藏，直到無法負荷爆發為止。因此一定要重視他們的需求與渴望，在施與受之間取得平衡。

有這樣的情人，可能會讓人氣得常常抓狂，因為2/4型人輕鬆隨興又健忘，這一刻可能開開心心，但是下一秒鐘卻又生起悶氣或是搞憂鬱。2/4型人還會左耳進右耳出，明明就有在聽你說話，但是隔天早上卻忘得一乾二淨。只要是2/4型人認為是瑣碎的小事，很快就會拋在腦後。

還有你要記得2/4型人需要獨處的空間，不要去吵他們，這時候就讓他們一個人沉靜一下吧。別問我為什麼2/4型人有這樣的特質——畢竟我早先就說過他們是難解的謎。

在和2/4型人剛開始交往時，他們會有點害羞，需要一點時間做心理準備，你要耐心引領，就能漸入佳境，關係越來越親近。只要2/4型人認為你可以為他們解答人生和個人問題，而且可以給他們安全感時，他們絕對是最忠誠的伴侶。兩人的關係是否能更進一步，就要看你是否能讓他們感到被重視、得到感謝，而且還要把你和他們的需求視為同等重要。

誰和我最速配？

2/4型人最速配、最理想的伴侶是2/4與5/1型人，第二速配的為2/5、4/6、5/2和6/2型人。

2/4型的名人

美國影星弗雷德·阿斯泰爾（Fred Astaire）、好萊塢影星珊卓·布拉克（Sandra Bullock）、摩納哥卡洛琳公主（Princess Caroline of Monaco）、美國前總統柯林頓（Bill Clinton）、美國影星史恩·康納萊（Sean Connery）、美國影星孟漢娜／麥莉（Miley “Hannah Montana” Cyrus）、好萊塢影星強尼·戴普（Johnny Depp）、好萊塢影星卡麥蓉·狄亞（Cameron Diaz）、知名歌手約翰·藍儂（John Lennon）、好萊塢影星凱莉·米洛（Kylie Minogue）、好萊塢影星麗芙·泰勒（Liz Taylor）與美國知名主持人歐普拉·溫芙蕾（Oprah Winfrey）。

The 2/5 Profiles

2/5 型人的人生角色

2/5型人似乎需要指南針才能找到回家的路，因為你被困在喜愛孤獨的2號爻線與潛意識中愛空想的5號爻線之中。這樣的組合給予2/5型人奇特卻又迷人的性格，你是能幹的領導者，以謹慎的態度引領大眾，但卻心存迷惑，不確定有些事是否應該進行。不過一旦放手去做了，你的領導風格會充滿魅力和創造力。

2/5型人超然的心態讓你覺得好像迷失在外太空，漠然地看著地球上一齣齣的戲碼。這是由愛尋求回應的2號爻線，以及不切實際的5號爻線而組成的奇怪結合，讓你像顆球一樣，在他人的看法和自己創造出來的幻境中彈來跳去。難怪你心裡老是質疑自己這輩子是否能找到懂你，又可以讓你活出完整人生的理想情人。試想一下，你曾對任何人事物產生緊密的連結嗎？

這也許是為什麼2/5型人總是停留在表面上的互動，不敢讓任何人進入心中。其實你非常渴望擁有親密的關係、理想的好工作或是讓你一拍即合的人事物，但這些渴望都是不切實際、追求完美的白日夢。讓你在個人生活中變得愛挑剔、吹毛求疵，而且善變。而且你不喜歡在同一個地方待太久，讓旁人有機會窺探你的生活。

在職場上，你不畫地自限、勇於創新，常常提出非凡的創意點子。這些天馬行空、聰明的點子讓許多人，包括你自己都會驚奇不已！不過你不是自我感覺良好的人，你需要從朋友和同事之間的交談與互動來得到讚美、肯定和賞識，這才是你快樂的源頭。2/5型人很有天分，不過你總是低估自己的聰明才智。

保持形象、門面對你來說很重要，擁有良好的名聲與舉止表現是你維持「地位」的方法。演員只有在獨處時才會卸下偽裝的面具，2/5型人既享受隱居，又喜愛融入人群，就好像觀眾不喜歡待在聚光燈之下一樣。2/5型人常常會發現自己被困在別人的問題或人生戲碼中，但是你那超然、客觀的態度使得你可以成為很棒的救難隊或是紅粉知己，能夠幫助人們解決危機，自然就會不斷有人向你求助。

人們看到你就像看到救世主，或是穿著閃亮盔甲的正義騎士。這樣的結果會引起2號爻線從中尋求人們的讚美與恭維，讓自己活在大家製造出來的假象之中。不過假象也有好處，因為2/5型人會因為別人的看法而得到豐富的體驗，活出精采的人生。當然這其中會有小小的隱憂，就是你會活在人們設定的形象中，而不能做自己。

和2/5型人對話時，會發現他們其實不喜歡當領導者，可是聲音卻帶著強烈的說服力，並且散發著吸引人的力量。雖然你有點害羞，但不用多久就會把它巧妙的隱藏起來。2/5型人不是直率的人，有些話總是藏在心兒口難開，即使和你聊了百萬次，還是很難聽到關於你自己的新鮮事。恕我不客氣的說，在2/5型人的一生中，大概不會談超過一或二次的真感情。

最後，你會發現自己的才華和領導能力超過你所想像，也就是說你比自己認為的還要勇敢和能幹。對2/5型人來說，只要你能解放自己，人生就像好玩的遊樂園。你需要從自己高聳的象牙塔中走下來，置身人群，真正的過生活，這樣才能得到真實的成就感。當你不在乎別人對你的肯定，解開束縛，讓自己往前走時，你就可以與人們有真實的互動，獲得真心的讚美。

與2/5型人的相處模式

你的2/5型情人會不斷審視你是否誠實，是否值得信任，2/5型人無法忍受造作或是偽善。如果你要說「這件事對我來說意義重大」，那你最好是講真的。2/5型人需要受到尊重、賞識和被認同。在兩人的關係真正建立之前，2/5型人很可能會故弄玄虛，讓你摸不著頭緒。

他們很有能力，如同一座充滿力量和堅定的意志的高塔。但是你很可能會挫折地大聲問他：「為什麼不讓我進入你的世界？」其實是5號爻線在作祟，讓他們很難與任何人發展出親密關係，尤其再加上害羞、自我否定的2號爻線，更是難上加難。但是你的重要性其實遠高於2/5型人願意承認的程度，你給他們穩定的力量，發生事情時會找你商量，你是他們勇氣和安心的源頭。

你要做的就是為他們建立穩固的地基，張開雙臂給予保護，引領他們體驗生命。以「誠實面對自我」的態度便能幫助2/5型人展現真我，從幻想和錯誤的現實中走出來，而且一旦達成了，你們還可以共同享受實現目標時所帶來的喜悅。

誰和我最速配？

2/5型人是你們最速配、最理想的伴侶，另外2/5、2/4和5/1型人也都是很好的對象。

2/5型的名人

這一類型的名人有香奈兒夫人（Coco Chanel）、美國影星凱文·科斯納（Kevin Costner）、美國影星李察·基爾（Richard Gere）、福音歌手葛蘭·迪斯奈（Gladys Knight）、好萊塢影星秀麗·鄧波柏克（Shirley Temple-Black）、美國知名作家馬克吐溫（Mark Twain）、英國威廉王子（Prince William of Wales）和知名歌手羅比·威廉斯（Robin Williams）。

The 3/5 Profiles

3/5 型人的人生角色

你很清楚生命充滿挫折與應接不暇的混亂時刻，你也把戰鬥力調到一百準備迎戰，你有種壞壞的幽默感，以及優雅、富有魅力的性格。3/5型人以詹姆士．龐德的調調，一邊毆打壞人，一邊還挑眉地說：「還用你說……我活著的每一天都是挑戰啊。」

苦與樂在現實生活中老是成雙成對的相繼出現，3/5型人活在危險邊緣，對苦痛的認識難免比常人多。你是這十二種類型中最有可能把手指伸進插座中，只為了看看結果會如何的人。3/5型人好奇、愛打聽他人的隱私，永遠得不到滿足的好奇心是你最大的敵人。你會不留餘力去追求自己的喜樂與回報，不管生命中發生什麼事，你依舊以不屈不撓的精神體驗整個過程。

3/5型人遇到失敗、打擊和攸關生存的時刻，都能快速地從中學習、累積智慧。生命會把你推到死胡同，讓你在經歷心碎、絕望和錯誤中，感受到何謂山窮水盡疑無路，柳暗花明又一村的境界。彷彿你背負著教育來者的使命，自己必須先見證生命，克服一切挑戰。

面臨危機時，3/5型人會化身為有能力，而且適應力強的領導者，以智慧捏塑出夢想；你有叛逆的性格，想要挑戰權威，告訴世界何謂對與錯。

你希望在人生的任何領域中，都能扮演推動改變的角色。超強的適應力讓你身陷風暴卻仍舊泰然自若，因為你早就身經百戰，知道事情會如何發展！3/5型人對人生的體悟讓你有一顆自然寬容的心。

3/5型人融和了3號爻線滋養生命的需求，與5號爻線夢幻但有著催眠魔力的迷人特質。讓你富有魅力，擅長誘惑，巧妙地將人們捲入愛情、計畫或是追求的理想之中。但是3/5型人天性不喜給予承諾，尤其在缺乏可以持續發展的目標時，你是不會久留的。不過，你總是能夠運籌帷幄，隨意實驗人生和點子，以求獲得最大的利益。

和3/5型人聊天就能感受到你們直率、迷人和熱切的溝通風格，以及對生命顯著的熱情。你有一點夢想家的特質，腦袋中裝著許多瘋狂軼事，以一種自嘲的幽默來隱藏生命中的苦楚。當你展現敏銳的機智時，一定是最爆笑好玩的那個人。幽默是你的解藥，也是守護你的防護罩。

但不是所有的3/5型人都能看到光明的一面，生命可能會沉重到讓他們無法承受。3/5型人渴望安定的人生，你受夠了各種測試、苦難與考驗，你只想舉白旗投降。當3/5型人感到被擊敗時，不管再怎麼掙扎，最後還是會選擇投降。但是3/5型人的天性會讓他們重新振作，再次面對新冒險。因此投降只會加深內心原有的挫敗感。3號爻線會不斷的將3/5型人丟進各種人際關係、計畫和生活方式之中，或是讓你去旅行、買東西和承擔吃力的工作。潛意識的5號爻線有時候也會很努力，希望現實生活與夢想能夠吻合。

3/5型人會從艱難的處境求取回報，希望從一片混亂中，找到那個特別的人，讓心能夠得以平靜。當你找到這個人，就會給予全然的承諾。在勇於接受混亂時，才算是真正接受自己。生命對你來說不是追求抵達目的地，而是在於經歷這趟無盡的旅程。擁抱生命，讓笑聲做你的良藥，去吸取重要的智慧，得到眾人的欽佩與仰慕。在達到人生的終點時，可以保證3/5型人肯定走過、愛過且失去過，也曾經成功並失敗過，你累積起一座滿是經歷和智慧的個人圖書館，可以好好的回憶與深思。

與3/5型人的相處模式

3/5型的情人一定不知道自己有多麼靜不下來，尤其是在談戀愛的時候。當然，他們甜言蜜語、哄人的功力不遑多讓，但是在他們捧著你的臉，在你耳邊呢喃著情話的同時，雙腳也正偷偷地往大門移動。和任何一個有3號爻線的人談戀愛，應該都要在愛情合約上明訂「逃脫條款」，尤其還加上愛作夢的5號爻線，使得3/5型人帶著強烈的浪漫主義和重大承諾。

3/5型人總是在尋求完美情人，而且絕不降低標準，他們要的不只是完美而已，還要「超超超……完美。」3/5型人需要經歷每一個可能面臨的層面，在完全領悟後，才會給予百分百的承諾。3/5型人在尋找人生伴侶時可是無比的嚴苛。

要和3/5型人在一起，有件事情非常要緊，那就是你要知道如何「歡樂過生活」。人生也許為3/5型人帶來黑暗面，那你就當帶給他光明的那盞燈吧。他們可以非常情緒化，就讓笑聲來撫平他們傷痛的哭泣聲吧。當你帶給3/5型人許多歡樂，就會發現他們身為盟友和仲裁者的真實面貌，而且他們還能帶領你進入不可預期但是充滿驚喜的未來。一旦3/5型人認定自己已經找到此生伴侶，他會盡可能維持穩定的戀情，並且對你做出最大的承諾。等著一起追求偉大的夢想吧！

誰和我最速配？

你的理想伴侶是3/5和6/2型人，另外3/6、5/1、5/2和6/3型人也都和你有許多共通點。

3/5型的名人

英國小說家珍・奧斯汀（Jane Austen）、音樂家貝多芬（Beethoven）、英國前首相布萊爾（Tony Blair）、巴西名模吉賽兒（Gisele Bundchen）、英國政治家邱吉爾（Winston Churchill）、美國影星茱迪・佛斯特（Jodie Foster）、知名作家海明威（Ernest Hemingway）、美國影星安潔莉娜・裘莉（Angelina Jolie）、美國前總統甘乃迪（JFK）、通靈人士傑西奈（J. Z. Knight）、媒體大亨梅鐸（Rupert Murdoch）、美國消費者運動之父拉夫・奈德（Ralph Nader）、美國鄉村歌手桃莉・巴頓（Dolly Parton）、美國歌手黛安娜・羅絲（Diana Ross）、加拿大籍演員威廉・夏特納（William Shatner）和美國影星梅莉・史翠普（Meryl Streep）。

The 3/6 Profiles

3/6 型人的人生角色

3/6型人以兩種不同的速度前進，一下以驚人的速度在快車道上奔馳，體驗新事物；一下子又會切換到慢車道，退往山上，冷眼明智的看著世界。3/6型人有著3號爻線振奮的混亂特質，以及6號爻線的監視管理性格，是渴望鋌而走險和超然明智的結合體。

因此，你要注意自己與眾不同的生活風格。無論是親身參與，實際行動，或是站在高處漠然旁觀，3/6型人都得面對內心進退兩難的困境。但是自身的經歷加上敏銳的洞察力，讓你擁有深厚的智慧，從破壞中學習、累積，內化成為自己的思維，使你成為人生中的模範和專家。

當鋌而走險那部分的性格衝撞到極限時就會撤退，退到可以清楚綜觀一切的山頂。行動派的你會變成指揮官；從工廠作業員升為管理階層；從演員晉升為導演。3/6型人以指揮官的態度，吆喝著「去那裡，做這個，聽我的」，要求大家聽從他的指示。對3/6型人來說，生命是一所學校，他急於從一個熱切的學生畢業成為實踐家，英明地管理、引領眾人。不管3號爻線要體驗什麼樣的混亂或是「凡事總要先試試看」的實驗精神，6號爻線都能平安地度過危機。

不像3/5型人，3/6型人其實可以看到混亂與危機何時會終止。大多數的3/6型人會歷經三個生命階段，分別是十八歲、三十歲和五十歲。也許青春期的你膽大妄為，肆無忌憚，不過一踏進成年的門檻，你就會擔負起更多的責任。如果十八歲沒有轉變的話，那麼二十歲到三十歲之間你會經歷一段充滿傷痕、挑戰的生涯，大概在三十歲左右就會「轉大人」。不管過程如何，3/6型人都會更加成熟，成為世人的典範。

等到五十歲，你已經不會在混亂中掙扎，而是站在上頭觀察，讓自己成為一個博學睿智的個體，你的付出絕對能夠帶來非凡的改變。6號爻線的洞察力和宏觀遠見是3號爻線所沒有的特質，因為3號爻線正忙著跌跌撞撞衝過人生這條路。這點讓其他類型均難以望其項背。

3/6型人的溝通風格真實、堅定，又帶著3號爻線柔和的幽默感。眾人深受你的睿智與豐富的人生歷練所吸引，我會建議大家多和3/6型人談天，以「和你聊天真的可以學到很多」的話來引誘3/6型人再多分享一點他的智慧。

當然3/6型人還是免不了受到3號爻線不愛承諾的特質所影響，尤其是你知道怎麼躲到高處，更是讓不喜承諾的特質越加嚴重。但最後6號爻線還是能夠緩解這樣不安的情緒，並且事先看出如果停掉已沒興趣，但仍舊正在進行的企劃，或是追求的人事物會有什麼樣的結果。

3/6型人會協調自己的內心，尤其是在時機成熟的時候。你很重視成就感，因此只有和心產生共鳴的人事物才值得你投入心力。你需要培養真正的分辨能力才能從破壞中學習。當你覺得受到困阻，這是心靈在告訴你，參與了不適當的目標或是不適合的人際互動。

3/6型人尋尋覓覓的就是要獲得大智慧，但是得經歷艱辛的追求過程。但是，有更高層的力量會指引你，只要擔負責任、為眾引領方向，就能有所成就。人們會請你給予情感、心靈和生命的建議，到時候，你這擁有善良與智慧的老靈魂，會幽默、了然於心地笑一笑地說：「親愛的孩子啊，該從哪裡講起呢……？」

與3/6型人的相處模式

你很快就會發現你那3/6型的情人，能夠吸引各種人事物，敏銳的洞察力是他們成就感的來源。他們的內心比外表來得成熟，但其實在經歷生命中的混亂歲月時，他們也是非常激動、煩躁的。不管他們多麼博學、聰穎和語氣明確，千萬不要忘記3/6型人需要空間獨處、呼吸。

別傻傻地以為站在頂峰的哲人可以帶來自由解脫，3/6型人的內心深處仍舊感到受束縛、無法自在。他們有自由的精神和獨立的靈魂，需要另一半和他們在同一層次心靈相交。要求他們改變或是要控制他們，無異是給他們下了緊箍咒，都會讓3/6型人嚇得逃之夭夭。因此，容我再次提醒：他們需要獨處的空間，而且是很大的空間。

當3/6型人得到自由後，他們會回報你的付出，做一個堅貞不渝的情人。你們之間再也沒有克服不了的阻礙了。有一天，3/6型人會發現自己的人生目標是要實現夢想，而不是迷失其中。找到強健的夥伴就能化夢想為事實。所以，順著3/6型人的信心，享受這段人生旅程，欣賞沿途風景，挑戰世界，讓夢想成真吧。

誰和我最速配？

3/6型人的理想伴侶是和你志趣相投的3/6和6/3型人，另外1/3和3/5型人也都是相當適合的類型。

3/6型的名人

美國歌手瑪莉亞·凱莉（Mariah Carey）、美國影星詹姆士·加納（James Garner）、美國影星達斯汀·霍夫曼（Dustin Hoffman）、南丁格爾（Florece Nightingale）和美國影星班·史提勒（Ben Stiller）。

The 4/6 Profiles

4/6 型人的人生角色

我不知道是該先叫你從山頂下來，別在思考激勵人心的想法，還是不要坐在籬笆上，讓內心的難題困擾你。4/6 型人是敏銳的人生觀察家，你總是花費太多時間用腦思考或是用心思量，不知道該往何處去較好。可是一旦你得到結論或是決定後，理智和智慧便會知道要往哪個方向前進，這對你和其他人來說都有很大的助益和影響力。當機會來敲門，你要趕緊捉住它的衣尾，可以因此成為拓荒先驅，引領自己和眾人進入美麗的未來。

用「心」還是用「腦」是你生命中兩難的抉擇，每當你要加入新企劃或是許下個人的承諾時，就會面臨要用心還是用腦的窘境。你內心存在這樣的兩難這情況大概如下：你坐在高高的山頂，眼前是一片寬廣、清楚又激勵人心的視野，但這時謹慎的「心」會悄悄的跑來攪局，讓你感到一絲絲的失望、心痛和挫敗感。

屬於意識部分的 4 號爻線會越來越依賴潛意識 6 號爻線的智慧，不過 4 號爻線不會發覺這樣的變化。如果 4/6 型人能夠求助於 6 號爻線的智慧，就能獲得信任。當然要做到這樣不容易，因為 4 號爻線會一直釋放害怕被拒絕的恐懼，而且你會清楚地感受到屬於意識部分的情緒。這樣子的情緒會導致你在被拒絕之前先拒絕別人，也會快速地退出任何企劃。而且每次同樣的情形發生時，你都會故意忽視更高層次的智慧，忘卻你能為這世界帶來愛與重要的貢獻。

也許從這一點，我們就可以了解到為什麼「友誼」對你來說是每一件事情發展的平台。

先認識這個人，可以讓你衡量哪些人事物真誠、可靠。其實你只是想要得到團體和眾人的接受而已，讓你的才能和天賦發揮在為眾謀求福利。這樣的心態有時候會讓人覺得你為了被喜歡而過於做作。

和4/6型人聊天，最先就會注意到從你溫暖的心和睿智的靈性中所散發出來的光環，讓你擁有非凡的社交技能。如果聽眾能夠接受容納的話，你可以在任何環境中發光發熱，你會在自己的宮廷中傳播娛樂和智慧，讓眾人領受教誨。這時的你，就像坐在山頂的聖哲，底下坐著全心聆聽的芸芸眾生。

你期盼家庭和社群越來越蓬勃發展。你待人如己，希望眾人和你一樣獲得成功。你是仁慈、博愛，心地又寬厚，團結和諧的關係最能讓你的本性感到吸引力。團隊合作、同在一起是你的口號，但是在這樣強烈的心願之下，你會注意自己投注多少心力，承擔多少義務。你比較喜歡成為指揮大眾的管理階層、規劃人員或是掌權上司，仁慈的領導者居於高位，擁有宏觀的遠見，每每為眾人帶來智慧、信心與希望。4/6型人，你是很棒的夥伴、發起者和顧問。

你的靈氣幾乎如帝王般的氣勢，怪異的是雖然你心存恐懼，但是你卻能在承擔責任、運用智慧時發揮到極致。你希望能夠傳達更高的理想到這個世界，高尚的6號爻線加上機會主義的4號爻線，激發出強烈的動能，可以為自己和大眾開創出一片江山。

然而失敗或是受拒仍舊容易傷害你那敏感的心靈，澆熄你原本溫暖的心，就像武士收起長劍，把雙手交叉於胸前，不再理會世事一般。自我保護會探出頭來讓你退縮不前，來自4號爻線的恐懼以及逃避現實的6號爻線會急促地建起一座冰堡，讓任何人無法和你有所互動和連繫。

如果人們要我去說服你走出冰堡的話，我只會輕輕的提醒你，這都是因為你衝動地跳進錯誤的情勢中而發生的。我會提醒你擁有宇宙賜與的禮物，也就是純然的愛；你能將憎恨和疑慮在一瞬間轉成愛，當眾人停滯不前時，你會以激勵人心的遠見鼓舞大家。要知道你擁有源源不絕的愛，又能為世界帶來大轉機。如果你選擇和眾人隔離，讓自己孤單的話，是多麼可惜啊。

當你開始認知並且遵從內在的智慧時，你可以將智慧和心的欲望結合在一起。如此一來，「心」與「腦」就會停止搏鬥，而且還會手牽手平和地度過人生。用你的腦去教育你的心，你就能永遠快樂滿足。

與4/6型人的相處模式

4/6型人很可能是心思複雜的情人，他可以是明智、可靠，以及擔憂、脆弱的綜合體。

即使4/6型人寬厚睿智，還是需要你溫柔小心地呵護，雖然他看起來一切都很好，事事成功又意志力堅強，這只是騙人的外表。他們需要你源源不斷的愛和感謝，不然你可得要一直花時間哄他，希望他從冰冷的象牙塔中走出來。

4/6型人有時候會猛烈地攻擊他人，你得要小心這突如其來的舉動。如果他們的心受到傷害，就會引出4號爻線難以駕馭的特質，讓6號爻線冷漠地撤離。你要知道他不是針對你個人，但是已經被引爆出來的反應，需要你的理解與耐心才能平撫。他們認為自己什麼都對，這一點也是你需要配合的地方。

要跟4/6型人做朋友很簡單，但是要他們給予承諾可就困難了，因為他們的分別心很強。他們可以成為你很好的朋友，但是不容易發展成親密關係。但是身為他們情人的你非常幸運，他們會以最溫暖的心來照顧你，就像是歌手兼詞曲創作的麥可．波頓（Michael Bolton），他有一首浪漫情歌〈Time Love and Tenderness〉。

背叛4/6型人或是讓他們失望，會使得他們退縮遠去、獨自沉思難過，然後他們會假裝堅強，以尖銳、殘忍的言詞反擊回去。但只要你以忠實和無條件的愛去擁抱他們，溫暖他們的心，鼓勵他們將心中的情緒自在地表達出來，你們一定會擁有互相關懷、付出的戀情。當4/6型人打開心胸時，他們是最熱情、睿智的情人。

誰和我最速配？

最適合4/6型人的理想伴侶是4/6和1/3型人，另外1/4、2/4、4/1和6/2也都是相當適合的類型。

4/6型的名人

英國影星茱莉・安德魯斯（Julie Andrews）、美國影星茱兒・芭莉摩（Drew Barrymore）、英國足球明星貝克漢（David Beckham）、滾搖歌手恰克・貝瑞（Chuck Berry）、英國王子查爾斯（Prince Charles）和卡蜜拉王妃（Camilla Parker Bowles）、英國影星茱莉・克麗絲蒂（Julie Christie）、達賴喇嘛（the Dalai Lama）、美國歌手巴布・迪倫（Bob Dylan）、微軟創辦人比爾・蓋茲（Bill Gates）、美國影星布萊德・彼特（Brad Pitt）、英國影星凡妮莎・雷格烈芙（Vanessa Redgrave）、美國第一位女黑人國務卿康德蕾莎・萊斯（Condoleezza Rice）。

The 4/1 Profiles

4/1 型人的人生角色

有一句話我一定要清楚地告訴你：「走自己的路，追隨你的心。」

4/1型人很特別，你是十二種角色中唯一不變動的一個。這表示你有自己的中心思想，以非常精確和特定的方式過生活，其實你都是跟隨著「心的渴望」，來體現自己的命運。這是因為你有一種「固定命運」的特質：只有單一目標和觀點，表示你的本性需要嚴格地信守宇宙為你安排的方向，不可以偏離，也不能有任何異議。

這種情形帶點孤獨的意味，因為你有堅定不移和不輕易更改的性格，別人很難理解你。你的人生建構在宇宙交付於你的命運，不管命運如何，你都會專心一意地實現它。

人類有六十四個基因密碼子，人類圖中也有六十四個閘門。只有一個閘門會決定你的命運，這樣的特質會預先設置好人生中所有的互動方式。你忠誠地把持著一個精神信念，毫不動搖。我認識一個退休的老人家，他也是4/1型人，在六十四個閘門中，他只有一個「刺激」的固定閘門。因此「刺激」成為他人生中的唯一信念，他只開名貴的車、全世界都有置產，但是忙得沒時間去享受，開了幾次刀，最近因為一個投資失利而宣告破產。但是他並沒有因此感到一蹶不振，反而興致勃勃地和大家分享他的冒險故事。沒有任何人事物可以阻止他不斷找尋新刺激的動力。他忠實抱守著自己的人生信念。

那你要怎麼決定自己的固定閘門呢？你可以看看人類圖中意識和無意識的欄位，先看黑色部分（也就是屬於意識的4號爻線），這就是影響你的固定命運的閘門。翻回去第六章，閱讀那個閘門的解釋，這就是你人生的中心思想。

你能夠辯才無礙地表達自己的思想，但是當眾人對你不理不睬、不欣賞你的才華時，你會感到很痛苦。但是千萬別被這個人生課題給打敗，這一點真的很重要，我再怎麼解釋都無法訴盡它的重要性。

如果你因為職場的要求、家人給予的壓力或是現今社會型式讓你遠離人生目標，你的生活將會變得支離破碎，因為你看不到該何去何從。1號爻線會隱藏起來，4號爻線也會心碎。你的人生道路和其他人不一樣，你有獨特的目標，你要看清楚誰會支持你走自己的路。誰又會因為不知道這件事對你的身心安康有多重要，而在你追求人生理想時感到害怕、受威脅。

我欽佩4/1型人，因為你們追求的人生目標難度高又挑戰性十足。你覺得旁人容易變通，甚至是到了過於隨便的地步，當你試著要隨俗浮沉時，會覺得整個人生似乎要翻覆，掉出軌道。

因此，你們千萬要以本性做主，感謝那些和你唱反調的人所給予的不同意見，但是內心仍舊要做自己。對你來說，最重要的就是專注目標，忠於自己的選擇。只要你能做到，就會成為社會上的中流砥柱。你善良慷慨，本意良好，而且會全力以赴。當你不再和本性的限制對抗，接受脆弱的自我，跟隨自己的心意前進，就能得到成功、獲得成就、找到自己的人生道路。

與4/1型人的相處模式

你很快就會發現4/1型的情人有點執著於一個方向。如果4/1型人得到他人的接受與尊敬，他們就不會想要嘗試新事物，也不會感謝你要拓展他們的生活領域的好意。如果你真的關心他們的話，就讓4/1型人做自己吧。

接受他們對4/1型人極其重要，因為很少有人能夠了解並感謝他們如此嚴謹的態度。雖然他們只是想要唱首屬於自己的生命之歌，卻要努力捍衛、不讓心受傷害。改變會讓4/1型人感到莫大的壓力，你需要接納他們真實的面貌。

當4/1型人可以自在地做自己時，他們會真心與你相守，讓你擁有百分百的安全感。認可、感謝和無條件的接受對他們來說就是愛的表現，和4/1型人談戀愛不容易，事事都不能改變的確會帶來磨擦爭執，要做他們的情人就要有寬大的心量。如果你能配合4/1型人，讓他們感到自由自在的話，必定能建立起真心又無與倫比的關係。

誰和我最速配？

因為你獨一無二的型態，最重要的就是要尊重自己和人生過程。你們的理想伴侶有4/1和1/4型人，4/6型人也可以相處甚歡。

4/1型的名人

前英格蘭足球國手法比奧．卡佩羅（Fabio Capello）、蘇格蘭瑪莉女王（Mary Queen of Scots）、美國影星貝蒂．米勒（Bette Midler）、已故影星彼得．塞勒斯（Peter Sellers）、服裝設計師傑尼．凡賽斯（Gianni Versace）和美國黑人歌手史帝夫．旺德（Stevie Wonder）。

The 5/1 Profiles

5/1 型人的人生角色

5/1型人是天生的領袖、領導和生命的導師。你聰穎機靈，懂得如何解決問題，以遠見領導眾人，以創意的思維克服各種障礙、消除爭議。5/1型人善於處理問題、解決困難、給予建議，投入研究和準備工作時非常嚴謹，一定會追根究柢、找出答案。沒有人比你更可靠、周密完善。5/1型人的領導能力是建立在自我的紀律之上。你像隻天鵝一般有著令人著迷的外在，但是沒有人看得到水面下，你那雙努力划水的腳掌，以及你不願任何人查覺而隱藏在內心的憂慮。

如果要5/1型人確切的描述自己，這可能會引出一個連你們自己都解不開的難題。這時你們會轉移焦點，去探究其他領域，這就是典型的5/1型人：善於向外尋，卻不熱中於向內探索自我。你是很棒的表演家，但會習慣性地劃起界限，防護自己的世界。因此人們很難看得清你，即使是最親近的人也沒辦沒完全摸透你的心，但卻又被5/1型人口中的偉大夢想所吸引。你構造出一個希望眾人相信的形象，有時候，連你也覺得自己就是這樣的人！

你會建立一個自己喜歡的形象，以這樣的形象待人處事，不喜歡讓別人看到真實的你。因此旁人會覺得5/1型人活得舒適愜意，你也喜歡讓自己處於什麼都懂的氛圍之中。

那些受你吸引的人會非常信任你，覺得你有責任感和影響力，但是你要搞清楚自己率領什麼樣的人，而且要教導他們你感興趣的事物，不然你的心會得不到滿足。

5/1型人從工作中建立起自我價值，特別是獨力完成的任務。這讓你覺得人生很穩固。

除此之外，其他的人際互動都會讓你覺得不明確、不穩定，甚至會覺得難以應付。因此你又會以同樣的手法來面對，也就是建立起一個形象，假裝這就是你。有些人會覺得5/1型人愛操控人又難以捉摸，其實你只是要掩飾自己脆弱的一面，保護自己而已。

5/1型人善於社交互動，有智慧、有效率，但內心的世界卻充滿不安全感，不夠穩固。大多數的5/1型人會否認自己有這樣的感覺，不過這是因為不安全感來自潛意識，是5/1型人從未探索過的領域。大概只有一、兩個人見識過真正的你，而且這是經過你仔細衡量，才決定讓他們進入你的內心世界。

和5/1型人對話，就會發現你們很有趣、精明、聰穎又尖銳。你一定會分享許多關於工作的事情，還會教我許多重要知識，希望讓我留下深刻的印象。不過我從你那站立不安的姿勢、扭動的雙手和不確定的眼神中就看得出你心中的情緒。然後，5/1型人就會四處移動，尋找更容易互動的對象，聆聽對方的心聲，幫助他們解決問題。你有著救難隊的精神，經常會看到5/1型人握著他人的手，告訴他們人生的道理。

你最害怕世人看穿你的防護網——其實這不是壞事，這樣你才能得到釋放，做真正的自己。真實的去展現自我吧，你的聲譽承受得起考驗。一直為了達到別人的理想而活，是不健康的，最後你會變得無所適從。不管如何，你終究會了解，唯有設定範圍、做自己，才是得到解放，獲得成就感的唯一方法。

與5/1型人的相處模式

5/1型人只有5號爻線的特質，在你看透他們迷人的外表後，會發現5/1型人真是很難親近。但只要事情照著他們的想法走，他們會給予最有力的支持。他們懂得解決戀愛中的實際問題，但是情感層面則不是他們的強項。5/1型人也很容易成為導師、顧問和救援者的角色，因此會讓另一半不知不覺就過度依賴他。你可能會常聽到他們說你太依賴，或者生命中不能沒有他這種話，真相是，他們依賴你、需要你的程度不相上下。

5/1型人在引領、教導眾人時非常專業有效率，但只要一牽涉到一對一的關係或是更親密的互動時，5/1型人都會變得很小心翼翼。身為5/1型人的情人，你比他們自己更清楚這樣的特質。

萬一你變得貧困或是不安，要準備好迎接承諾和浪漫的夢想吧。好萊塢電影都是依照5號爻線人物來撰寫愛情的劇本。5/1型人會期待你要跟隨他們的腳步前進。

和5/1型人談戀愛，你要認清愛情的本質，因為5/1型人是不會去管這等事的！當你倆已經有了結婚的準備時，要小心，不要亂投射什麼的想法到5/1型人身上，或是給他們幻想空間。讓他們踏實些，別一高興就飛上天。如果你們交往還不到這樣的程度，可能變成互相支持，但不是真心的關係。但只要你能感受到彼此的真心，戀情一定能夠長久，修成正果的。

誰和我最速配？

5/1型人的理想伴侶是5/1和2/4型人，不過1/3、2/5和3/5型人也是你們的好夥伴。

5/1型的名人

好萊塢明星珍妮佛・安妮斯頓（Jennifer Aniston）、維京集團創辦人瑞奇・布萊森（Richard Branson）、美國前總統小布希（George W. Bush）、美國影星雪兒（Cher）英國女王伊莉莎白二世（Queen Elizabeth II）、《花花公子》創辦人休・海夫納（Hugh Hefner）、美國著名社交名媛派瑞絲・希爾頓（Paris Hilton）、美國演員凱蒂・荷姆絲（Katie Holmes）、瑪丹娜（Madonna）、美國歌手麗莎・明妮莉（Liza Minnelli）、美國加州州長阿諾・史瓦辛格（Arnold Schwarzenegger）、美國歌手小甜甜布蘭妮（Britney Spears）和英國首相柴契爾夫人（Margaret Thatcher）。

The 5/2 Profiles
5/2 型人的人生角色

5/2型人很奇特，你們善於規畫、自制卻又充滿想像力。先不用談如何吸引別人進入你的世界，我們可得先找出要怎麼讓你融入外頭世界。你擁有2號爻線的孤獨特性，加上外放又愛幻想的5號爻線。不過身為5/2型人，你會受到有意識的5號爻線所引領，將自己投射於外，你有統御的才能、老師的性格以及奇特的想像力。然而到了夜深人靜的時刻，孤獨的性格又會讓你隱遁避世。在職場上，你會提出很棒的方案或是企畫案，親自執行，但是孤獨的性格會讓你質疑自己為何要這樣做。

你的天性會對抗愛幻想的習慣，讓你有點分不清楚真假，不知道自己是身處於真實還是虛幻的世界之中。5/1型人會尋求他人的認同，而你則是會擔憂他人對你的想法，不知道自己能不能被接受。因此你在人際關係的互動上會變得小心翼翼。只有在你放鬆，而且覺得事情對你有助益時，5號爻線才會探出頭，開心地分享故事，建立自己的神祕王國。但是內心深處，你時時感到憂慮，害怕自己所處的世界會突然破滅。

我會要你放下，不要去擔心別人對你的看法，因為沒有人會如你所願，大費周章地深入你的內心，探索你的本質。2號爻線追求回應的特性，以及5號爻線外放的性格，讓這件事不太可能會發生。這個意思是你會隨著人生不同的情境而變化，你做了什麼事、扮演什麼樣的人，只要你不承認這是偽裝，那就沒有人可以確切的看清楚你的本質。

和5/2型人談天時，你的風采可真是令人著迷，你是完美的演員，有著無懈可擊的溝通技巧。只要我稍一轉身，再回頭時，你早就和其他人興致高昂，開心地暢談起來了。這隻迷人的花蝴蝶忙著飛來飛去採花蜜，只剩腦子裡會偶爾想一下我對他留下什麼樣的印象。真是如夢似幻又令人難以捉摸的性格啊！

你可以想都不想就從帽子裡拉出兔子來，讓過往的路人在瞬間停下腳步，欣賞你的表演。你能夠掌控全場、迷惑觀眾，在眾人大聲喝采時退下舞台。享受這樣的讚美嗎，但是要知道這不是真實的你。

5/2型人老是感到進退兩難，你想要活出真實的人生，卻也因此讓自己承受許多不安。你要接受自己的才華和客觀的看法，要懂得放鬆，活得有樂趣。你是那種需要去體驗生活大小事物的人，當你和他人的生命有所接觸時，你就能夠整合這些重要、實際的觀念和人生的課題。

是人難免都會犯錯，但是你犯錯時，內心總是掙扎著要繼續感到內疚還是原諒自己，尤其是原諒你發現的缺點。當你真正去接受自己的缺點，原諒就能帶來治癒的療效。所以，學會寬恕、學會生命中的課題，為你所處的世界帶來影響吧。

與5/2型人的相處模式

5/2型人可以依照你的想法扮演完美的伴侶。他外向活潑卻又內向纖細，可以和你在派對狂歡，也能待在家中和你共享愜意的夜晚。

從許多方面來看，和5/2型人一起生活，就好像和演員住在一起，只是這個演員回家時忘了卸下演員的身分，日日夜夜演個不停。5/2型人會繞著你們的戀情，精心安排每件事，既能幫忙解決問題，又是知心的好夥伴。對5/2型人來說，一對一的戀情要有緊密的互動，彼此要感謝對方。不過，只要是有5號爻線的人都一樣，要親近他們可說是如登天一樣難。

和5/2型人交往還是會有「從此過著幸福快樂」的美好前景，這類型的情人懂得講些柔情蜜意的話。如果你能讓他們牽著你的手前進，尊重他們需要獨處的需求，你就能有一段很棒、很豐富的戀情，在人生路上輕輕鬆鬆的前進。所以，放開胸懷的接受他們不定的天性，一再地向他們保證事事順利，讓他們感到安心。那麼雖然你得要對這段不可預測的戀情隨時保持警戒，但是過程絕對有趣，而且會讓你的心感到非常滿足。

誰和我最速配？

5/2型人的理想伴侶是5/2和2/5型人，另外2/4和3/5型人也是你們的好夥伴。

5/2型的名人

美國影星馬龍・白蘭度（Marlon Brando）、英國歌手羅傑・達爾屈（Roger Daltrey）、美國影星勞勃狄尼諾（Robert De Niro）、英國女歌手席娜・伊斯頓（Sheena Easton）、西洋歌手湯姆・瓊斯（Tom Jones）和美國影星麗莎・庫卓（Lisa Kudrow）。

The 6/2 Profiles

6/2 型人的人生角色

從出生到現在，你應該會覺得自己像個專家、有威信的人。甚至在你幼兒時期躺在搖床時，你會往上盯著那些圍著你瞧的大人，心裡想：「你真的喜歡自己所要面對的情況嗎？」從出生到死亡，在人生的每個階段中，你天生就是眾人的楷模，你的智慧、看法和洞察力可以安定周遭的世界，這是你的天賦。

你知道下一步會發生什麼事，可以找出線索，幫助人們看到事情的全貌。這是你天生的本能。你是大家的模範，你有崇高的理想、標準和目標。因此你很容易成為掌控全局的人，因為很少有人可以做得跟你一樣好，不過有時也會讓你沮喪地大叫：「為什麼所有的事都要我來做？」你很可靠，會注意到任何小細節，除非人們願意也有能力承擔時，你才有可能賦與他們責任。

你一生力學不倦，吸收各種資訊和新知，你會成為博學多聞之士，有智慧、有遠見，在心靈和俗世之間達到平衡。有時候，你會因為眾人缺乏見識而感到挫敗。其實人們並不是短視近利，只是看事情的角度和你不同，對待人生的熱情程度也相去甚遠，不是每個人都想要精采絕倫的生活。很少有人和6/2型人一樣睿智和善於處世，你的人生觀超越大多數人可以理解的境界，除了6/2和6/3型人。

和6/2型人對話，會立即發現你們懂得生活情趣，對這個世界也有一定的了解，而且永遠保持樂觀的態度。你有自信、面面俱到，而且處事精準又清楚。你在社交和工作領域中都能夠不受瑣事影響，看清事情的真相和意義。你一定常常聽到人們說：「你的心智比外表成熟。」

不過，你的潛意識在發揮才能時可能會有所保留，這一點常讓你感到困擾。你偶爾會態度冷淡，人們容易對你敬而遠之。這是2號爻線產生的影響。你重視自己寶貴的時間和精力，只有能夠實現抱負的事情才值得你投注心力。

你常常會不自覺得流露出「出個價錢吧，我會考慮看看」的神情。如果你沒有發覺這一項特質，你很可能窮其一生都在逃避自己真正衷心熱愛的志業，也無法發揮百分百的潛能；退卻、找藉口……讓2號爻線將你拉入陰暗之處。要記得，你的智慧和靈感需要恰當的氣氛和人們的賞識，但可得要你自己先行動才能得到。

當你在從事某件事或是和人們有交集時，你很容易把太多事情攬在自己身上，一副想要征服這個世界的樣子。太多的責任會壓得你喘不過氣，動彈不得，反而會對人生感到厭煩。你會覺得生活無趣，也不願意再承擔帶頭的工作，寧願屈就當個助理或是處理一般行政的工作，把重要事務讓給其他人來做，雖然你心中一點也不滿意他們的成效。

只要有2號爻線的人都需要獨處的時空，這是你們充電和評估狀況的方式，你們可以在孤獨時悠遊自在，6/2型的女生可以整個週末自己一個人逛街都沒問題，男生則可以做自己想做的事，當個百分百宅男。

擁有6號爻線的你，人生中會有三個轉捩點：十八歲、三十歲和五十歲。大多數的6/2型人在十八歲即將要跨入成年的世界時，都喜歡承擔某些責任或是以某種方式來展現自己的權力，像是參加社團、搖滾樂團或是推動某種運動等等。到了三十歲，你已經擁有許多人生體驗，你那無窮盡的熱力便會慢慢平緩下來，這大概是因為你逐漸體會到不是每個人都有一樣的體力來配合你。這時你便能夠放慢腳步，或是從業務前線轉成辦公室的工作，6號爻線也能將每個人的利益作最好的運用。

當你來到五十歲大關，生命會召喚你完成最崇高的使命。你已得到認可，是眾人的典範，你能發揮絕大的影響力。你享受生命的樂趣，能夠為這個世界帶來光明，讓大家活躍起來；你生來就是要成為眾人的典範，你知道自己做得到！

與6/2型人的相處模式

6/2型的情人可靠又值得信賴，有他們在身邊，天塌下來也不怕。你欽佩6/2型人的特質，但是你對他們來說也是意義重大。因為6/2型人總是害怕找不到心靈伴侶，找不到點亮他們生命、與他們志趣相投的那個人。如果6/2型人選中了你，你絕對是那個特別又值得讚賞的人。所有的6/2型人都希望能保持新鮮又令人讚嘆的戀情，他們對無趣的容忍度很低，你可得要時時發揮點創意，為戀情加分。不管6/2型人有沒有說出口，他們都想要另一半能夠和他們一起攀登高山、欣賞同樣的美景。帶給他們驚喜或是一起去新的景點，都會讓6/2型人開心不已。

要感謝他們的睿智，享受他們帶給你的振奮旅程。當他們發現自己的完美特質，就能夠找到最適合他們的好朋友和心靈伴侶，也會安心、滿足於自己所擁有的戀情。

誰和我最速配？

6/2型人的理想伴侶是6/2和3/5型人，另外2/4、4/6和6/3型人也是你們的好夥伴。

6/2型的名人

西班牙影星安東尼奧・班德拉斯（Antonio Banderas）、瑞典網球選手比約・博格（Bjorn Borg）、英國作家艾米莉・柏朗特（Emily Bronte）、英國偵探小說作家阿嘉莎・克麗斯蒂（Agatha Christie）、好萊塢影星傑美李・寇蒂斯（Jamie Lee Curtis）、英國小說家狄更斯（Charles Dickens）、美國歌手吉米・亨德里克斯（Jimi Hendrix）、歐美流行歌手艾爾頓・強（Elton John）、亞洲影星李小龍（Bruce Lee）、美國電影導演喬治・盧卡斯（George Lucas）、性感女星瑪麗蓮夢露（Marilyn Monroe）和美國總統歐巴馬（Barack Obama）。

The 6/3 Profiles

6/3 型人的人生角色

6號爻線的智慧代表在有意識的這部分會讓你成為至高無上、無與倫比的榜樣，很少有人比得上你的博學、經歷和活動力。你比任何人更懂得生活是怎麼一回事，你常把這句話掛在嘴邊：「什麼地方我沒去過？什麼事我沒做過？你猜我還知道什麼？」「我可以預知未來。」

這是因為你擁有卓越的智慧，不過這也讓你很難維持長久的關係或是找到受你敬重的協會。6/3型人只願意和高水準、聰明以及有挑戰性的人事物有交集。你希望和更高層次的人事物相處。其實大多數的時間，你都寧願獨處，不受人打擾。

你開心地接受6/3型人的特質，生活中也不會有世俗的成分。你會為了突破生活中的困境和限制而去冒險、面對挑戰，這樣做會增長你的智慧；你有強烈的野心，希望自己有更大的發展、晉升到更高的層級。人們也許會覺得你無來由的就要反抗，不過事實不然，你的反抗行為都是建構在希望改變生活，讓自己有更豐富的體驗上。即使要你坐上火箭，往太空前進，你也會興致勃勃的答應。畢竟你一直都在嚮往能夠享有遠離塵世的快感，飛到外太空不也是一個好方法。

你是權力、智慧再加上愛刺激的怪異綜合體，總是帶著一副不怕死、隨遇而安的態度。你可能在工作時正經八百的樣子，但是到週末，就完全變了一個人。你也可能在承擔責任的同時，腦袋裡卻想著要怎麼找刺激、樂子。不管是哪種情況，你應該早就習慣這種變來變去的個性，在擁有權力的同時，卻又不斷的尋求狂暴、混亂的經歷，讓自己得到更高的體悟。

如果你是6/3型人，一定會覺得要遇到和自己個性相同的人真難。從你出生那天開始，你就努力地擴展生命，把自己往前推進，希望能找到有吸引力的新領域。體驗更大、更棒的人事物就是你一輩子尋求的目標。你會挑戰遇到的每一件事，測試它的威信，這是你天生帶來的性格。人們會被一些神祕的事物所迷惑，但是你一眼就能看穿它們的底細，可是3號爻線又會讓你容易受影響，因而失足犯錯。幸好，來自6號爻線的智慧和先見之明能夠給你更好的指引。

擁有6號爻線特質的人，都有三個轉捩點：十八歲、三十歲和五十歲。但是3號爻線給你一個更棒的優勢，在面臨人生的關卡時，你要運用3號爻線對人生的渴望，幫你踩煞車，才不會衝過頭。你要移交指揮棒，坐在高處，以內在的智慧和豐富有教育性質的人生經驗來保護自己。

你渴望擁有更大的影響力，提升自己的境界做出有意義的貢獻。你不怕擔當責任，你希望能夠掌管大局，以自己的方式決定如何完成目標。大部分的6/3型人在年輕時就渴望成為掌權的大人物，在職場上，你會努力往上爬，成為高階主管、董事……或是自己開創出一番大事業。

和6/3型人聊天，就會發現他們博學多聞，不管是關於這個世界還是心靈持修方面，你總是有許多第一手的人生經驗，加上能夠激勵人心的大智慧，更讓談話內容精采有深度。事情剛要開始前，你就能看清楚它的起頭、過程和結果。你的故事主角總會歷經許多波折，到最後雖然留下生命的疤痕，但絕對會得到無限的智慧和教訓。你會用幽默的口吻闡述故事，讓人們看到事情的光明面，像你這樣總是能看清楚人生全貌的人，哪能把每件小事都太過當真呢？

你以嚴謹冷靜的心態看著這個世界，對於不必要的故事情節一點興趣也沒有，以真知灼見指引人們正確的方向。最讓你感到厭煩的就是反覆發生的問題，你不喜歡花時間在那些無法幫助自己的人。

在你十八歲時，你會覺得人生很無趣，但只要你對人生還有些許熱情的話，你可以去挑戰這個世界，嘗試遇到的每件事，直到三十歲為止。這個世界需要你的威信和累積的人生經驗，因為你是個有獨特風采的人。

與6/3型人的相處模式

如果你的另一半是6/3型的人，光是要許下承諾的念頭都會讓他們感到束縛。你們要了解的不僅是6/3型人的天賦，還得知道他們對開放與自由的需求。他們是典型的無牽掛者，不喜歡一般的戀愛關係。

6/3型人會不斷的成長、改變，如果你不和他們一起前進的話，很可能會越行越遠。6/3型人相信要向外尋求，才能得到更好的經驗、靈感，甚至是另一半。有時候，他們會一副冷淡、疏遠的態度，好像跟你只是一般朋友。這倒也不是他們失去興趣，只是專心在尋找能夠激發靈感的事物或是下一個經歷。你要加入他們，一起天馬行空，跳脫框架的束縛，就能長伴左右。6/3型人會一直往上攀升，你要給他們發揮的空間，相信他們、從旁支持、協助，成為志趣相投的心靈夥伴。

要讓6/3型人時時感到滿足是很難達成的任務，不過只要你能尊重他們的原則，他們會是最體貼、風趣和睿智的伴侶。當6/3型人願意投入這段感情，靠近你時，你會感到強烈的愛意，好像他們要深入你靈魂深處一般。

只要6/3型人的內心平靜安穩，不斷外求的慾望就會慢慢和緩紓解。不過這也是短暫光景，我認為他們三不五時就又會蠢蠢欲動，連他們自己也沒辦法把持住內心的安定。雖然如此，卻也能確保戀情絕對不無聊，你可也要時時保持警戒才行。

誰和我最速配？

6/3型人的理想伴侶是6/3和3/6型人，另外1/3、3/5和6/2型人也是你們的好夥伴。

最後的人生角色總結了人類圖中主要的元素，到這裡，我們已經解釋完九個能量中心、三十六個通道、六十四個閘門與6號爻線的特質。每一篇的內容加總起來，我們可以獲得三大重要因素，分別是類型、權威和人生角色，便能清清楚楚地知道真實的自己。

現在最重要的就是如何透過已知的資訊，拼出完整的人生，因為知道自己的人類圖是一回事，藉由它活出更精采的人生才是我們更需要用心學習的一門功課。

6/3型的名人

美國影星華倫．比提（Warren Beatty）、美國影星亨弗萊．鮑嘉（Humphrey Bogart）、好萊塢影星麥特．戴蒙（Matt Damon）與好萊塢影星哈里遜．福特（Harrison Ford）。

8

活出你的真本色就對了！

非常感謝人類圖讓我的人生恢復完整。

——DB，美國懷俄明州

人生最終的目標就是要活出真正的自我。人類圖讓這個使命變得簡單許多。在自我實現之前，我們要先接受、認定、喚醒和誠實。

- 接受自我本性的真實樣貌、超越情緒、觀念的制約和局限。
- 認定自己內在的潛能，生發自信，展露自我的真本色。
- 喚醒內心的主人，發掘自由和成就。
- 練習誠實做自己，不要害怕別人的意見，也不用尋求他人的認可。

要先接受才能認定自我，下一步便能喚醒自己，到最後一定能誠實地展現自我。當你越來越熟悉自己之後，真我會和你產生連繫，給你力量。這樣的成果不是一夕之間就能看到，而是需要耐心和不斷的練習，有時候甚至得提出勇氣來爭取，但是你和真我的互動越多——要運用在每天所面臨的抉擇、表現於外的言行舉止以及和他人的互動——

內心越穩定，就越能擁有一個協調、有效率的人生。

如果這一生都要以別人的想法和期望來過活，實在荒謬，也很浪費生命。唯有發覺獨特的自己，才是成功的唯一途徑。要成功，就要做真實的自己，活出你與生俱來的人類圖。

如何串連起人類圖的全貌

我們已經講完組成人類圖中的所有元素，現在你要做的就是將各個元素組合起來，更重要的是要知道如何活出真實的自我？

有一些人在十年前得到自己的人類圖內容，這十年來，他們總會不時翻閱當初寫下的筆記，引出本性中的智慧。也有人早就和真我合一，行住坐臥皆以本性做主。我會和你分享他們知道的一切，讓你可以將所學運用在人生旅途中。

首先，你要注意每個能量中心所給的訊息，這是重要的起始點，也是了解本性的基礎。認識自己的類型才能獲得真知灼見，得到權威中心的支持，採取正確的策略。而人生角色提供的就是你在這個世界占了什麼樣的位置，以及與人互動的方式。

因此，你要經常複習人類圖中的三個關鍵元素，也就是「類型、權威中心和人生角色」，這樣一定可以解開心中的祕密。當我在解讀人類圖時，只要先找出這三個元素，便可以馬上知道人們最明顯的性質。當你在解讀自己的人類圖，先著重這幾個主要的區塊，因為你可以知道如何以最好的方式來使用自己的人類圖。

當你完成這一個步驟後，便可以更深入去了解能量中心、通道和閘門的逐一特徵。不過，最重要的還是得將類型、權威中心和人生角色串連起來，藉此找到自己的本質。類型的英文為Type，權威中心是Authority，而人生角色是Profile，這三個字的縮寫便是TAP，英文是水龍頭的意思。因此了解這三項元素，就有如打開水龍頭一般，所有重要的資訊都會嘩啦啦地傾洩出來。

舉例來說，你可能會先發現自己是執行者，這表示你有源源不絕的生命力，但如果權威中心在「情緒能量中心」，那麼，你就得等待內心的澄明，給你綠燈的指示後，才可著手下一步。

也許你是6/2型人，人們可以信任你的觀點，快速地掌握狀況、懂得要領。假若你是2/4型人，大家會被你的誠實和真誠的本質所感動。

從這個TAP的基礎上，我們再往通道和閘門延伸。當這些零星的資訊拼湊完成後，就會看到最美麗、完整的自我。

在你拼湊、統合的過程中，可能會發現通道和閘門的特質互相牴觸。如果你也有這樣的現象，那表示你會依情況的需求，而展現出不同的面目。你的權威中心會指示你事情的優先順序。如果藍圖中有一個閘門表示你要獨自行動，但是其他地方卻又建議你團體合作才是最佳方式，那麼你要和權威中心商量，就能知道以當下的狀況，你是要獨自行動還是打團體戰。人類圖的整體性超過每個特質代表的單一意義。

而且，我們不只是要活出真實的自我，還得信任真我。英國足球明星貝克漢站在一排大漢之前要罰球進網，他有信心可以把球踢往右上方，射進球門；老虎伍茲在第十八洞準備要推球進洞時，他知道自己可以算準距離，一桿進洞；或是安潔莉娜．裘莉一站進電影場景，就會將自己轉換成電影角色。站在人生的十字路口，你依靠的不是有形的事物，而是心中本我所給你的指引。

同樣的，當你了解自己的人類圖後，你就和這些明星一樣，知道自己有所依靠。你要學習信任內心中這個始終如一的本我，而且知道它永遠不會離你而去。

擁有這樣的覺知並不是奇蹟，而且在這之後，還是有可能會選錯目標、方向或是愛人。恐懼和自我意識仍舊會不斷地誘惑你，但是你要停下腳步，讓心中的覺知為你帶路，重新閱讀自己的人類圖，做這場人生遊戲的主人。

當你以這樣的方式來接受自己的人類圖，「我來這世上要做什麼？」這個由來已久的問題就會自行消失，你會毫無困難地接受自己。人類圖真的是一項認識自我的神奇利器，在這個大宇宙之間，每個人都要實踐自己的角色，這是宇宙計畫的一部分。

來找我諮詢的人們因為人類圖，生命越來越有意義。在深入的練習之後，他們懂得了尊重、感謝和愛自己。和家人、朋友的對話也有長足的進步，以前可能會造成摩擦和緊張氣氛的情況也消失了，這都是因為他們重新認識自己的關係。許多因為忠實呈現自我而改變人生的故事，讓我對人類圖更加的敬畏和讚嘆。

天生注定的宿命論？

現今社會相信人們可以透過自由意志，做自己想要成就的人，但其實宇宙已經設計好每個人的樣貌。當然，這樣講又會讓「自由意志對抗命運」這個長久已來的爭議浮上檯面。「你是說我早就被設定好了，我無法改變事實？」有一位女性客戶在聽完講解後，劈頭就問我這一個問題，她覺得人生因而受限，無法掙脫命運的枷鎖。其實有很多人都會有類似的疑問，不過我只能給你這個不變的答案：「每份人類圖都是宇宙的禮物，在實踐自己的人生設計時，就能帶來成就與滿足。」我們要看到的並不是人生受到限制，而是從自己的人類圖中，我們可以發揮、實踐真我的自由。

人類圖可以啟動、增強個人的自由，因為沒有任何事可以比得上做自己更自由。這個系統不會損害或是讓你無法自己作主，你的人生或命運也不會因此被設定而無法做任何變動。只有本質和真我是預先設定好的，但是你仍舊是擁有自由意志、擁有自由和快樂的。預先設定好的人類圖，反而讓你在追隨真我時得到解放。

實踐你的人生設計

想像人生像是一場要橫渡大海的旅程，人類圖就像一艘船，而你是駕駛這艘船的水手。任何老經驗的水手都會先了解這艘船的設計和性能，利用它來幫助自己安全到岸。每艘船前進的速度都不一樣，但最重要的是要如何駕馭手中的這艘船，依照自己的性能，搭配當時的風力和天氣，安排出最棒的前進路徑。因為這是旅程，並不是比賽啊，人生也是這樣。

你也一樣要了解自己的才華和優缺點，才能享受一趟最省力、舒適的旅途，不用和別人比較使用的策略、手法，或是走了哪條路徑。要熟悉自己的船的性能，自在地航行，便能發揮長才、行駛在正確的路徑上。如果你想要模仿別人的航行風格，很有可能會自找麻煩。

任何水手都知道，要視潮汐、風向和浪潮的情況改變航向或是迂迴前進，因此要讓自己獨特的才能與真我合作，必定能開創出更棒的人生道路。

在歡笑中學習

我想要在這裡提醒最後一件事：當你退後一步深呼吸時，你會發現人生其實沒有那麼嚴肅。

看看狗兒輕搖著尾巴，鳥兒在竹籬笆上嘰嘰喳喳，樹梢在微風中舞動，或是月亮照在海上的倒影，都能讓我們感受到：最自然的人生就是它最簡單、最美麗的時候。你也一樣，可以舞動自己簡樸、真誠的曲調。

現今社會帶給人們很大的壓力，沒有人有閒暇可以享受當下，我們尚未解脫昨日的束縛，又害怕明日的到來。我們要接受人生是個難以理解的謎團，用意在讓我們經歷而非解決。如果能退一步，看看我們的本性受何滋養，練習自我接納，轉成對自己的愛，一起面對人生中的挑戰。

人類圖就是要我們接受自己獨特的人生設計，不過每個人都擁有一個相同的特質，那就是在恢復理智後，能夠一笑置之的能力。我們可以嘲笑自己、他人、社會規範……還有命運偶爾開的荒謬玩笑。

我在為人解讀人類圖中，發現許多人都被不必要事件、憂慮、慌亂和混亂所困住，十之八九都是因為自己想太多，不然就是被自己或他人剝奪掉應有的快樂。

我們正要進入一個新世紀，別再否定自己或是低估他人。如果你要誠實地活出自我、向前邁進的話，就要尊重、相信自己。

人類圖並不是要你改頭換面，而是邀請你做心中的那個本我。人類圖不是應急之道，也不保證讓你有所成就，它唯一能做的就是引領你進入內心的真理世界，並且要你保持微笑。

在奧修的教導之中，笑聲可以幫助我們從黑暗走向光明。誠如他所說：「不要嚴肅對待人生，當人們踩到香蕉皮而跌倒時，你要以智慧觀看……並不是要你祈禱；而是希望你找到，可以讓自己開懷大笑的時刻和情況。你的笑聲會讓心中盛開一千零一朵玫瑰。」

因此我希望你能和人類圖一起玩、一起大聲笑開懷，將你的領悟向家人、朋友與伴侶一起分享，創造出無窮盡的樂趣！

相信我，雖然《人類圖》這本書已為你奉上珍貴的寶庫，但其實只是皮毛而已。還有許多特點尚未涵蓋在本書中，但這需要非常有經驗的解讀者來為你服務。我希望這本書能為你打下基礎，讓你對自己的人類圖有基本的認識，不過我仍舊衷心盼望你能找到這方面的解讀專家，為你揭開深藏於內的人類圖。

還有更多精采的內容，請上我們的網站：

www.earthstarconsulting.com

www.humandesignforusall.com

我衷心推薦您使用更多的人類圖的軟體：

www.newsunware.com

在這同時，你可以利用自己的人類圖，安心地體驗人生中面臨的每件事。如同老子所言：「千里之行，始於足下。」閱讀此書的你已經跨出了第一步。

當你真正了解、接受你自己，就能打造出夢想中的美好世界。

做自己就好。

附錄

Appendix

六位國際名人的人類圖解讀範例

為了幫助大家更明白如何串連人類圖，
我在附錄中會以幾位世界知名人士為例來說明。
我們可以清楚看到他們暗藏在名利底下的真實面貌！

英國黛安娜王妃

Diana, Princess of Wales

（人類圖請參考P.10）

一九九七年十月三十一日，黛安娜王妃從巴黎返回倫敦的途中車禍遽逝的噩耗，震驚全球。在王妃去世之後，媒體出現許多相關的人生報導，以及她這些年的變化，但真相就藏在她的人類圖之中，那才是她真實的面貌。

黛安娜王妃是典型的投射者，有五個填滿的中心，分別是頭頂能量中心、腦能量中心、心、情緒和根，這些中心是支撐她一切行誼的能量來源。我個人對她的分析如下：她的腦袋總是不停地在運轉，縈繞著有趣的靈感、偉大的計畫（頭頂能量中心）和各種思緒，到了晚上睡覺時還是停不下來（腦能量中心）。她有強烈的意志力（心能量中心）追求自己的理想。她會設定目標，靠自己的努力或是說服他人共同來達成。她給自己很多壓力，但是絕對有能力去面對和處理這些混亂和緊張的情緒（根能量中心）。她最主要的性格源自於情緒能量中心。她的情緒會支配理智，引領她進入各種情況——甚至是戲劇化的人生！

當心的意志力、根的腎上腺壓力和情緒能量中心的強烈感受相互結合時，黛安娜王妃會承受內心要求她不斷向前的強烈壓力。她沒辦法溫順地追隨查爾斯王子的腳步，作個漂亮的花瓶。人們不懂得她的聰穎和才華，甚至連她自己都不知道！因為情緒能量中心支配著她的人類圖，決定她的前進方向，但方向卻是飄忽不定，令人摸不著頭緒。回到投射者的特質來看，黛安娜王妃渴望人們的認可，她想要盡力扮演自己的人生角色，讓眾人感謝她的付出。但是嚴峻、冷淡的王室無法給予她正向的回應，王妃承受不了心中的挫敗感，而且情緒也需要宣洩的出口。

在情緒稍微停歇的時刻，她會不斷的思考、衡量自己的處境。4-63通道顯示她是一個具邏輯思考的人，會檢視心中的疑問，找出實際可行的解決之道，讓自己成為堅強的勇士！在她內心深處，黛安娜王妃會不停地找方法創造更美好的明天，但是不可知的未來仍舊讓她感到害怕。擁有深沉憂慮的她其實比大家所知的她更聰穎、精明和深思熟慮。王妃受到潛意識的21號閘門所左右，因此她有時會不顧王室的想法，去追求理想、熱中慈善事業。

另外要注意的是那些不填滿的中心，分別是薦骨、自我、脾臟和喉嚨。投射者類型的人都沒有薦骨的能量可以依靠，但是她致身的慈善事業，以及參與的事務大都會得到眾人的認可，因此投射者需要被邀請和認可的需求便可以得到滿足。然而在婚姻中，她自己也承認，她很少得到認同，常常覺得被誤解，讓她感到苦惱、心煩意亂。

因為她的喉能量中心空白，當碰上擁有填滿的喉能量中心的人，便會讓她渴望講話，釋放受壓抑的心情和想法，難怪她可以聊上三、四小時的電話。王妃還參加課程，提升公眾演講技巧，從這一點我們可以看得出來，空白的喉能量中心讓她在這方面自信不足。但是和擁有填滿的喉能量中心的人在一起，她又能暢所欲言，以客觀的角度為人們解決問題。表達自我是她無法解決的難題。當黛安娜王妃講話時，她會為民喉舌，而不是為了自己的利益。

黛安娜也沒有填滿的自我能量中心，這表示她很難掌握自己的定位和價值觀。與脾臟相連接的閘門48，讓她成為非常深沉的人，總是質疑自己到底做得夠不夠好，對人生的了解夠深嗎？從她的男管家所寫的《黛安娜王妃的故事》（A Royal Duty）一書中，我們可以發現在她卸下王室光環時，她找不到自己，也不懂為何大眾會如此敬愛她。但是從事慈善事業是她確定想要做的事。她在一九九七年接受BBC訪問時這麼說：「我是一個人道主義者，永遠不會改變，也會一直做下去。」王妃在自我能量中心有一個開啟的閘門，也就是閘門15——博愛的閘門。

連接心能量中心與情緒能量中心的37-40通道讓她非常重視觸覺，從握手或是擁抱中，她就能決定這個人是否和她立場相同。關懷大眾是黛安娜王妃建立在世人心中的形象，她是第一個和愛滋病患握手的王室成員。她消除汙名、打破界限，這就是37-40通道的作用，這個「團隊」的通道期盼擁抱每個人。見過王妃的人都說，王妃會消除彼此之間的距離，讓人們覺得和她就像是親近的好朋友一般。多疑的媒體總是認為這只是公關的手段，其實擁有37-40通道的人都會給人這樣溫暖的感受。她天性真誠，迷人的笑容是擁有37-40通道的最大特質。這樣的笑容可以馬上擄獲人心，消弭人與人之間的距離。

連結根能量中心和情緒能量中心的30-41通道讓她一直在杯子是半滿還是半空的想法中搖擺。這樣的情況讓黛安娜變得情緒化，讓人很難判斷她當下的心情。30-41是遠見的通道，表示她是一個有遠見的人，比人們看得更遠。她有無比的專注力投注在目標或理想之中，而且一刻都不能拖延。她致身於反地雷的行動就是一個強烈的例子。報紙以斗大的標題寫著「一位走在時代前方的王妃」，就是這個通道的特性。

以上便是黛安娜王妃的簡要概論，更深入的解讀需要考慮到人類圖中的其他要素。但是從上面的分析，我們已經可以看出王妃受情緒左右、深思維的個性，她真誠卻又容易受傷，自我存疑但在慈善事業上的追求卻不留餘力。不要看掛在她身上的王室外表，其實她只是想要人們看到她的努力和付出。

英國足球明星貝克漢（人類圖請參考P.11）

David Beckham

貝克漢是英國足球史上的傳奇，他的知名度不僅是因為他高超的足球技術，還加上明星老婆維多莉亞（Victoria）和自身品牌「Brand Beckham」。貝克漢從曼徹斯特聯隊（Manchester United）轉到西班牙皇馬隊（Real Madrid），再轉到洛杉磯銀河隊（LA Galaxy），最後到了AC米蘭隊（AC Milan），這位英國的足球中衛有著一長串的公眾形象，但是仍舊擁有自己的私生活。人類圖在這位大明星的光環下寫出一篇啟發人心的故事。

一看貝克漢的人類圖，我就可以馬上告訴你：他有著強烈的動能，很難靜靜地坐著什麼都不做，因為他的動力中心全都是填滿顏色，這些動力中心分別是薦骨能量中心、根能量中心、情緒能量中心和心能量中心，再加上脾能量中心和喉能量中心這兩個填滿的中心。這六個填滿的中心帶給他源源不絕的力量，推動他的人生持續向前。他的人類圖顏色豐富，使得他的個性偏向嚴厲刻板。他有驚人的續航力（薦骨能量中心）、如鋼鐵般的意志力（心能量中心），也非常容易觸動情感（情緒能量中心與39-55通道），而且極度的敏感（19-49通道）。

39-55情感表達的通道，顯示他對自己在做的每件事都很熱情，但也容易會因為表現不好或是被狗仔跟蹤而陷入深深的憂鬱之中。貝克漢是足球運球員，來自根能量中心的腎上腺素會擾動他的情緒。也許在家或是球場更衣室時還一副心情鬱悶的樣子，但是一上球場卻又馬上火力全開、爆發力十足。

我認為有幾場他表現最佳的球賽，都是因為賽前處在黑暗、痛苦的心情下所激發的。貝克漢的家人一定可以證明，他對別人的批評極其敏感的特質，他真的需要把臉皮練厚一點（19-49多愁善感的通道），但是他也很容易感受別人的需求。我個人認為這個通道，讓他成為維多莉亞的情感支撐中心，而且要協調兩個人的情感需求，因為維多莉亞在這一點上幫不了忙。

和貝克漢在一起會覺得很有安全感，也能感受到他那敏感的靈魂。這項特質讓貝克漢非常重視觸覺，面對面的生意會談是他最喜歡的方式，最好還能邊用餐邊討論。當他看到窮困的孩童，甚至是隊友發生問題時，都會出手援助。貝克漢喜歡照顧每個人、和大家齊聚一堂，不愧是英國隊的隊長，實至名歸。

再加上20-34忙碌的通道，你一定會慢慢發現這個充滿動力的迷人男士，做每件事都帶著滿滿的熱情，善感又感性。貝克漢不只是在雜誌封面上發光發熱，他的魅力來自蘊藏於內的人類圖，吸引眾多女粉絲的崇拜，對他熱烈支持。

閘門16顯示他有無窮盡的熱忱，閘門22道出他的態度優雅。將這些特質放在一起，再加上他顯著的熱情，呈現在你面前的就是我們熟知的貝克漢，一位優雅得體的足球員，他的熱情成就今日的地位，他的優雅成就充滿魅力的人生。應該沒什麼人會反對這段話才是。

另外一項值得注意的是，他恰如其分地擁有21－45金錢的通道，他有賺錢的熱情，在物質世界中悠遊自在。他是英國有史以來年薪最高的運動員，他為自己和球隊賺進大錢，懂得如何運用他的資源。

填滿的喉能量中心代表他能靠才華讓事情實現。連接喉能量中心的閘門33顯示出他會隱藏自我，但是他精采的人生就是一項大冒險，讓他參與了許多事情、到了很多地方，他需要花時間獨處，為自己充電。

另外，我們還注意到他那空白的自我能量中心完全沒有任何活化通道，也就是說，這是一個「開放」的中心，表示他沒有強烈的自我定位，優點在於可以做到八面玲瓏，滿足所有人的需求，依照不同的情況改變自己。他需要依靠主管、經紀人和太太為他指出正確的方向。只要旁人給予的方向正確，他的薦骨能量中心就會釋出能量，推動他迎向成功。

我相信貝克漢的家人和隊員都認同他是個完美主義者，他對自己要求嚴格，這項特質從18－58評判的通道就可以明顯看出。他會衡量當下的情況，很快地做出判斷。連接薦骨能量中心和喉能量中心的20－34通道，讓他成為發起型執行者。但是擁有填滿的情緒能量中心的發起型執行者，他需要等待直覺，耐心地等到確定情緒澄明、有自信對人事物許下承諾時，才能付諸行動。

源自情緒能量中心的閘門都是紅色的，因此可知他的許多情緒反應和感受都是潛意識的作用。要等到他開始懂得辨別後，才不會再感到困惑。他需要有人指出他的情緒變化，才能懂得其中的意義。我認為維多莉亞需要不停地幫助他，因為她比任何人還清楚貝克漢，可以讓他知道自己當下的情緒反應。

「高級、奢侈」讓他的情緒有依歸的方向，加上空白的自我能量中心，兩者相乘的作用給他不可或缺的引導。沒有她，貝克漢會失去信心、沒有把握，也不懂得自己的感受，閘門63讓他心存疑慮，閘門24使得貝克漢容易想太多、分析過頭。他喜歡自己想出解決之道，當然這當中需要維多莉亞的指引，以及在腦海中不斷的思量考慮。相信有這些轉個不停的閘門，貝克漢上場踢球時會很高興，因為可以暫時拋下煩人的思緒。

以上即是貝克漢的簡要概論，更深入的解讀需要考慮到人類圖中的其他要素。但是從這裡頭，我們已經可以看出貝克漢是個擁有強烈動機的足球明星，他努力做到完美，以熱情和與生俱來的能量將每件事都做到極致，而且在過程中大發其財。在他帥氣的外表下，人們看不到的是他感性的一面，他對批評非常敏感，對自我要求甚嚴。我想這就是貝克漢這個品牌，不管是在球場上或是其他地方都能發光發熱的原因。

好萊塢影星珍妮佛・安妮斯頓

Jennifer Aniston

（人類圖請參考P.12）

美國影星珍妮佛・安妮斯頓的演藝事業、愛情和私生活經常占據各大雜誌、報紙和好萊塢八掛專欄的封面和首頁。但這只能看到膚淺的表面，今天，我們可以藉由人類圖揭開安妮斯頓的真實面貌。

隨和、輕鬆是安妮斯頓給人的第一印象，甚至有點到了自由放任的地步，但是從她的人類圖來看，我們知道她其實是個幹勁十足的發起者，只要她想做的事，任何事情都擋不住她。她有堅定的意志，勇往向前決意達到目標，如果你擋到她的路，一定會聽到她有如獅子呼嘯的吼聲。和她有過親身接觸的人，通常都會因為她的力量、奮戰的韌性和意志而受傷或是印象深刻，強而有力就是她給人的觀感。

她有四個填滿的中心，分別是脾、自我、心和喉能量中心，25-51開創的通道使她具有不服輸的精神，以源源不絕的動力開拓新領域，一起共事的人得承受著她無比的專注力，務必得自我提升把工作確實做好，贏得她的信任。因為這個通道的影響，她會付出崇高純潔、無條件的愛，想要獲得她的愛，一定要把自己拉高到相同的水準。擁有這條通道的人，外表看來冷淡、很有距離，直到他們發現合適的人就會打開心房。

身為5/1型人，她喜歡和人保持一個手臂的距離，即使是戀人也一樣。這表示安妮斯頓非常挑剔，她不隨便降低界限和標準，隨意讓人進入她的心。5/1型的特質也能幫她掩飾神祕的特質。

填滿的脾能量中心，讓她總是以好心情提振四周的氣氛，不過只有「對的」人事物、計畫才值得她這樣做。直覺和靈感是安妮斯頓可靠的嚮導，只要感覺對了，直覺馬上就會出聲提醒她。她不需要花時間費思量，她是憑直覺評斷對錯的人。發起者類型又擁有填滿的心和脾能量中心，她可以馬上就知道自己要什麼，下一秒就會起身行動。她追求即刻的滿足和喜悅，百分之一百的行動力。也因為這樣說做就做的性格，變化多端的人事物與工作最適合她。

10-57生存的通道給她清楚的洞察力，雖然身處於危險的好萊塢，容易誤觸陷阱，或是面臨磨難和考驗，安妮斯頓每次都能找到出路，不被打倒。在發生裘莉和布萊德·彼特事件時，你曾經納悶安妮斯頓能不能熬過去，那現在你就知道答案了：她是天生打不倒的勇者。

只要擁有源自閘門10的活化通道，就表示這個人自我意識強烈，安妮斯頓就是這樣的性格，而且還是充滿創造力的模範，因為她有1-8靈感的通道，她能夠掌控局面、成為大家的標竿。「相信我，我們一起向前衝吧！」這就是她。填滿的心能量中心給她無限的勇氣，朝新領域大步邁進，面對人生丟給她的種種課題，一點也不畏懼。安妮斯頓能夠帶給身旁的人力量，不管置身於何種事務，都會努力付出，貢獻良多。

因為頭頂能量中心沒有任何開啟的閘門，因此屬於「開放」中心，表示她喜歡和創意人相處，或是參加一些能夠激發靈感的聚會。腦能量中心的閘門4表示，她會為每個人尋找解答或是補救的方法。她能收到許多高深的見解（閘門43），想出促進社會和諧的點子（閘門11），也不害怕提出強烈的意見（閘門17）。但是腦能量中心和喉能量中心之間沒有活化的通道，導致她無法將腦袋裡神奇的想法清楚地表達出來，直到她能看到這些想法可以真正改善人們的生活時，便能完善地表達。

空白的薦骨能量中心讓安妮斯頓雖有堅強的意志力，卻沒有持久的耐力，因此盡心盡力拍完一部電影後，她需要好好休養，恢復活力。但是這對發起者並沒有妨礙，因為別人要一小時才能完成的事，她只要五分鐘就能輕鬆解決。

空白的根能量中心，表示安妮斯頓沒辦法自在地面對他人加諸的壓力。情緒能量中心也空白，但是有兩個開啟的閘門；閘門6可以掌控任何情感環境，因此她能夠以自己的能力引領眾人或是鎮定他們的情緒，因而培養出良好的友誼。不過，愛冒險的她很可能會以實驗的精神追求不安定的戀情。不管是得是失，她都會從中學習經驗。閘門49表示她不介意在自己的世界中推動小型革命，當她覺得有些事行不通，可能會顛覆她的世界，就會為了改變和新鮮感而推動變革。我認為她熱愛打情罵俏，在閘門49說不之前，閘門6會喜歡以帶點情趣的方式和情人互動。「不斷的協調人事物，來符合她的高標準」就是安妮斯頓的主要性格。

二〇〇八年十二月的《Vogue》雜誌中，有一則安妮斯頓的專訪。她的好友兼生意搭檔克麗斯汀·漢恩（Kristin Hahn）這麼說：「安妮斯頓很有商業頭腦，這是人們不認識的她。我們一群好友老是笑說她比造型師還會剪頭髮，調的酒比調酒師還好喝。我覺得要是她擔任製片和導演的話，也會有同樣的結果。她的仙女棒指到哪裡，就會開出花朵。」在我閱讀這篇報導時，心裡想著：「沒錯，發起者就是這個樣子。」

這就是珍妮佛·安妮斯頓的簡要概論，更深入的解讀需要考慮到人類圖中的其他要素。但是從上面的文字，我們已經可以看出安妮斯頓注定會有很高的成就，不管是事業或是愛情都不怕冒險，因為她一定會找到出路。雖然她很難在戀情中獲得完美的平衡，但是發起者的魄力和幹勁就是她的人生標誌。

國際巨星瑪丹娜

Madonna

（人類圖請參考P.13）

瑪丹娜在音樂領域中闖出一片天空，過去二十幾年來在舞台上發光發熱，但是從人類圖中，我們看到非常不一樣的個性，和她一般堅強、性感的形象出入極大。

充滿說服力的形象是她和世界互動的方式，這就是5/1型人的特徵——不僅可以預知，還可以做到人們期待的目標，藉此保護自己柔和的內心。她展現出領導的才能，讓眾人以她馬首是瞻，不過她喜歡保持距離，不讓人靠得太近。5/1型人不管在職場或是私生活中，都需要和人維持一個手臂的距離，因為他們要保持良好的形象。

如果聽眾不喜歡她的音樂，瑪丹娜會努力不懈、決意贏回粉絲的心和尊敬。她需要不斷證明自己的價值，對自己或是其他人都一樣。

在愛情方面，尤其是那些無緣而分手的舊情人，她會不斷洗腦自己：「沒有你，我會活得更好。」戀情破裂會增加她內心的不安全感，但這是1號爻線都會有的特質。她也是典型的救援者，總是熱心地告訴每個人要怎麼做或是事情要怎麼進行。

瑪丹娜歷久不衰的演藝事業來自於執行者的薦骨能量，給予她源源不絕的動力。再加上她熱愛音樂，便能將薦骨的能量發揮在正確的地方。在巡迴演唱或是發表新專輯時，大家從沒看過瑪丹娜會在彩排時出現一絲絲疲累的樣子。執行者的座右銘是：「只有內心覺得對了的人事物才會有所交集。」這也正是瑪丹娜的人生寫照。

雖然如此，她也可能反其道而行，這對執行者來說很危險，因為不管她有沒有聽從直覺，只要她想行動，薦骨的能量就會支持她一路往前衝。那是停不下腳步的，要她停下來就好像要阻止一架全速前進的噴射機一樣困難，而且還會讓她很惱怒！

她的權威中心在薦骨能量中心，這表示她要全然信任直覺的反應。空白的脾能量中心和情緒能量中心代表她不會考慮任何事，而是以直覺行事。遇到需要做決定的狀況時，她只會接收到「行」或「不行」的指示，沒有辯解的空間或是灰色地帶。要和她相處，一定要學會正確的提問方式，也就是你的問題答案要設計成「行」或「不行」，讓她能夠用直覺來回答。

她有五個填滿的中心，分別是頭頂、心智、喉、自我和執行者的動力引擎——薦骨能量中心。喉能量中心和自我能量中心之間沒有活化的通道，她可能會覺得很難將心中的想法明白地表達出來，除非她站在群眾面前，讓執行者的動力引擎興奮地全力啟動。因為群眾的能量會幫助她的自我能量中心和喉能量中心作連結，讓她得以完整地表達自我。瑪丹娜的人類圖顯示，她天生就是要吃表演這行飯。2-14煉金士的通道，可以將原礦轉化成閃亮亮的鑽石。喉能量中心有開啟的閘門33——隱遁的閘門，表示在她平心靜氣、做個旁觀者時，就是她能夠發揮最大創意的時刻。平靜、遠離塵囂，才能讓她恢復能量。

我們可以看到她的頭頂、心智和喉能量中心互相連結，表示她可以清楚地表達腦袋裡的想法（事實就是如此！）。當她將頭頂、心智、喉、自我和薦骨能量中心連結在一起時，她會感到內心有一股寧靜祥和的能量釋出，給她完成目標的動力和決心。

填滿的頭頂能量中心和腦能量中心都有活化的通道與喉能量中心相連接，表示她能夠回答各種智識的問題。在她特殊的嗓音背後，她有一個聰穎清楚的腦袋。填滿的自我能量中心清楚地讓我們知道：她非常聰明，知道人生確切的方向，堅決又果敢的往前邁進。

她有11－56好奇心的通道，因此她喜歡說故事、到處旅行和宗教持修，她會認真的尋找人生的意義。音樂是她說故事的方式之一，同時也是確認自己的信念是否和聽眾相同。如果不一樣，她會自我調整，或是接受新的信念。這是一場無止盡，而且經常得不到滿足的探索之旅，但唯有如此，她的心才能得以平靜。

連結頭頂能量中心和腦能量中心的4－63邏輯思考的通道，表示她有一套待人待己的高標準，吹毛求疵的習性有時難免遭人誤解。為錢拚命是瑪丹娜給人的印象之一，但是根據她的人類圖來看，其實她真正追求的是帶給觀眾更多新奇的音樂饗宴，她這種追求原創的動力剛好為她帶來許多的財富，讓人誤以為她是「敗金女」。

在空白的中心——心能量中心，有兩個開啟的閘門，閘門21顯示她有掌權的欲望，因此我會建議她要慎選助理，一定要找到一切以她的利益為考量的工作人員。閘門26表示她在構思新創意時，不能接受別人和她意見不合。

瑪丹娜應該會覺得自己是個情緒化的人，而事實上也是。她比其他人更容易受到情緒的影響，這是情緒能量中心空白所致。在她獨自一人時，反而非常平穩、沉著和專注。不過情緒能量中心有一個代表「改革」的閘門49，任何人事物只要過了保存期限，就會引動這樣的情感革命。當她覺得需要伸張正義時，她會毫不考慮地奉獻所有。

空白的根能量中心顯示瑪丹娜很容易受到壓力所影響，她需要靠著冥想或是運動、跳舞、安靜獨處等來緩和內心的躁動。一旦內心又重獲自在，就是方法奏效的暗示了。

最後來到薦骨能量中心，這裡有一道開啟的閘門59，你可以看到這道閘門被6號爻線和2號爻線開啟兩次。在人類圖中，這算是滿常見的情形。2號爻線讓她天性害羞，這並不符合她表現於外的形象；6號爻線表示她在選擇人生伴侶時，會非常慎重、考慮周詳，只有達到她的高標準才能得到芳心。雖然外界會認為瑪丹娜是以縱欲為指標，但她私底下，其實是非常節制、挑剔的！

這就是瑪丹娜的人類圖概論，更深入的解讀需要考慮到其他人類圖中的要素。但是從裡頭，我們已經可以看出她是一個完美的表演者，做任何事都是一副認真、創新、拚命三娘的態度。另一方面，她會窮其一生，以自己的價值觀尋求生命的意義。只要她多聽從直覺行事，就能在人生中獲得越多的快樂與滿足。

Barack Obama
美國總統歐巴馬

（人類圖請參考P.14）

歐巴馬出生於一九六一年八月四日，父親是肯亞人，母親是美國堪薩斯人；歐巴馬當選美國第四十四屆總統，是美國史上第一位黑人總統。歐巴馬象徵著為受傷、疲弱的美國和全世界帶來一線希望。當他在芝加哥向人民演講喊話時，空氣中瀰漫著改革的氣味，他的人類圖顯示出，當他提出要大改變時，可不是說說就算。

當你看到像這張「投射者」的人類圖時，會發現圖中有許多空白的中心。他只有兩個填滿的中心，可別以為這代表沒智慧或是不聰明的人；這反而讓歐巴馬有著自然的移情作用，因為這七個空白的中心讓他能靈活地跟著環境作調整，適應周遭，願意傾聽、分享感受，而且能夠和許多不同類型的人有彈性地互動。在大選當晚，當他說出：「這場勝利不是我的，是你們的。」就可看出他內心的協調與和諧。

另外，「空白的自我能量中心」使得他可以做到八面玲瓏，滿足所有人的需求。空白的心能量中心和人民的期待連成一線；空白的喉能量中心會為人民的利益喉舌，使他的演說更能貼近人民的生活，而不只是繞著自己打轉，因此他能成為一個理想領袖；他的投射者類型需要得到認可和邀請，在全國百姓都投票給他的那晚，投射者得到滿滿的成就感，人民認可了歐巴馬的能力，邀請他來帶領美國。在這樣的情形下，投射者便能更加成長茁壯。

兩個填滿的中心分別為情緒能量中心和根能量中心，情緒能量中心指出他是一個憑感覺行事的人；而根能量中心給他驅動力去執行。在他的人類圖中，唯一活化的通道是30-41遠見的通道，顯示他是一個有遠見的開拓者，充滿熱情地打拚更好的將來。也就是說，他能夠投注無比的心力，不害怕所面臨的阻礙、危機或是干擾。無可否認，此一通道具有半杯水的意味，歐巴馬的思緒隨時都會改變，時而半滿，時而半空；因此，私底下的他經常徘徊在希望和絕望之間。擁有這樣的人類圖，歐巴馬需要穩定的伴侶在背後擁護他、支撐他，我認為就是第一夫人米雪兒．歐巴馬在扮演這個支持、鼓舞歐巴馬的角色。

在喉能量中心有兩個開啟的閘門，分別是閘門33和閘門56，這兩個閘門都是說故事的好手，因此不難理解為什麼歐巴馬如此善長演說，讓觀眾深深相信他的經驗和目標。在他參加總統選戰的這段期間，我看過他無數次的演說，他以不徐不疾的自在態度，讓聽眾癡心著迷於他的演講。

此外，在自我能量中心有一個開啟的閘門——閘門1。閘門1擁有「創意」的特質，賦與歐巴馬跳脫一般成見，為美國帶來進步的性格。

閘門59是薦骨能量中心裡開啟的閘門，它擁有4號爻線的元素，意味著歐巴馬有「四海一家」的觀念，以兄弟姊妹的心情在看待每個選民。另外一個開啟的閘門是閘門29，表示他在許下承諾之前，一定是以戒慎恐懼的心情，而且在說出：「是的，我們可以。」（Yes, we can.）之前，都會在心裡衡量是否能夠完成。脾能量中心的閘門44讓他得以獲得平衡，不管是過去或是剛發生的政治與經濟情勢，都能一手掌握。這個閘門有著靈敏的嗅覺，賦與歐巴馬洞燭機先、預作準備的能力。根能量中心的閘門19，代表歐巴馬能夠致力於促進團結合作、終結分裂。

歐巴馬是6/2型人，他天生就有掌權的才能，是個有高瞻遠矚的人。他比實際年齡還要成熟睿智，命中注定要成為總統、為民服務。他需要獨處的時間和空間，我會建議他的幕僚在白宮中為他打造一個專屬的空間，讓他有地方喘息。

他的個性靈活、善於變通，很容易受人影響而改變自己的立場。身為他的核心幕僚一定要了解他的性格，接受他的見地，尊重歐巴馬的權威中心——情緒能量中心，他需要耐心等待，直到內心出現澄明的感受，才能做出正確的回應。如果歐巴馬能夠召集到這樣絕佳的核心團隊，了解他的本質，相信他一定會是個好總統。

以上就是歐巴馬的人類圖概論，更深入的解讀需要考慮到人類圖中的其他要素。但是從上面的分析，我看到歐巴馬已經帶領美國朝著他的目標前進，他投注全副心力，希望終結美國和海外的種種分歧，成為人民的好總統。我看著歐巴馬，我看著他的總統之路，他是否能夠設定正確的目標，對抗種種的挑戰呢？然後，我低頭看著他的人類圖，是的，答案早就寫在裡頭。答案就是：「是的，他做得到。」（Yes. He can.）

Sandra Bullock
好萊塢影星珊卓・布拉克

（人類圖請參考 P.15）

擁有高曝光率的好萊塢影星珊卓・布拉克，這十年來經常擔綱電影的女主角，至今仍深受觀眾歡迎。她正巧是人類圖中非常罕見的反照者，所有中心皆呈現空白。她無法以一致的方式和世界互動，只能走一步是一步。用她來解釋反照者的類型是絕佳的範例。

珊卓・布拉克就和其他反照者一樣，覺得自己和這個世界格格不入，不知如何融入群眾之間。相信她常常會搞不懂宗教、習俗，以及事情的正常模式，只得尋求自己和人互動的獨特方法。反照者以「善變」的態度過活，這張人類圖正顯示出珊卓獨一無二的特性。我認為從事演藝事業對珊卓來說再適合不過了，因為反照者總是能反映出旁人和環境的性質；因為沒有填滿的中心，所以能夠以客觀的角度、超然的看法，從生活中增長智慧並與人分享。他們常常會發現自己扮演多重角色，但卻不用親自介入或是主導。

珊卓·布拉克明智地利用她的天賦投入演藝事業，這得歸功於她的勇氣和遠見，當然還有她高度的警覺心和信賴感，父母親的影響應該也是一大因素。她的雙親均從事音樂表演工作，母親是歌唱家，而父親是歌唱老師。她長年跟著母親到歐洲和美國各地表演，身為反照者的她，可以輕易接受這樣的生活方式，長大後，也選擇了同樣的道路。

再看一次她的人類圖，你會發現她有六個紅黑相間的開啟閘門，這表示在她的性格中，有六種意識和潛意識相互作用的特質；換句話說，要遵從本性對珊卓來說一點也不難。

上述的特質結合全白的人類圖，讓她可以快速增長智慧。她天生就有強烈的同理心，很容易受人影響，不管是在習慣、喜好、態度和心情方面都一樣。這樣的特性對身為演員的她大有幫助，她可以輕易達到導演或是編劇的要求。這是因為反照者心態開放、敏感，容易受氣氛和旁人的能量所左右。珊卓很自然就能以他人的角度，來考慮他們的心理反應、態度與情感。不僅如此，還能引導和她對戲的演員，讓雙方都能做出最好的表現。

這種容易受人影響的特質，使得許多反照者偏愛獨處，不然，至少也不要和一大群人共處。我相信在珊卓排戲一天下來，她最想做的就是找個可以獨自放鬆的地方，不受他人的情緒所左右。她花了許多時間買房子、建造和大幅整修，近來則是朝餐廳發展，我想這就是她安慰、放鬆自己的方式，也能夠藉此創造愉快的生活空間。

連一個填滿中心都沒有的珊卓，需要借助他人的特性來顯現自己，除非她學著將這些制約的能量轉成不受情緒左右的智慧。她要懂得不被他人填滿的自我能量中心混淆；腦能量中心也不要捲入別人的忙亂思緒……；九個能量中心都得如此，才能保護自己。她要做的就是往後退一步、靜心觀察，將她得到的智慧傳遞出去，而且時常提醒自己，不要對別人的能量太過敏感。

身為反照者，她可以做到八面玲瓏，滿足所有人的需求，這是因為人們可以從她身上看到自己。她也是優秀的救援者，那些不受歡迎的食客或是貧窮的人有時候會依賴著她，要求她的幫忙，不過這種情況經常會讓她感到吃不消。

反照者的人類圖沒有填滿的能量中心，也沒有活化的通道，因此，要了解他們的內心世界都得從閘門下手。珊卓有六個意識和潛意識共存的閘門，我們就先從這裡開始。

在頭頂能量中心的閘門64，它的屬性是「多樣可能性」，顯示珊卓對每個靈感都是抱持著願意接受的心態，當然，其他類型的人會覺得這樣的舉動未免有點誇張。自我能量中心開啟的有閘門1、閘門10和閘門15。閘門1的屬性是「創意」，這表示珊卓創造力十足，會不斷超越極限、探索新的領域。閘門10是「行為」的閘門，表示珊卓不在意他人的想法，有自己的表現方式。她有濃厚的個人風格和行為模式；身為知名的演員，珊卓期許自己能夠帶給他人正面的影響。

閘門15是「博愛」的閘門，由此可看到她有一顆慈善的心腸，她追求公正，認為人們生而平等。她會致力於幫助或是改善人們的生活。閘門10和閘門15同時在自我能量中心內開啟，表示她會從專注個人世界（閘門10）的心境進化到關懷眾人的福祉（閘門15）。

閘門40是「傳輸」的閘門，表示她願意為眾人的利益奔忙，運送物資，但也需要時間和空間讓自己充電，釋放心中的重擔。在情緒能量中心裡，她有開啟的閘門55，這是代表「豐盛」的閘門，讓珊卓能夠精力充沛地處理每件事。她可能上一刻還是開心地大聲歡呼，但是下一秒卻一副情緒低落的樣子，不管如何，她仍舊會散發出充沛的精神。

閘門29代表「承諾」，珊卓願意承擔所有的人事物，但是她會發現自己無法負荷，就像小丑一次丟太多球在空中，來不及接球一樣。閘門27代表「滋養」，珊卓不會在意自己是否有足夠的資源，她總是大方的付出。不過這樣的特質，會讓珊卓努力賺錢，以求有能力做更多的付出，擁有這個閘門的人很容易因此獲得很大的財富與成就。

珊卓的權威中心是「外在權威」，做決定之前，她需要二十九天的觀察期，和月亮的盈缺週期相同。她需要給自己充足的決策時間，徵詢他人的意見，再三思考檢視，做足研究。需要做出重大決定時，只要她能夠聽從本性的指示，便能以客觀的態度來解決所面臨的困境或問題。反照者需要時間、空間獨處，沉澱紛亂的思緒，辨別是他人所帶來的影響，還是權威中心的指示。

珊卓·布拉克是2/4型人，因此她性情溫暖、真誠，希望能接納世界、利益眾人。但是她對批評很敏感，遭人誤解時很容易受傷。她兩次捐贈一百萬美金給美國紅十字會，第一次是為了幫助911的受害者，第二次是為了南亞大海嘯。因為4號爻線的寬厚心腸，使得珊卓心懷人溺己溺的精神。但是潛藏的2號爻線更加重她需要獨處的需求，當她在門上掛著「請勿打擾」的牌子時，就是她又需要自我沉澱的時刻了。

反照者對人生有著明智的見解，他們從自身的失敗和成功中學習，記取教訓，轉化成智慧，讓眾人受惠。「選擇會向你挑戰，而且比你聰明的人才是正確的決定。要保持一輩子學習的態度，一旦好為人師，就注定失敗了。」這是珊卓得以成功的中心思想。

這就是珊卓·布拉克的人類圖概論，更深入的解讀需要考慮人類圖中的其他要素。但是從裡頭，我們已經可以看出她完全活出自己的特質，知道人生的方向，決意成為正確的典範。她慷慨、寬厚，真心去幫助需要的人、使他們得以堅強面對人生，珊卓·布拉克是真正的人道主義者。

誌謝

這本書是我十六年來的心血，充分掌握人類圖系統的精髓，是二十一世紀最重要的指導工具書。我衷心感謝這些年來信任我，讓我為你解讀或是跟隨我學習的每一個人。我希望你能從此書中看到自己的本質，而且發現讓你暗自微笑的內容。

我一直希望能和更廣大的聽眾分享這套神奇的系統，我相信它的能力和正確性必定能得到大家的認同，也很感謝自己有這方面的天賦。我花了十年多的時間，祈禱這個時刻能夠早日來臨。出書讓我對出版業有更多的認識，也了解一本書的誕生不簡單，需要許多人同心協力才做得到。

熱忱、遠見和專心致力是本書得以問世的主要因素，更重要的是史帝夫·丹尼斯（Steve Dennis）的寫作功力，史帝夫原本並不相信這一套，但是被他住在洛杉磯的女朋友拐來我這裡，讓我為他解說人類圖。從那之後，他對人類圖整個改觀。除了撰寫本書之外，他也幫忙《人類圖》的宣傳。我衷心感謝參與本書策劃，讓我的心願得以實現的這群人，這群可愛的人有：英國柯蒂斯・布朗（Curtis Brown）經紀公司的著作經紀人強納森・羅伊德（Jonathan Lloyd），感謝他的鼓勵和強烈的信念；強納森的助理卡蜜拉・葛絲蕾特（Camilla Goslett）、HarperCollins 出版社的柏琳達・巴姬（Belinda Budge），感謝她的信任、遠見和授權；也謝謝凱蒂・卡琳頓（Katy Carrington）的謹慎和無價的付出，引領我往正確的方向前進。凱蒂，沒有妳，我一定會迷失方向的。

當我走進 HarperCollins 出版社的大門，柏琳達和她的工作團隊和我群策群力，我就知道我為《人類圖》找到最棒的歸屬和工作團隊。我要感謝安娜・范倫婷（Anna Valentine）的積極態度和熱忱；伊莉莎白・哈特青（Elizabeth Hutchins）的敏銳洞察力，以及所有幕後工作人員對本書的付出，包括美工、行銷、宣傳和權益部門。

我衷心感謝 New World Library 出版社對這本書的信心，將它引進美國，特別感謝傑森・葛德納（Jason Garner）在過程中展現的幽默和才華。

感謝金・寇賓（Kim Corbin）將《人類圖》推廣開來；感謝夢蘿・瑪古德（Munro Magruder）以高超的智慧，帶領《人類圖》的行銷方向。特別要感謝凱倫・史多福（Karen Stough）為本書校對以及指正，讓《人類圖》可以更適合美國讀者。也感謝多娜・皮爾絲・邁爾斯（Tona Pearce Myers）在排版和印刷上面的用心。

對於寫作新手來說，能和倫敦與舊金山灣的出版團隊共同合作，實感榮幸，感謝你們每一個人！

感謝人類圖的創始者拉・烏祿・胡（Ra Uru Hu），在一九八七年接收到這樣寶貴的資訊，並把它發揚光大，要讓人們接受新觀念真的不容易。另外還要感謝喬更・邵波（Juergen Saupe），對《人類圖》的賞識，不辭辛勞推廣到許多國家。也要感謝尼克坦那在初期時對《人類圖》的支持，讓此書得以問世。我衷心感謝伊莉諾・哈絲柏爾波特納博士（Eleanor Haspell-Portner, PhD.）大規模的調查，確定目前人類圖中五種類型所占的人口百分比。

我的朋友艾瑞克・曼模特（Erik Memmert）是很棒的程式設計師，感謝他所編寫的下載軟體，讓大家能夠清楚的了解自己的人類圖，我的感謝是文字所無法形容的。我非常讚賞他的設計風格，讓任何想要更了解《人類圖》的人可以深入剖析自己。還要特別感謝琳蒂・哈須柏格（Lindy Harshberger）。琳蒂，妳真棒！更不能忘記琳恩・標杜伊（Lynn Beaudoin）以及我的繼女克莉絲汀・歐文斯（Kristin Owens）。謝謝克莉絲汀在重要時刻，提出許多明確的見解。也感謝哈瑞森・麥克塔里（Harrison MacTavish）。

我的一生中有許多貴人相助，我特別要感謝兩個很特別的人：我的父親羅德瑞克・帕金（Roderick Parkyn），他鼓勵我對人生要看得更遠、更深，他是首位幫助我了解美國和美國精神的人。另外一位就是我的母親，派翠絲・帕金（Patricia Parkyn），她會檢視我的決定，然後信任、支持我的選擇。了解人類圖後，我充分理解她在人生中所面臨的試驗，我敬佩她的勇氣和堅毅，感謝她對我無私的愛。

在這裡，我要傳達對爵瑪・剛寧漢（Gemma Cunningham）的感謝，他是我的好友也是旅行良伴，伴我走過許多奇特的旅程；感謝柴諾・迪克森（Zeno Dickson）帶我進入《人類圖》的世界。感謝魯帕・偉斯布魯克（Rupa Westbrook），在我多次走到低潮的時期，還能提醒我要微笑以對。謝謝你們帶給我許多美好的回憶。

最後，我要感謝我的太太卡蘿拉・伊斯特伍德（Carola Eastwood）。她獻身於幫助世人了解自己的真正潛能，她鼓勵我要懂得工作和娛樂。她信心滿滿的成為我一輩子的伴侶，讓我再說聲：謝謝，卡蘿拉！感謝妳不變的愛和源源不絕的支持，我的感謝超過文字所能表達。我也感謝妳花費無數的時間，在寫作的這段時間給我許多好點子，幫助我編輯此書，這是我倆共同的目標。2/4型人和6/2型人果真是最協調的組合！

最後，感謝您閱讀此書，我希望大家都能從中得到許多樂趣。

我的心中充滿愛。

國家圖書館出版品預行編目 (CIP) 資料

人類圖：找回你的原廠設定 / 謝頓．帕金 (Chetan Parkyn) 著；賴孟怡譯．-- 初版．-- 臺北市：橡實文化出版：大雁文化發行, 2013.06
面；　公分
譯自：Human Design : Discover the Person You were Born to Be
ISBN 978-986-6362-74-3(平裝)

1. 占星術 2. 自我實現

292.22　　102004591

BC1021

人類圖：找回你的原廠設定

Human Design: Discover the Person You were Born to Be

作　　者　謝頓．帕金 (Chetan Parkyn)
譯　　者　賴孟怡
責任編輯　田哲榮
封面設計　十六設計
圖文整合　洪祥閔、柯妙曄 kevinhom1208@yahoo.com.tw
校　　對　魏秋綢

發 行 人　蘇拾平
總 編 輯　蘇拾平
副總編輯　于芝峰
主　　編　田哲榮
行政編輯　鐘苑紋
行　　銷　郭其彬、王綬晨、邱紹溢、黃文慧、陳詩婷、張瓊瑜
出　　版　橡實文化 ACORN Publishing
地址：臺北市 10544 松山區復興北路 333 號 11 樓之 4
電話：02-2718-2001　傳真：02-2718-1258
E-mail 信箱：acorn@andbooks.com.tw
發　　行　大雁文化事業股份有限公司
地址：臺北市 10544 松山區復興北路 333 號 11 樓之 4
電話：02-2718-2001　傳真：02-2718-1258
讀者傳真服務：02-2718-1258
讀者服務信箱：andbooks@andbooks.com.tw
劃撥帳號：19983379　戶名：大雁文化事業股份有限公司
香港發行　大雁（香港）出版基地・里人文化
地址：香港荃灣橫龍街 78 號正好工業大廈 22 樓 A 室
電話：852-2419-2288　傳真：852-2419-1887
E-mail 信箱：anyone@biznetvigator.com

印刷　中原造像股份有限公司
初版　一　刷　2013 年 6 月
初版十一刷　2014 年 9 月
ISBN　978-986-6362-74-3
定價　450 元